海外中国研究丛书
刘东 主编

林满红 著
詹庆华 林满红 等译
林满红 审校

银线

CHINA UPSIDE DOWN

19世纪的世界与中国

Currency, Society, and Ideologies, 1808—1856

江苏人民出版社

图书在版编目(CIP)数据

银线:19世纪的世界与中国/林满红著.--南京:
江苏人民出版社,2011.9(2021.12重印)
(海外中国研究丛书/刘东主编)
ISBN 978-7-214-07365-5

Ⅰ.①银… Ⅱ.①林… Ⅲ.①货币史-中国-19世纪
Ⅳ.①F822.9

中国版本图书馆CIP数据核字(2011)第180204号

China Upside Down: Currency, Society, and Ideologies, 1808-1856, by Man-houng Lin, was first published by the Harvard University Asia Center, Cambirdge, Massachusetts, USA, in 2006. Copyright © 2006 by the President and Fellows of Harvard College. Translated and distributed by permission of the Harvard University Asia Center.
Chinese simplified translation rights © 2011 by Jiangsu People's Publishing House
All right reserved.
江苏省版权局著作权合同登记:图字10-2007-189

书　　　名	银线:19世纪的世界与中国
著　　　者	林满红
译　　　者	詹庆华　林满红等
审　　　校	林满红
责 任 编 辑	张惠玲
装 帧 设 计	陈　婕
责 任 监 制	王　娟
出 版 发 行	江苏人民出版社
地　　　址	南京市湖南路1号A楼,邮编:210009
照　　　排	江苏凤凰制版有限公司
印　　　刷	江苏凤凰扬州鑫华印刷有限公司
开　　　本	652毫米×960毫米　1/16
印　　　张	22.75　插页4
字　　　数	270千字
版　　　次	2011年11月第1版
印　　　次	2021年12月第6次印刷
标 准 书 号	ISBN 978-7-214-07365-5
定　　　价	48.00元

(江苏人民出版社图书凡印装错误可向承印厂调换)

序"海外中国研究丛书"

中国曾经遗忘过世界,但世界却并未因此而遗忘中国。令人嗟讶的是,20世纪60年代以后,就在中国越来越闭锁的同时,世界各国的中国研究却得到了越来越富于成果的发展。而到了中国门户重开的今天,这种发展就把国内学界逼到了如此的窘境:我们不仅必须放眼海外去认识世界,还必须放眼海外来重新认识中国;不仅必须向国内读者迻译海外的西学,还必须向他们系统地介绍海外的中学。

这个系列不可避免地会加深我们150年以来一直怀有的危机感和失落感,因为单是它的学术水准也足以提醒我们,中国文明在现时代所面对的绝不再是某个粗蛮不文的、很快就将被自己同化的、马背上的战胜者,而是一个高度发展了的、必将对自己的根本价值取向大大触动的文明。可正因为这样,借别人的眼光去获得自知之明,又正是摆在我们面前的紧迫历史使命,因为只要不跳出自家的文化圈子去透过强烈的反差反观自身,中华文明就找不到进入其现代形态的入口。

当然,既是本着这样的目的,我们就不能只从各家学说中筛选那些我们可以或者乐于接受的东西,否则我们的"筛子"本身就可能使读者失去选择、挑剔和批判的广阔天地。我们的译介毕竟还只是初步的尝试,而我们所努力去做的,毕竟也只是和读者一起去反复思索这些奉献给大家的东西。

刘　东

总　序

纂修清史是我国新世纪标志性的文化工程,它包括3000余万字的清史主体工程及文献、档案整理和编译工作。广大史学工作者正以高度的民族责任感和历史使命感,努力做好清史编纂工作,科学总结历史经验,继承和弘扬民族优秀文化,为建设中国特色社会主义服务。

世界各国从分散发展到趋于一体,大抵从15、16世纪开始,直至19世纪末、20世纪初,形成了资本主义的世界市场和世界体系。清朝从1644年到1912年共延续了268年,这是世界历史发生深刻变化的重要的转折时期。在这个特定的历史条件下,清王朝却依然以"天朝大国"自居,闭关自守,使封建社会的中国越来越落后于西方资本主义国家,在洋枪洋炮面前不堪一击;西方列强用大炮打开了中国的大门,使之沦为半封建半殖民地国家。在18世纪世界历史的大变局中,"康乾盛世"不过是中国封建社会"落日的辉煌",而到19世纪中叶鸦片战争后,清朝日益衰颓,已奏起了"落日的挽歌"。因此,研究清史,确定它的基本内容,以及确定研究它的基本理论、原则和方法时,不能脱离清王朝社会发展过程中世界正在发生深刻变化的广阔的社会历史背景。

在编纂清史时要有世界眼光,这已是广大史学工作者的共识。不仅要把清史放到世界历史的范畴中去分析、研究和评价,既要着眼中国历史的发展,又要联系世界历史的发展进程,而且还要放眼世界,博采众长,搜集和积累世界各国人士关于清代中国的大量记录,汲取外国清史研究的有益成果,为我所用。正是从这一基本认识出发,国家清史编纂委员会决定编辑出版"国家清史编纂委员会·编译丛刊"(以下简称"编译丛刊")。

清朝建立之初,曾与世界各国保持一定程度的接触。后来中国的大门一度被关闭而后又被强行打开,这期间,外国的传教士、商人、外交官、军队、探险家、科学考察队蜂拥而来,东方古国的一切都使他们感到惊奇。基于种种不同的目的,他们记录下在华的所见所闻。这些记录数量浩瀚,积存在世界各国的图书馆、档案馆、博物馆或私人手中,成为了解清代近三个世纪历史的珍贵资料。由于西方人士观察、思考和写作习惯与中国人不同,可补充中国史料记载的不足。"编译丛刊"将从中选取若干重要资料译介给国内的读者;对早年问世的具有开拓性、奠基性价值,但不为中国学术界所熟知的作品,我们也将同样给予关注;此外,反映当代国外清史研究新的学术思潮、前沿问题、热点问题和重要成果的学术专著,"编译丛刊"也将及时地介绍给中国学术界。

从中国史学的历史与现实出发,有选择地介绍国外新史学的一些理论与方法是必要的。如西方历史学家提出,第二次世界大战后,"历史学的界限变得越来越模糊了",主要是强调扩大历史学家的视野,拓宽历史研究的选题;又如提倡"自下而上看的历史学",努力将社会精英的历史变成社会大众的历史,将千百年来隐藏在历史幕后的社会大众推上历史的前台。此外,在第二次世界大战后历史研究整体化趋势的推动下,出现了一系列历史学分支学科,如社会史、人口史、民俗史、新经济史、新政治史、心理史、社会生态史、环境史、妇女史、城市史、家庭史等等,对于纂修清史有一定的借鉴作用,这些都将在"编译丛刊"的作品中有所体现。

人类的文明史就是一部不同文明间不断交流和融合的历史。任何国家的文化都是通过与异质文化的对话和交流获得营养,从而不断发展壮大。纂修清史必须排除闭关自守的文化排外主义的干扰,破除中西对立的僵化思维方式,以开放的胸襟、兼容的态度和科学的精神对待国外清史研究的一切成果,因为它们既是"中国的",也是"世界的"。愿"编译丛刊"在新世纪中外交流的广阔背景下,作为一座科学的桥梁、友谊的桥梁,为纂修清史做出更多的贡献。

于 沛

2004 年 5 月

目　录

作者中文简体字版序　1

王序　1

谢辞　1

凡例　1

导论　1
 货币与中国　2
  货币体系的紊乱　2
  政府发行的制钱与来自民间的白银　4
  作为通货的白银　5
  白银与制钱的关系　7
  银贵与王朝衰落　10
 经世思潮的兴起和分殊　12
 从盛清到晚清：来自世界的溶蚀　19

上篇　全球联结：白银与世界　23

第一章　脆弱的帝国　25
 铜钱体系　26
  清初官府的铸币　27

私铸铜钱或钱庄私票　29
　16—19世纪初期的白银使用　34
　　　以白银缴税过程中政府和商人的关系　35
　　　白银使用状况的变化　37
　　　官方接受外国银元的情况　39
　　　全国都使用白银　40
　　　官方对白银供应的鲜少控制　42
　　　商人与白银或银票的跨省流通　44
　16—18世纪中国的白银供应　48
　　　陆上的白银不足所需　48
　　　日本的白银供应　49
　　　拉丁美洲白银的流入　54
　　　中国日益卷入世界经济　56
小结　58

第二章　鸦片：罪魁祸首？　61
　白银外流的时间、空间和数量　62
　国际收支中的白银和鸦片　78
　中国茶叶与生丝的出口（1850—1886）　86
　世界白银减产及其与中国的联系　100
　小结　105

第三章　社会秩序的紊乱　108
　跨区影响　109
　区域内由城到乡所受的影响　118
　　　铜钱收入者的日趋贫困与流民增加　118
　　　地主的问题　119
　　　商业萧条与商人的损失　120
　　　士兵与官员收入减少　122
　清王朝的危机　125
　　　税收不足　125
　　　政府支出紧缩　127
　　　金钱崇拜与社会腐化　128
　　　清王朝的统治受到威胁　130

小结 132

中篇　经济论争所凭借的文化资源　135

第四章　货币论争与政策　137

王鎏的建议　138

王鎏论著的主要反应　141

王鎏与包世臣、陈鳣的对话　142

魏源与许楣的批评　146

更多的货币讨论　150
　　王鎏建议的追随者与批评者　150
　　包世臣及其支持者　154
　　类似魏源的建议　155

政府最后采行的货币政策　157

小结　162

第五章　中国传统思想的启示及与西方比较　164

微不足道的外来影响　165

灵活的经济思想传统　167
　　六部与八政的问题　167
　　单穆公的货币观　168
　　法家与儒家之别　169
　　历史上各种货币政策利弊得失的不同看法　170

中西比较　172
　　与17世纪以前英国经济思想传统的比较　173
　　与"重视金银的重商主义者"比较　174
　　与20世纪经济理论比较　176

小结　181

下篇　不同学术观点的竞争　185

第六章　两种经世流派的不同社会理论　187

对人性的体悟　189

国家观　193

国家、上天与古圣先贤之间 195

国家权力与市场力量之间 196

商业、贸易和消费 199

私产 202

历史变革 205

小结 210

第七章 经学、古文与经世 212

经世学者们的现实利益 213

 官位 213

 年龄和地区差别 215

 种族利益 217

 阶级利益 218

思想倾向 220

 古文学派和经世致用 220

 古文学派两大支派 222

 学派和经济主张 228

小结 235

第八章 放任派主张的暂时胜利 238

对放任派经济建议的认可 239

 矿政 239

 海运南漕 240

 票盐 241

自强运动时期的干预政策 242

 企业经营 242

 经济利益的内涵 243

 货币观的改变 244

思潮的变化 245

货币危机和放任思想的抬头 247

19世纪后期的危机和干预倾向 254

小结 257

终篇 *261*

    白银外流的严重性 *263*

    世界经济和中国王朝的衰落 *264*

        世界白银供应、鸦片和白银外流 *264*

        白银的全国性影响 *266*

        王朝危机、动乱和中兴 *268*

        中日间的大分歧 *270*

    经世思想和社会现实 *272*

        经世学者间的竞争 *273*

        思想之争而非利益之争 *276*

        19世纪前期放任主义的兴起 *279*

        太平天国运动后干预主义的抬头 *280*

        来自外部的溶蚀和思潮的转变 *280*

    "流产的资本主义"？ *282*

        19世纪前期市场导向思想之具支配性地位 *283*

        中、西因应货币不足问题的思想比较 *284*

        灵活选取历史先例 *285*

参考书目 *286*

    一、中、日文 *286*

    二、西文 *296*

索　引 *309*

西人姓名中译表（以汉译名拼音为序） *316*

插图目录

图 E1　银锭(银两)　*4*

图 E2　西班牙银元和墨西哥银元　*4*

图 E3　日本白银　*4*

续图 E4　嘉道年间的制钱　*5*

图 I.1　清代的银钱比价变化趋势图　*3*

图 1.1　中国南方代表铜钱价值的竹签　*32*

图 1.2　银票　*32*

图 1.3　钱票　*33*

图 1.4　捐输用银两　*36*

图 1.5　纳税用银两　*36*

图 1.6　粤海关两　*36*

图 1.7　州所用的银两　*36*

图 1.8　县所用的银两　*36*

图 1.9　番钱(1675)　*38*

图 1.10　佛头(1786)　*38*

1

图1.11　番钱(1676)　38

图1.12　佛头(1804)　38

图1.13　内蒙古使用的银锭　41

图1.14　中锭　43

图1.15—1.16　小锭　43

图1.17　细银　43

图1.18　元丝银　44

图1.19—1.20　新疆南部的普尔钱　45

图1.21—1.22　西藏银元　45

图1.23　姑苏城内的钱庄　47

图1.24　万选官钱　47

图2.1　鸦片进口到中国的数量(1800—1911)　79

图2.2　中国茶叶出口量(1825—1886)　87

图2.3　中国生丝出口量(1825—1886)　87

图2.4　中国茶叶出口值(1825—1886)　94

图2.5　中国生丝出口值(1825—1886)　94

图2.6　中国每年鸦片进口值(1825—1886)　95

图2.7　世界每年银产量(1493—1900)　103

图4.1　王鎏《甓舟园初稿》上的文字　139

图4.2　许楣《钞币论》封面　147

图4.3　咸丰皇帝与枯竭的国库　162

图6.1　经世学者探讨人性的著述　188

图7.1　林则徐　214

图7.2　冯桂芬　214

图 7.3　包世臣　*214*

图 7.4　梁章巨　*215*

图 7.5　魏源　*215*

图 7.6　英和　*217*

图 7.7　陈鱣　*220*

图 7.8　李兆洛　*220*

图 7.9　桐城古文派系谱　*223*

图 7.10　姚鼐　*232*

图 7.11　许梿　*232*

图 7.12　阮元　*232*

图 7.13　陈用光　*232*

图 8.1　清政府铸造的银元(1890—1911)　*244*

图 8.2　18、19 世纪间桐城派古文之由盛转衰　*246*

图 8.3　中国的银钱比价(1814—1856)　*251*

图 8.4　中国的鸦片进口量(1814—1856)　*252*

图 8.5　中国的白银外流总量(1814—1856)　*252*

图 8.6　学者官员对货币建议的时间分布(1814—1854)　*253*

表格目录

表 1.1 　北京铸局的铜钱铸造量（1644—1806）　28

表 1.2 　乾隆时期各省铸局的铜钱铸造量　29

表 1.3 　日本经长崎出口到中国的白银数量 52
估算（1601—1840）

表 1.4 　东印度公司由中国出口至英国的丝绸和茶叶数值
（1760—1833）　55

表 1.5 　中国到马尼拉的帆船数量（1570—1760）　57

表 2.1 　中印贸易收支（1814—1856）　64

表 2.2 　中英贸易收支（含印度）（1818—1826）　68

表 2.3 　中英贸易收支（不含印度）（1818—1857）　69

表 2.4 　中美贸易收支（1814—1850）　71

表 2.5 　19 世纪初中国每年白银外流的数值（1814—1856）　72

表 2.6 　清朝的银钱比价（1644—1911）　76

表 2.7 　鸦片每年进口到中国的数量（1799—1916）　79

表 2.8 　鸦片每年进口到中国的数值（1868—1906）　84

表2.9　清朝白银流入与外流估计总值　85

表2.10　中国茶叶出口量(1825—1886)　88

表2.11　中国生丝出口量(1825—1886)　89

表2.12　中国茶出口值(1825—1886)　92

表2.13　中国生丝出口值(1825—1886)　96

表2.14　中国鸦片进口值(1825—1886)　98

表2.15　世界金、银产量(1741—1910)　101

表3.1　中国各地所报银价(1824—1854)　112

表3.2　中国若干地区的银钱比价(1808—1860)　116

表4.1　中国各省铜钱铸局之减铸或停铸(1822—1847)　159

表6.1　两类经世学派的主要学者　189

表8.1　中国的田赋和商税(1776—1911)　256

表C.1　不同思想流派间的比较　278

地图目录

地图 1.1　16 世纪全球的白银流通路线　*51*

地图 2.1　1840 年代鸦片进口到中国的贸易路线　*82*

作者中文简体字版序

这本书的中文版以"银线"命名,灵感来自于作者的孔飞力(Philip A. Kuhn)老师原来给这本书起的英文标题 *China's Silver Thread*。

这本书的英文书名最后取为 *China Upside Down*,是参考福柯(Michel Foucault)的《事物秩序》(*The Order of Things*),强调拉丁美洲独立运动使19世纪上半叶(1808—1856)的中国,因为白银外流而起了整体秩序变动。其中包括:中国相对日本在亚洲的地位陵夷、中国政府相对市场的力量消沉、传统中国强调多元权威并存的思想突然涌现。之后约三四十年间,又因墨西哥独立后铸造的银元流入中国,多少也因白银外流而起的太平天国运动,造成另一阶段的秩序变动,虽然中国相对日本更加处于不利的地位,但政府对市场转而诸多干预,绝对权威思想抬头,深刻影响往后的中国。

这样一个以"银"串连世界与中国、传统中国与近代中国、社会实况与思想潮流的论述,使作者在确定中文书名时,认为《银线:19世纪的世界与中国》较为简洁。

1800年左右的中国人所持有的白银,其最终供应者主要是墨西哥,是供大额交易用的;而他们所持有的铜钱,其最终供应者是清政府,是供找零或小额交易用的。1800年之后约半个世纪,要以更多的铜钱换同样一个单位的白银。这个变化全面影响到中国的方方面面,也威胁到它的国家安全。在2009年1月8日第九版的《中国日报》(China Daily, Hong Kong edition)上,有学者指出,中国在改革开放以前的国家安全概念比较强调军事方面的领先地位,但最近的国家安全观念,比较强调在金融、粮食、能源、气候、疾病等种种方面与世界各国互助合作的软实力。有关中国何以在19世纪上半叶由盛转衰,是很多中国人心中的大问题。北京茅海建教授的《天朝的崩溃》,是从中国军事实力的相对落后加以论述。《银线:19世纪的世界与中国》这本书其实也在回答这个中国人的大问题,但从19世纪上半叶中国领导精英经常引述的"周官八政,食货为先"及这本书的论证可以得知,中国其实是被它与墨西哥间紧密牵连的银线绊倒的。

本书于2006年年底出版以来,有10多篇的英文书评提出评论,笔者致以谢意。除了这些书评外,2011年4月14—17日在伦敦政经学院举行的第三届欧洲全球史会议也有专门讨论此书的场次给予意见。有些评论者认为,白银外流现象也就是贸易赤字,在贸易占中国国民所得比例不大的情况下,会产生这么大的影响吗?这事实上牵涉到一个方法论的概念,那就是部分与整体间是机械的关系还是有机关系的问题。所谓机械的关系,譬如,如果从一面砖墙的上端拿走了几块砖,砖墙可能不会倒,因为砖墙其他部分的砖可能不受影响。有机的关系有如向人体血液中注入几滴毒液,整个人可能致命,那是因为人体的血液系统是牵一发而动全身的有机体。这本书由银是政府收支(包括政府铸造铜钱时的买铜、运铜、铸钱费用)及长程贸易(包括供应偏远地区人民生活所需的米、布等等)的主要凭借,论述银与中国经济间是有机的关系而不是机械的关系。

本书讨论19世纪上半叶中国白银外流的影响,还包括对思想面的影响。若干书评建议作者应该将经济面与思想面分成两本书撰写。将经济史与思想史分别研究也是学界的一般习惯,但将经济面与思想面合写是本书的重要意图。因为历史发展过程原是各个方面相互交织,将历史分成各个专门史书写是近代的知识产物。专门史固然对当代的专门学科有所启发,但会使当代人忽略了社会各现象间相互影响的一面,历史的整体研究正可在这方面对当代世界尽其绵薄之力。

在经济史与思想史之间,若干前辈学者曾探讨思想对经济的影响,而这本书特别触及:当经济对19世纪上半叶中国人的生活挑战特别严峻时,知识分子如何在中国累积几千年的知识仓库中,寻求不同奥援而彼此竞争,从而在政治权威与社会自主、国家与市场之间,呈现可与西方媲美的多元思维。作者是在中国大陆推动"文化大革命"、台湾讲求文化复兴的年代,决定走向历史学门的。在现在有很多大陆朋友说不知中国文化的原貌为何的当口儿,这本书或可提出不同背景下历史工作者的一份补白。

此书中译过程,先由在上海海关的詹庆华博士及上海复旦大学吴松弟教授的高足姚永超、姜修宪、毛立坤、方书生等先生分译成初稿(詹庆华博士:谢辞、凡例、导论、第二章;姚永超先生:第一章;方书生先生:第三、四章;毛立坤先生:第五、六章;姜修宪先生:第七、八章及终篇),又经作者修订20余次,并将引用的文言文尽量还原。因为作者本人深度参与中译,发现有错误之处,也加以修订。一些学者的指正,如岸本美绪教授指出原书表2.3之中1818—1826年间中英贸易收支有算错的部分、何汉威教授指出原书苏洵的生卒年有误等等,也一并改正。在这些过程之后,又经南开大学王玉茹教授赐序及赐正,吴松弟教授也再予指正。虽然整个过程花费相当长的时间,但很高兴这个费时将近四分之一世纪的研究,终于可以就教于中文世界的读者。

林满红

2011.10.13

王　序

林满红著《银线：19世纪的世界与中国》即将由江苏人民出版社与清史工程在中国大陆推出，也将由台湾大学出版中心在台湾出版。正如作者在中文版序中所讲，该书是2006年年底作者在母校哈佛大学出版的英文著作 *China Upside Down: Currency, Society, and Ideologies, 1808-1856* 的中文译本。该书的主题是围绕作为中国货币的白银而展开的，以白银为主线探讨了19世纪由银钱变化引起的中国经济、社会、思想等方面的变化。由于学科的划分、研究领域的分割，以往的学术著作往往只限于经济、思想、文化不同领域的分类研究。而该书的作者则是通过白银这条线，将19世纪中国的经济、思想、文化串联起来综合分析和考察。此外，作者还为我们展现了由银钱比价变化而引起的19世纪中国经济、经济思想的变化，以及如何又与世界联系在一起的一幅立体图像。所以这本书的"银线"两字书名，言简意赅，用得巧妙。

中国是一个文明古国，商品交换与货币出现得很早。至清代，中国不是白银的生产国却使用白银作为货币，而且是一种银钱并用的体系。白银的价格受世界左右，银钱比价也受到民间的影响，并不是完全由政府操控，银钱比价问题也因而成为学术界研究的热点，同时也是一个难点问题。本书作者从货币入手研究清代中国的经济和社会问题,可谓单刀直入,直击要害,体现了作者一贯的犀利文风,这也正是本书的第一个看点之所在。

本书的第二个看点是新资料的挖掘与整理,最突出地体现在作者对伦敦海关报告中关于白银流动统计数据的挖掘、整理和使用,从而使中国进口白银数量的数据更完整。白银问题一直是国际汉学界研究的重要领域,但是所使用的数据都没有本书的数据完整和处理得缜密。

本书的第三个看点是对白银流通本身和社会影响等多侧面、多视角的全面系统分析。作者从供给与需求、白银使用的各个层面情况的变化和不同地域范围白银流通的情况、不同白银供给来源等角度进行分析,这在以前的研究中是不多见的。

本书的第四个看点是作者通过对白银供求关系的分析,写出了中国银钱并用的货币体系如何被卷入世界经济,进而使中国有机地被世界溶蚀。作者分别从国际贸易的线索分析了鸦片、白银在国际收支中扮演的角色;从银钱并用分析了货币体制造成的社会秩序紊乱、政府税收不足带来中国内部的社会动乱;从思想史的角度讨论了由经济现象引起的思想论争,评析了这一时期经世思想主要流派的观点以及与同期西方思想的比较。最后,作者将由经济问题引发的思想论争延展至世界观与制度层面的讨论,从外部、内部、内外融合的不同层面剖析了19世纪中国与世界的关系。这种融多学科、多视角为一体的研究是不可多得的,也是最考验学者功力的。从当前学术发展要求多学科交叉的角度讲,林满红教授是一位领先者。

最后要说的是,本书作者对学术的执著追求与孜孜以求的精神。在本书写作过程中和英文版出版以后,作者一直坚持在不同的学术会议上、各种学术交流的场合和机会中,广泛听取学术同行的意见和建议,不断进行修改调整。这种严谨治学的态度也是本人和学术界同行们应该学习和坚持的。

我希望这本书的出版能够为中国经济史学的研究带来一股清新的风,让经济史学的研究更多元化,从更多视角去观察和分析经济发展历史上出现的现象,从而寻找出更加完整和理性的答案。

读了上面的文字,读者不免会有这样一个疑问:为什么会由我这个论年龄和资历都不如作者的人为本书的中文版撰写序言呢?要回答这个问题,还要从我与作者的相识和相交谈起。20世纪90年代末,我在中国社会科学院的一位朋友那里看到了他刚从台湾复印带回来的林满红教授编的《台湾所藏中华民国经济档案》,我从中复印了我感兴趣的部分。从朋友的描述中得知,林满红教授是一位学问很好的女强人,从那时起我就有一种与她相识的强烈愿望。2003年8月初,在日本鹿儿岛举行的"东亚资本主义形成史"①国际合作研究项目研讨会上,我终于得以与林满红教授相见。此后在参与"东亚资本主义形成史"的合作研究中,2004年6月在北京大学中国经济研究中心的经济史讨论会上、在上海财经大学以及上海社会科学院的学术讨论会上,频繁的学术交流使我们成为学术上和生活中的好朋友。我们有很多共同关心的学术问题,我们也曾为某个学术问题争得面红耳赤;我们会在第一时间把自己最新的研究成果寄给对方分享;同为女人、作为好姐妹,我们也曾在首尔、在上海一起逛街购物。2009年10月,我到台湾"中央研究院"近代史研究所搜集王业键教授编辑的"清代粮价数据库"资料。②去年满红教授刚刚就任台湾"国史馆"馆长,工作非常繁忙,我19日晚到达台北后,第二天即给满

---

① 2002年10月至2003年3月,本人作为交换学者到日本早稻田大学经济学部作为期半年的学术交流,3月初在结束访问学者的工作之前,经好友日本东京都立大学奥村哲教授的推荐,参加了由日本著名东亚史专家中村哲教授主持的国际合作研究项目——"东亚资本主义形成史"的研究,该项目由日本、中国大陆和台湾、韩国学者组成,2003年开始,2006年结束,每年召开两次学术研讨会。

② 2009年2月由"中央研究院"近代史研究所的陈慈玉研究员推荐,申请台湾陆委会的中华发展基金研究资助项目,6月收到"中央研究院"转来中华发展基金会的通知,本人的申请获得批准,得到两个月的研究资助,10月19日至12月18日到"中央研究院"近代史研究所搜集王业键院士编"清代粮价数据库"资料。

红教授发去电子邮件,以期在台期间能够见上一面,谁知当晚8点就接到她的电话,说马上来看我。见面后,我们自然要聊到最近的研究工作,得知她的大作《银线:19世纪的墨西哥与中国》即将在大陆出版,考虑到虽说都是使用汉语,但是大陆和台湾在语汇上还是有些差别,我提出由我看一遍书稿,这样可以借机先睹为快。隔了一天,满红教授趁她去"立法院"之前的时间将打印稿送到我的研究室。

读过书稿之后,我给满红教授发去电子邮件,就书稿中存在的一些技术性问题提出了意见,并斗胆提出修改书名的建议。收到我的电子邮件,满红教授打电话约我当晚共进晚餐。一见面她就说,改书名的建议非常好,经过斟酌决定将书名改为《银线:19世纪的世界与中国》,并且约我为书写序。论年龄,满红教授长我三岁;论学问,她出道比我早;看看她的出身,台湾大学历史学学士和硕士、台湾师范大学历史学和美国哈佛大学历史与东亚语文学双料博士。她进"中央研究院"的时候,我则因为"文革"影响才刚刚读大学,岂有我来为她的大作写序的道理。但是,一方面好友相托,恭敬不如从命,只好答应写一点儿读过这部著作的感想。另一方面,这本书英文版的写作和出版以后的修正过程正是我与作者接触和交流频繁的一段时光,这个中文译本与两年多前作者寄给我的英文版相比,又作了若干修正和补充。从某种程度上讲,我是这部著作中英文两个版本诞生过程的见证者,推介这本书的任务义不容辞。因此,写下这些文字,向好友林满红教授的大作《银线:19世纪的世界与中国》中文版的出版表示祝贺。同时,作为大作的读后感,虽然难免有偏颇和肤浅之处,权当做给这部著作的读者们的一个导读吧。

王玉茹

2009年12月

谢　辞

　　1842年在中国湖北省的一个边远山区,发生了一场由钟人杰这位生员所领导的农民抗争。这场抗争烧毁了县城、杀死了县官。原因是用来支付送到北京的漕米的赋税所用货币——白银变得越来越出乎人们想象的昂贵,跟着钟人杰一起抗争的人们无法满足地方官的要求,于是起来抗争。当时的抗争者不会想到,他们的行动引发了一名台湾学者从1982到2006年长达20余年的知识探索,思考发生这场银贵问题的世界背景是什么,以及与钟人杰同时代的学者官员们又如何来思考这个银贵问题。

　　在美国学界试图从中国自身的社会结构和社会思想来把握中国历史的学术氛围中,孔飞力教授曾在哈佛大学"清史资料"的课程中读过与钟人杰事件有关的文献。孔飞力教授的"近代中国"课程在阅读18世纪谷物价格的奏折档案时,提及中国传统学者官员对于政府介入经济事务的程度应有多深的态度问题。这本有关19世纪前期中国银贵危机的书,一开始是透过相关清史资料探讨这样的思想史课题,之后才研究思想背后的经济实况。

　　在思想方面,刘广京教授有关经世概念的深入了解,马若孟

(Ramon H. Myers)教授有关中国传统政治经济思想的兴趣,都引领了此书作者搜集中国大陆经济学者所编的相关史料及学术论著。中国大陆经济学者关于传统经济思想的研究方法与作者的历史学背景有所不同。他们期望探讨中国传统学者在资本、利润以及价值等概念方面有何理论性的洞见,以对现代经济学的研究提出贡献。但是,作者的研究兴趣是追寻形塑中国传统学者官员思想的背景。于是作者阅读了保存在哈佛燕京图书馆和傅斯年图书馆的19世纪前期中国学者官员的个人文集、台北"故宫博物院"的档案以及中国大陆出版的史料集等。哈佛大学经济系的马思葛(Richard Musgrave)教授讲述的那些隐藏在经济议论背后的社会理论,对作者解读这些史料大有思想启发。艾尔曼(Benjamin Elman)教授关于十八九世纪今文经学的研究,使作者仔细思索这派人物和经世思想的关系。保存在哈佛燕京图书馆的一份桐城派学者系谱上出现很多讨论银贵问题的学者的名字,加上日本江口久雄教授的扼要提醒,使作者进一步思索19世纪前期经学、文学与经济论述间的关联。

1988年之前,作者花了两年半的时间从事一项"本土鸦片和晚清中国"课题的研究。在那之前,19世纪前期的银贵问题一直没有引起作者的特别重视。在那之后,作者突然意识到长期由鸦片引起19世纪前期银贵问题的命题并不能被充分论证,因为19世纪后期的中国进口更多鸦片,但同时白银也大量流入中国。通过阅读维拉(Pierre Vilar)的《世界史中的金与银》(*Gold and Silver in World History*)一书、哈佛总图书馆的英国议会文书、故宫博物院相关档案,以及在哈佛经济系图书馆中有关中国在东亚货币体系中的地位的相关著作之后,作者渐从全球视野重新思考19世纪中国的银贵问题。在进一步探讨不断变化中的经济现象以及思想的关系时,作者再三思考其博士课程总考的三位老师——孔飞力、奥兹曼(Steve Ozment)、克雷(Albert Craig)分别就中国、欧洲、日本讨论从前近代到近代的整体历史变迁的观点。本书初稿以作者在"中央研究院"和哈佛多年的研究为基础,最后于1989年提交为由孔飞力和包弼德(Peter Bol)两位教授审阅的哈佛博士学位论文。

随后几年作者陆续参加国际会议、也受邀到日本担任客座教授,在一些期刊上也发表相关论文,加上个人请教,都对本研究的深化有所帮助。在最近10年不断修改银贵问题研究课题的同时,作者又研究"走向太平洋:台湾商人的海外商贸网络,1895—1945"方面的课题。本书所呈显白银流动数据的取得过程,可用以说明分布在世界各地的许多学者和作者其他课题的研究,都有助于这个研究的修改。1990年作者在厦门、鲁汶和北京遇到滨下武志教授。得益于滨下武志教授的建议,作者到香港大学搜集相关资料,在此过程中所发现的伦敦海关报告在白银流动统计方面起了很大的作用,其中有关1814—1856年印度从中国进口的白银数据比作者以前从哈佛总图书馆中找到的更加完整。不过,由于伦敦海关数据用英镑作为单位,一直到2004年,作者才大量利用该数据。这得益于2002年在首尔的世界历史年会上认识的梅慈乐(Mark Metzler)教授强调它的完整性。为了利用伦敦海关数据,作者查遍了换算比价。牛津大学的博士研究生王宪群先生将换算比价提供给了作者。2000年作者受贵志俊彦教授邀请,访问岛根大学进行台湾商人海外商贸网络方面的演讲时,去山口大学找到了论证美洲白银流往中国和印度的关键材料。

我经常参与一些学术研讨会,也使本书稿一改再改,其中包括:世界经济史学会年会(鲁汶,1990;米兰,1994;赫尔新基,2006),世界和近代中国学术讨论会(北京,1990,2000),海关史研讨会(厦门,1990),海洋史学术讨论会(彭德却里,1991),文化、宗教与中国经济发展研讨会(柏克莱,1992),东亚人口史研讨会(千叶,1993),东亚经济思想学术讨论会(北京,1993),亚洲开放论坛研讨会(松江,1998),亚洲研究协会年会(波士顿,1999),海洋中国和海外华人社团的变迁,1750—1850学术讨论会(新加坡,1999),世界史研讨会(首尔,2002),日本海学会年会(札幌,2003),中国经济史研讨会(北京,2004),港口与腹地研讨会(上海,

2004），金融机构与近代中国研讨会（上海，2004），东亚资本主义的形成学术讨论会（首尔，2004），市场与阶层之外研讨会（东京，2006）等会议。在早稻田大学（2000.9—2001.3）、京都大学（2003.8—2004.1）的客座访问，2004年5月受加州大学戴维斯分校邀请，在刘广京讲座进行演讲，这也有助于本书的修改。本书稿部分内容在《清史研究》（*Late Imperial China*）、《美国亚洲评论》（*American Asian Review*）等期刊及在鲁汶、彭德却里和新加坡研讨会会议论文集发表过，其出版资料详见书目。

参与学术研讨会、在期刊发表相关论文、个人咨询以及本书稿送审过程都带来台湾以外学者、机构的协助。在这方面特别感谢：阿风、松浦章、黑田明伸、张荣洋、陈来幸、陈诗启、邓海伦（Helen Dunstan）、佛林（Dennis O. Flynn）、冯筱才、吉拉得（Arturo Giraldez）、笼谷直人、神田さやこ（Sayako Kanda）、杉原薰、卡碧（Rebecca Karl）、堀和生、凯南（Barry Keenan）、李中清（James Lee）、雷那（Jane Leonard）、墨子刻（Thomas A. Metzger）、岸本美绪、曼素恩（Susan Mann）、韩书瑞（Susan Naquin）、苏咤（George B. Souza）、魏斐德（Frederic Wakeman）、佤特（John Watt）、叶世昌、叶坦、叶文心、曾玛莉（Margherita Zanasi）等学者，以及复旦大学图书馆、厦门大学图书馆、中山大学图书馆、北京图书馆、北京第一历史档案馆、首尔大学图书馆。

作者到哈佛之前在台湾所受关于近代中国社会经济史的训练，对本项研究甚为重要。作者在台湾师范大学博士班时的老师王业键教授，使作者熟悉他本人以及其业师全汉昇教授在中国货币史方面的贡献。另外台湾著名的货币史专家陈昭南教授建议作者阅读哈耶克（Friedrich August von Hayek，1899—1992）的著作。作者的第一本专著，即1976年在台湾大学完成的硕士论文，主要研究条约口岸的开放与清末台湾的社会经济变迁。当时在刘翠溶教授的启发下开始利用的海关数据对本书也极为重要。

特别感谢让作者担任研究员的"中央研究院"近代史研究所，那里的学术环境和设备为作者的研究提供了极大的便利。近代史所、台湾大学、台湾师范大学和"国家图书馆"的人文社会科学藏书,回答了作者很多研究问题。作者的同事陆宝千教授在桐城文派和今文经学派方面对作者教诲良多。同事沙培德(Peter Zarrow)、康豹(Paul Katz),对此书英文版的润稿帮助极大。潘光哲博士和穆斯基(Micah Muscolin)博士帮助初稿的校对。冈崎幸司博士帮忙校正了日文的罗马拼音,魏秀梅女士帮助增补了很多清代人物的生卒年。在台湾师范大学接近 20 年的任教过程使得作者与学生教学相长,一些学生的著作对本研究也有助益。

虽然从在台湾大学的学生时代起,作者就对西方的历史研究非常感兴趣,但当台湾遭逢诸多外交困境时,作者并无意出国。是李国祁和张朋园两位教授的鼓励,以及教育部次长李模在激烈竞争中选择作者受领哈佛大学校友会奖学金(1980—1981)的资助,才使作者尔后培养起全球视野的历史观成为可能。

1981 年 7 月至 1983 年 12 月和 1988 年 2 月至 1989 年 1 月间,作者两度受到哈佛燕京学社博士奖学金的资助。1987 年 2 月至 1988 年 1 月间和 1990 至 1992 年间,"中华民国国科会"也给予作者研究补助。蒋经国基金会帮助最后完成此书。这些及来自"中央研究院"的奖助,也使这个研究获得助理王静霏、李道缉、费聿元、黄绣春在资料搜集和计算机处理方面的协助。

作者得以专心运用大量资料探讨大历史的结构与发展过程,有赖于家庭的无私支持,感谢作者的父母和家人。开始构思本书时,作者的女儿梁弘只有 1 岁,如今女儿已长大成人并能发表她对本书的看法。有很多该用来照顾女儿的时间和精力却大都花费在此书上面。作者的先生梁启源,是一位一直支持太太学术沉潜的丈夫。他还时常以经济学者的眼光对作者的研究提出建议。感谢作者在哈佛时的导师孔飞力教授在论文最后提交前的半年间,每个星期都指导作者的研究。此后从 1990 年开始,他经常用电子邮件对作者的论文提供指导。导师、先生和女儿三人,最直接领略此书写作过程中的辛酸与喜乐,愿以此书献给他们三位。

还有很多其他的协助,请允许作者在脚注中致谢。虽然此书仍有许多作者本人应负责任的缺失,但希望以上给予此书的诸多爱心将有助于理解:"是什么原因使中国从盛清转向近代命运"这样一个问题。

凡 例

1. 18至19世纪中国的主要通货是白银和铜钱。白银有银两和银元两种形式,它们都用两、钱(0.1两)、分(0.1钱)的单位计量。银两的铸造约于元代开始,故称"元宝"。1838年前后总督林则徐提到一个中等收入家庭日均消费大概1钱。[①] 户部或各省布政使用以计量的库平银约为37.3公克。通过对民国时期中国不同地方银两的比较,1两的重量在33.99到37.5公克之间,纯度在0.979到0.987上下(如图E1)。[②] 1863年的一个记录指出各地银两重量和纯度的差异比各地容器容积的差异少。[③] 本书所提到的银元,包括墨西哥摆脱西班牙殖民统治之前的西班牙银元及之后的墨西哥银元(如图E2)。因为两种银元重量都约为27公克及纯度都在90%左右[④],所以两者在此书中都以

[①] 谭彼岸,《中国近代货币的变动》,190页;林则徐,《林文忠公政书》,甲集,"江苏奏稿",卷5,页11b。
[②] 魏建猷,《中国近代货币史》,页36。包括北京、天津、张家口、汉口、烟台、营口、奉天、齐齐哈尔和吉林等地的情形。
[③] Williams, *The Chinese Commercial Guide*, p. 275.
[④] 张惠信,《中国货币史话》,页29。钱币收藏专家张惠信认为,日本银元与20世纪早期袁世凯铸造的银元,在重量和成色方面与西班牙或墨西哥银元相近。这显示各银元重量和成色大概一致。

"银元"相称，以便于进行不同时期银元数量的比较。1 银两约相当于 1.43 银元。① 计量单位海关两约为 1.114 银两。1860 到 1887 年，1 海关两相当于 1.45 银元，1887 到 1895 年间为 1.52 银元。② 直到 19 世纪前期，来自墨西哥的银元仍是北美殖民地以及美国的重要通货。③ 本书计算中美两国国际收支的美国银元视同西班牙银元和墨西哥银元。计算中英两国间的国际收支，采用的是 19 世纪前期惯用的 1 英镑为 4 银元的换算比率。④ 计算日本输往中国的银两，1 贯日本白银的重量大约是 3.75 公斤（如图 E3）⑤，1 公斤为 25.098 两。⑥ 铜钱即制钱，它是圆型货币，中间有一方孔，面值 1 文（如图 E4）。1 千文通常用绳子贯穿而称 1 串或 1 贯。按清初计算，12,880 串即是 1 卯。卯原意为 1 年内所铸造的铜钱数。⑦ 中国传统铸造铜钱的方法是先将铜与白铅、黑铅或锡混合冶炼成合金，最后再压铸成铜钱。合金中铜的含量于不同皇帝统治时期在 50%—80% 之间变化。⑧ 因为锡只占少量，所以中国惯用铜钱而不是青铜钱来称呼。

2. 本书有关货币论争的描述引用了官员对皇帝的奏报等第一手资料。清代官员对皇帝的例行奏报，其详细程度可与英国议会文书相比。

---

① 余捷琼，《1700—1937 年中国银货输出入的一个估计》，页 25。计算 1 银两约为 1.45 银元。
② 林满红，《茶、糖、樟脑业与台湾之社会经济变迁，1860—1895》，页 41，根据 Chinese Maritime Custom Annual Reports 得出该时期海关两与银元及其他国际货币的换算率。
③ Mark Metzler 2004 年 3 月 7 日示知。
④ H. B. Morse, *The Chronicles of the East India Company* 目录之后一页提供了货币比价。一个西班牙银元在 1619—1814 年间等于 5 先令。1 英镑包括 20 先令，也因此约与 4 银元等值。从 1815 年开始，广州地区的薪水与其他固定开销都以每 100 英镑等同 416.67 银元的比率计算。
⑤ 日本史用语大辞典编集委员会，《日本史用语大辞典·用语编》1，页 176。
⑥ 全汉昇，《明中叶后中日间的丝银贸易》，页 644。
⑦ 《中国近代货币史资料》，页 74。
⑧ 杨端六，《清代货币金融史稿》，页 16—17。张家骧在《中华币制史》的第 94 页指出，清初，铜的含量没有定制。1684 年开始规定，制钱（政府铸造的铜钱）必须含有 60% 的铜和 40% 的白铅或黑铅，1727 年又规定铜和白铅或黑铅各占 50%。乾隆时期规定铜占 50%，白铅占 41.5%，黑铅占 6.5%，锡占 2%。嘉庆时期规定铜为 52%，白铅 41.5%，黑铅 6.5%。

这些官方档案现保存于台北和北京。奏议大多来自省级官员,有的也来自御史和京官。本书利用的台北故宫博物院的档案包括"钱法档"、"宫中档"、"上谕档"、"军机档"、"外纪档"、"议覆档"和"长编总档"。① 本书引用的北京第一历史档案馆保存的军机档来自已出版的《中国近代货币史资料》。② 本书也利用了《大清实录》、《筹办夷务始末》等已出版的清朝官方档案。

3. 除了张舜徽所编《清人文集别录》或成文出版社出版的《中国近代史料丛刊》、《中国近代史料丛刊续编》所收集的清朝学者官员的个人文集之外,贺长龄编《皇朝经世文编》、盛康编《皇朝经世文续编》、王云五编《道咸同光奏议》也包括了19世纪前期清朝学者官员关于时政的讨论。本书大约搜集了当时50余位学者官员的这类资料。为追索这些学者官员的背景,本书也参用了故宫博物院收藏的清朝为修国史所收的传稿、传包或《清代传记丛刊》中的学者官员传记。

4. 海关资料对作者从世界角度看中国经济的一些背景研究非常重要。1853年太平天国的一支部队攻占了上海县城,从此中国的行政机构——上海海关开始在条约口岸体系安排下由英、法和美国的领事所共管。因为领事的管理更为有效,加上,在日益扩大的国际贸易压力下,1858年后所有中国海关变成国际共同监管。从那时起,海关用英文发行每年度以及每十年度的涉及全国及各个条约口岸或某个专题的贸易报告。③

---

① 有关各种奏折的性质,详见 Bartlett 的 "Qing Palace Memorials" 与庄吉发的《故宫档案述要》。
② 《中国近代货币史资料》的编者作注表示,除了形式化的开头语与结尾语外,所有此书中的奏折都是全文收入。
③ 关于海关出版物的描述,详见 Liang-lin Hsiao, *China's Foreign Trade Statistics*, pp. 3—7;郑友揆,"我国海关贸易统计"。

图 E1　银锭(银两)

称为元宝的 50 两银锭,大多由商人将进口的银元或较小的银锭,依政府指定的样式改铸而成。(资料来源:除非另外标注,以下银两、银元、纸币、普尔钱图像均由张惠信先生提供)

图 E2　西班牙银元和墨西哥银元

1823 年以前处在西班牙统治下的墨西哥铸成的银元,中文称本洋或佛头。因为英国政府禁用英国银元与中国贸易,实际上用的是西班牙银元。1823 年以后墨西哥政府铸造的银元,中文称鹰洋。因为这个银元底面的图案是一只嘴中衔着一条蛇的老鹰站在仙人掌上。这个图案是墨西哥共和国的国徽。在银元的正面,图案是闪烁的光芒环绕一顶织有"自由"字样的软帽。

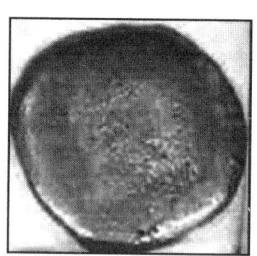

图 E3　日本白银

这个日本银元拍自神户附近山区生野银山博物馆。这是德川时期用灰吹法制成的质地精良的白银。灰吹法是用热风吹到放上铅的银矿上,使两者熔合,再将这个溶合物铺到由兽骨与松针烧成的灰硬化以后的床底上。向这些上面吹热风之后,氧化的铅与灰结合,银就会脱落而出。这个开采银矿的方法使日本可以直接在银山提炼出银来,而使其产量大增。这个用铅的采银法与拉丁美洲用汞的采银法有所不同。

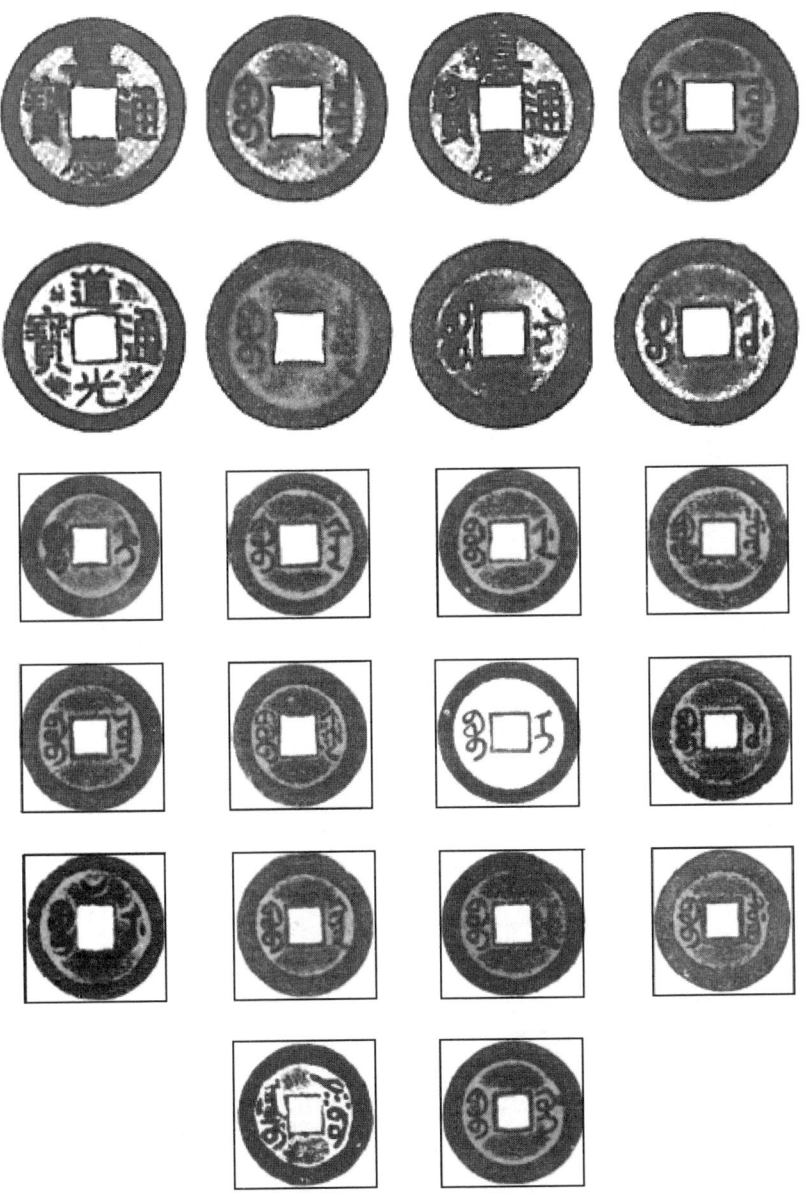

续图 E4　嘉道年间的制钱

制钱的正面铸有皇帝的年号与通宝两字,背面则铸上铸局的满文。中国的铸钱中间有一个方孔,上面没有西方硬币有的人物、动物或其他图像。(资料来源:奥平昌洪,《东亚钱志》,13:48—49)

导 论

弗兰克(Andre Gunder Frank)的《白银资本》(ReORIENT)和彭慕兰(Kenneth Pomeranz)的《大分流》(The Great Divergence)两书,激发了人们对中国的白银需求如何影响近代西方成为世界中心问题的兴趣。相对地,本书讨论中国对白银的需求如何与19世纪前期拉美人民的独立运动以及其他世界经济变化交互影响,从而使中国从清初的鼎盛走向了近代的衰落。犹如气象理论曾说,北京的蝴蝶拍动一下翅膀就能改变大西洋上空的空气环流①,拉美人民的独立运动以及全球经济的变化远远大于蝴蝶产生的作用,它们从远方冲击影响了大清帝国的衰落。从这本书可看到在这一王朝危机启动的初期,崇尚多元权威的想法空前盛行。随着危机的进一步加重,国家至上的观点占了上风。即使清朝后来部分因为重新获得拉丁美洲的白银流入而得以幸存,但相对于日本,中国在东亚地区的地位已经动摇。国家至上的观点,固然在往后的中国有所起落,但直到今天它依然活跃。

大清王朝几近崩溃,中国相对于日本在东亚中的地位日渐衰落,国

---

① Lienhard,"The Butterfly Effect".

家与市场以及国家与社会间的关系如何安排较为妥当的观念前后有变。这整体巨变，本书统称之为"中国的整体秩序变动"（China Upside Down）。

货币与中国

货币体系的紊乱

中国整体秩序变动的一个重要原因，是世界经济的变迁导致19世纪前期中国白银价格节节攀升。1808至1856年间，白银相对于铜钱的价格约增长了2.5倍。这种发展全书称之为"银贵钱贱危机"。1837年中国的一份文献描述此现象为"太阿倒持"①，1845年也有人强调白银的使用使得"天下制利权者在商贾市井"②。1846年一位观察家归纳这场危机是"利权倒置"③。

大多数现代国家是由政府发行通货。但在中华帝国晚期，用来支付赋税或者完成跨省大规模交易的银锭或银元却由私人供应。政府铸造的制钱，大部分用于地方的小额零售交易。19世纪前期，市场供应的白银价格相对于政府铸造的制钱增加了2.5倍，这是那个时代的人直接感受到的"整体秩序变动"。

从海外流入中国的白银以银锭和银元两种形式在市面流通，1个银元的价值约为1两银锭的70%。④ 根据可利用的资料，作者绘制出清代银钱比价的变化趋势图（见图 I.1）。1645年清政府开始铸钱时，规定1

---

① 包世臣，《安吴四种》，卷26，页10b。
② 《皇朝经世文续编》，卷58，户政30，钱币，上，页51b（吴嘉宾，"拟上银钱并用议"）。
③ 成毅，《求在我斋文存》，卷2，页19b。
④ 清朝学者官员提到重量较少的外国银元与银锭间的投机交易。实际上，外国银元的成分并不像该等学者官员所说的那么差，而且其价格与其含银成分大抵相当（林满红，"中国的白银外流"，页37—41）。

两银为700文制钱,很快在1647年官定比价提高至1,000文。①清朝初期(1647—1764)市场价格通常比官价低100—200文。乾隆末期和嘉庆初期(1765—1797),市场价格逐渐接近官定比价。1798—1807年间,市场价格又下降到1647—1764年间的水平。但从1808年开始,市场价格开始超出官定比价。1808至1838年间,银价从1,040文增至1,637文,其增加约600文,用了30年的时间。1839至1849年间又继续增至2,355文,其增约600文则仅用了10年。可见其加速增长。1850年下降至2,230文,1855年又下降至2,100文。其后银钱比价开始下降,从1856年的1,800文下降至清末的1,200—1,500文。②

图 I.1 清代的银钱比价变化趋势图

资料来源:1684至1722年:见杨端六《清代货币金融史稿》(北京:三联书店,1962),页182—183;1723至1795年:见陈昭南,《雍正乾隆年间的银钱比价变动,1723—95》(台北:中国学术著作奖助委员会,1966),页12;1798至1850年:见严中平《中国近代经济史统计资料选辑》(北京:科学出版社,1955),页37;1853至1911年:见罗绶香《犍为县志》卷28,1937,收录在《新编方志丛刊》(台北:学生书局,1968),经济,后:28a—b,亦参见张家骧《中华币制史》(北京:民国大学,1936),页33。

---

① 《钦定大清会典事例》,卷220,页10。
② 清末学者魏源对中国历史上的银钱比价作过全面回顾。在汉代,1两银约为125文制钱;在金代,约为2,000文。在明初,下降为600—1,000文之间。1643年,换算比价增至1,600—2,300文之间。见魏源《圣武记》,卷14,页41。郑永昌在《明末清初的银贵钱贱现象》(页1—115)中提到:1618—1634年间银钱比价为1,000—1,333之间,1638年后为2,000文上下;1642年增至2,500文;1644年为3,333文;1645年为2,857文。

政府发行的制钱与来自民间的白银

同样重量的制钱与白银,制钱价值相对白银为低。按1两白银为1,000文制钱的价格换算,制钱的重量大约是相同价值白银的120倍。① 与同时代的西方国家及德川幕府统治下的日本相比,19世纪前期的中国更多用制钱来进行小规模交易。② 整个18世纪,中国的人口和耕种面积都增为两倍,但是大多数的农业与手工业仍以小的耕作和交易规模来进行。③ 用于零售交易的制钱由政府铸造,通过公共支出以及军队支出而流通于市场。政府所收以白银为形式的税入80%—90%用于官员薪俸、军费以及以治理黄河为主的水利工程上。④ 制钱则用于其他公共支出。清政府在北京有两处铸局,分别为户部管理的宝泉局和工部管理的宝源局;其他在各省的铸局由负责财政的布政使管理(图E4)。从顺治、康熙、雍正到乾隆时期,省级铸局在2到23处间变动。⑤ 嘉庆和道光时期,中国18个行省几乎都有铸局,具体是陕西、山西、湖北、江西、浙江、福建、云南、江苏、湖南、广东、广西、四川、贵州、江宁府和直隶等省共有18处铸局,此外,新疆的伊犁和阿克苏、云南的大理也有铸局。⑥

从1644年开始,宝泉局铸造的所有制钱及少量白银用于军队开支。宝源局管理下的北京铸局铸造的制钱用于北京周围的公共工程。⑦ 各省

---

① 1830年官方铸造的每文制钱的重量为0.12两(《中国近代货币史资料》,页89),因此1,000文钱重120两。由于白银与制钱的市场比价是浮动的,1846年闽浙总督郑祖琛说:"银之铢两轻于钱百数十倍,便于取携耳。"(《中国近代货币史资料》,页159)
② 详见林满红,"有等级区分的均富思想"。亚当·斯密同样指出:北欧民族建立在罗马帝国的废墟上,银币体系从开始大致就沿袭下来,其后很久没有金或铜钱的时代……铜钱除了用来交换少量的银币之外,目前不是法定货币。(*The Wealth of Nations*, vol. 1, chap. 5, p. 39.)
③ Myers and Wang, "*Economic Development*, 1644 - 1800; Zelin, "The Structure of the Chinese Economy during the Qing Period".
④ 缪梓,《缪武烈公遗集》,卷1,页15b—16a。
⑤ 据郑永昌先生提供的数据。
⑥ 魏建猷,《中国近代货币史》,页50。
⑦ "史馆档",食货志"钱法,京局鼓铸"1,页3—4。

铸造的制钱用于支付士兵和低阶官员的薪俸、公共工程、运输费用以及官员津贴等。①

尽管有政府提供的作为通货的制钱,但从1661年开始,在长距离的大规模商业交易中,清朝规定以白银代替笨重的制钱流通。② 少数白银来自云南的私人或官方银矿以及周边国家,大部分白银则是由商人出口茶叶、生丝以及其他物产换来的。商人除以白银付税之外,也在钱庄换成制钱,以在国内收购出口的商品。③ 因此,钱庄是重要的白银汇聚场所。

作为通货的白银

沃勒斯坦(Immanuel Wallerstein)认为,近古欧洲用白银作为通货,白银在亚洲则只是被贵族用为饰品或者用于窖藏。④ 这种分析对印度较为合适,在中国白银固然也被窖藏,但也作为通货。

学者通常引用将人丁税、实物税整合而以银缴纳的一条鞭法说明从16世纪下半叶起中华帝国开始广泛使用白银。⑤ 事实上,在这项税政实行后相当长的一段时期,制钱仍是省内大规模商业交易的重要媒介。到了18世纪末期,白银才在各省的大规模贸易中广泛使用。

学者使用"命令经济"、"市场经济"、"习俗经济"等术语概括18世纪中国的经济形态。⑥ 在习俗经济(该经济不使用货币,就像家庭主妇的工作常常没有任何报酬一样)之外,就另外两者而言,"市场经济"一词而不

---

① 王庆云,《石渠余记》,卷5,页10a:"顺治12年(1655),始令以制钱搭放俸饷。"1830年御史徐培琛指出:"查定例……京师设宝泉、宝源二局,外省亦设局照例鼓铸,搭放兵饷。"(《中国近代货币史资料》,页95;"上谕档",道光10年10月27日)制钱的其他用法,见《皇朝经世文续编》,卷58,户政30,钱币,上,页48b—50a(吴嘉宾,"拟上银钱并用议")。
② 《清朝文献通考》,卷13,1:考4967。
③ 谭彼岸,《中国近代货币的变动》,页204。
④ Prakash, "Silver Influx and Prices", p. 5, cites Wallerstein's remark.
⑤ Liang Fang-chung, *The Single-Whip Method of Taxation in China*。一条鞭法政策实施后,长江中下游地区的漕米仍要大量输送到北京。
⑥ Myers and Wang, "Economic Development, 1644–1800".

是"命令经济"一词,更加合适用来形容19世纪前期中国的货币体系。

白银成为19世纪前期中国货币体系基轴的事实,从1837年包世臣关于财政支付以及大规模商业交易情况的描述可以看出。包世臣曾做过举人、省级官员的幕僚和知县,他说:所有的田赋、杂税、薪俸和捐输都用白银支付。民间契约80%—90%用白银计价。即便付的是制钱,也要由白银所计价格折算("国家地丁课程俸饷捐赎无不以银起数,民间买卖书券,十八九亦以银起数,钱则视银为高下")。① 事实上,18世纪早中期的中国还不是如此,当时制钱仍被用于大规模的地方交易。② 就1820至1839年间的美国而言,当时的硬币在整个货币体系中的比重仅占13.25%③,白银和制钱在中国货币体系中所占比重,1936年是从1910年的65%降到16%。④

尽管19世纪前期的中国已大量使用白银,但供应学派的经济学者也许会说货币仅是经济的面纱,生产才是经济的决定因素。这种想法来自现代社会的管理货币体系。管理货币体系是指计算可能生产的物品与劳务,再发行足够与这些物品与劳务交易的货币。例如,1930年代中国已建立起管理货币体系,当美国的购银法案实施后中国白银流入量跌落甚而外流时,现代银行便发行大量货币来减轻其冲击。⑤ 但是19世纪前期的中国并没有这种货币体制。

在19世纪前期的中国,私人钱庄发行可兑现的银票和钱票。1851年清朝的一位内阁官员指出,银票和钱票一般可在异地与开票钱庄有往来的钱庄兑现。⑥ 1930年代,中国的商业银行为刺激经济发展所发行的无抵押贷款,与19世纪前期的银票和钱票在性质上是不同的。19世纪

---

① 包世臣,《安吴四种》,卷26,页11a。
② 《中国近代货币史资料》,页8—9。
③ 根据Temin的 *The Jacksonian Economy*,p.71计算。
④ Thomas Rawski, *Economic Growth in Prewar China*, pp. 156-58.
⑤ 同上书,页168—79。
⑥ "宫中档",咸丰元年11月13日;《中国近代货币史资料》,页138—39。

前期的中国银票或钱票有银或铜钱充当准备,因为不是所有的银票都会在同一时间要求兑现,这些通货的发行多少弥补了货币体系中现银和现钱的不足。当1838年四川总督提出禁止钱票的主张时,湖北、湖南和山西的总督加以反对,因为在他们的辖区,钱票补充了货币供应,如果没有这些通货,银钱不足的问题就会更加严峻。① 这个观察也显示了在19世纪前期的中国,私人钱庄发行的银票或钱票还是不能充分弥补银钱的不足。由于19世纪前期的中国是由商人而非政府供应银票或钱票,尤其白银主要来自国外,这种情形与现代政府相当控制国内货币供应的情况大为不同。

白银与制钱的关系

白银与制钱的关系就像现在美国货币体系中的100元与25分硬币间的关系。如果用25分面值的硬币来进行价值100元的交易肯定会因计数而带来不便,而用纸币来进行25分的小额交易,又也容易损坏,因此硬币用于小额交易,面额较大的纸币用于大额交易。清代的制钱与白银也分别用于零售及大规模交易。区别在于,美国政府规定而且执行了100元钞票与25分硬币间的固定换算比率,而在19世纪前期的中国,白银与制钱在市场上的交换比价是随两者供需变化而上下浮动的。

19世纪前期市场变化对银钱比价的影响特别明显。1722年政府曾设立钱牙来稳定银钱比价,1738年后废除该项政策。② 道光时期山东的县丞丁履恒(1770—1832)在1818年前后已注意到,是商人决定着市场上的银钱比价("且银价之与钱价,其时上时下,亦自主肆者定之")。③

---

① 《中国近代货币史资料》,页128—29、135—36。
② 《皇朝经世文续编》,卷58,户政30,钱币,上,页46b(吴嘉宾,"拟上银钱并用议")。
③ 同上书,页17a(丁履恒,"钱币议")。尽管没有明确说明,但是其内容表明当时银价已成问题,不过还不是特别严重的问题。丁履恒记载1818年前后银钱比价是1两银为1,250文钱。丁履恒年谱的作者吴虞认为他提出货币的论点早于他在嘉庆朝取得贡生。因此,作者认为丁履恒的记述写于1818年前后。

当时银钱之间的比价变化,就像当今各国不同货币间的交换,都由交换货币个别的供应与需求来决定其兑价。如果英国的企业打算在美国投资,他们自然需要用美元购买工厂和支付工人工资,进而就会导致美元对英镑的升值。如果英国政府不想让英镑贬值,英国的银行就必须从自己的外汇储备中抛售美元。从理论上来说,当19世纪前期中国的银价上升时,清政府应该向市场投放更多的白银,但清政府储存的白银数量此时正不断减少。1838年刑部侍郎黄爵滋哀叹道,尽管道光皇帝在生活上比他的父亲和祖父都要节俭,但国库却日渐亏空。〔臣维皇上宵衣旰食,所以为天下万世计者,至勤至切;而国用未充,民生罕裕,情势渐积,一岁非一岁之比,其故何哉?考诸纯庙之世(乾隆朝),筹边之需几何?巡幸之费几何?修造之用又几何?而上下充盈,号称极富。至嘉庆以来,犹征丰裕,士夫之家以及巨商大贾,奢靡成习,较之目前,不啻霄壤。岂愈奢则愈丰,愈俭则愈啬耶?臣窃见近年银价递增,每银一两易制钱一千六百有零,非耗银于内地,实漏银于外洋。〕①乾隆末期清朝国库存银7千8百万两(一亿一千一百五十四银元),②道光末期下降到8百万两(一千一百四十四银元)。③

　　清初当银价上涨时,通常是通过减少制钱供应数量来降低银对钱的相对价格。面对19世纪初期这场银贵钱贱的危机,政府采用了同样的办法。④但清政府如此做主要还是由于以下两项理由:第一,铸钱费用通常用白银支付,此时白银价格越来越高;第二,铸造制钱花费的白银还多于所铸铜钱在市场上可换取的白银。到1846年,铸造制钱的成本是收益的三到四倍。⑤但是,尽管制钱的供应量减少,白银相对铜钱的价格却

---

① 《筹办夷务始末》,卷2,页4b。
② 百濑弘,"清朝の異民族統治に於ける財政經濟政策",页50。
③ Jones and Kuhn, Dynastic Decline, p.146.
④ 林满红,"嘉道钱贱现象产生原因",页395 估计:从1824—1850年制钱铸造量大约减少了15.3%。
⑤ "议覆档",道光26年10月14日。

依然不断攀升。

　　银贵也伤害到收入较低的普通民众。银与制钱通常用于不同的交易层次,这意味着人们或是只有银或是只有铜钱或是有不同组合的银和钱。就只赚取制钱的人而言,例如农民长期在小村落里生活,大部分场合都使用制钱,那么他的实际收入受银贵钱贱的影响不大。但问题在于许多时候他们还不得不使用白银,除必须用白银支付税赋外,这些制钱的持有者还要经常到集市上购买像盐、衣服、炊具、纸钱等等家庭必需物品。这些商品在集市上可以用制钱支付,但它们的实际价格受到银钱比价的影响,因为商人一般都是用白银从更远的地方买入这些货物。① 一个重庆的商人如果想从上海买入丝绸,对于这样的长距离交易,他不得不在重庆的钱庄将制钱换成白银。当一个农民在操办女儿嫁妆时,他用制钱在邻近的集市上买入丝绸,但是,这匹丝绸的价格是由白银的价格决定的。当遭遇银贵钱贱危机时,由于商人提高丝绸所需的制钱,农民用同样的制钱买到的丝绸数量就会相对减少。当重庆用制钱购买的丝绸价格提高时,四川农民的购买力就会缩小,同时上海周边农民生产丝绸的获利也会减少。

　　必须用白银付税,这是最影响普通民众收入的因素。税项也可以用制钱缴纳,但要根据市场上的银钱比价将以银计算的税项折算成铜钱。② 由于制钱较重、运费较高,地方官员都在当地钱庄将制钱换成白银后再上缴给省级官员,最后由省里解交到京城户部。不管农民自己,还是由地方官去换取白银,都得受到市场上白银相对铜钱高涨价格的支配。

---

① 林满红,"对外汇率长期下跌对清末国际贸易与物价之影响,1874—1911",页 156;林满红,"口岸贸易与近代中国—台湾最近有关研究之回顾",页 896。
② 丁履恒指出:"国家定例,民间完纳正课,本应按照额征科则,封银投柜。"(丁履恒,"钱币议",《皇朝经世文续编》,卷 58,户政 30,钱币,上,页 17a)。尽管根据 1774 年的法令条例,农民被允许包好税赋所需的白银自封投柜,而在现实生活却有许多变化。由于平民支付的白银在数量和质量方面不尽相同,同时大多数平民的收入都是制钱,因此平民还是用制钱支付官员。地方官员向更高层级的官员解交前则要将钱换算成银(参见陈昭南《雍正乾隆年间的银钱比价变动》,页 68)。

银贵与王朝衰落

清初市场上的银钱比价低于官方规定时,因税赋按照官方银钱定价征收,所以地方官从每两税收中可多获1—200文制钱,用于地方政府的支出。1808—1856年间,当市场银钱比价远远高于官方规定时,地方官员在将税银解交上级官员前,得按照市场价格将制钱折算成白银,他们不得不转嫁市场负担。当人们负担不起越来越高的税赋时,国家用于地方支出的岁入必然削减。

由于银贵钱贱,政府不但收入减少,还要花费更多的钱来应付原有的支出项目。原因在于大部分公共支出,例如制钱铸造,需用白银支付。尽管政府用制钱支付一些公共支出,但当公共支出主要用银计算时,一些制钱不得不在钱庄换成白银。① 难怪1818年前后的人认为,政府的收入和支出都随着钱庄商人操控的银钱比价浮动。②

随着市场与官方银钱比价的差距不断扩大,政府的地位越来越低落。19世纪前期的税赋和公共支出虽按市场上的银钱比价变动,但是士兵的薪水仍然按照官订的银钱比价发放。③ 由于银贵钱贱,士兵的实际收入减少了。除税收减少之外,士兵的困难也是市场对政府的明显冲击。

因市场银贵而税负加重,增加了民众对官员的不满。1852年因平定太平天国运动而著名的清朝将领曾国藩评论道:"江西、湖广课额稍轻,然自银价昂贵以来,民之完纳越苦,官之追呼亦愈酷。或本家不能完,则

---

① 包世臣《安吴四种》卷26,第16a页记载:"部饷、甘饷、贵饷等项,万不能不解银。至如本省公项、坛庙、祭品、文武、廉俸、兵饷、役食私用,则延请幕友捐摊纸饭衙门陋规朝务兑费,斯在受者,仍皆以银易钱应用,故出入之利,皆归钱店,使市侩操利权,以上困官而下困民。"

② 《皇朝经世文续编》,卷58,户政30,钱币,上,页17a(丁履恒,"钱币议"):"今自内外百官之廉俸,营伍兵夫之干饷,以及采储仓谷,购买物料,朝廷经制,自有定额。迨支发之银,施于实用,则盈绌之数,一市侩得以持之。甚至州县征收地丁钱粮,市侩亦得操其盈绌之数。"

③ "宫中档",道光22年2月25日。1842年湖广总督提到,八旗和绿营士兵薪水仍按1两银为1,000文制钱的标准发放。

锁拿同族之殷实者而责之代纳。甚者或锁其亲戚,押其邻里。"①龚自珍在 1840 年曾经沉痛地说:"开辟以来,民之骄悍不畏君上,未有甚于今日中国者也。今之中国,以九重天子之尊,三令五申,公卿以下,舌敝唇焦,于今数年,欲使民不吸鸦片烟,而民弗许,此奴仆踞家长,子孙捶祖父之世宙也。"②

离谱的银钱比价和民众对官员的不满,引发了整个社会的动荡。1850 年有人记载:"愚民无知,但见年增一年不无觖望。浙江奉化等处滋事多由于此。"③除了流血骚乱等社会不安发生之外,民众和官员的心灵更是不安。普通民众觉得"由银价之倍增,官吏之浮收,差役之滥刑,真有日不聊生之势。"④官员也因此感到痛苦。1838 年一个官员的奏议写道:"若再三数年间,银价愈贵,奏销如何能办? 税课如何能清? 设有不测之用,又如何能支? 臣每念及此,辗转不寐。"⑤

那个时代的学者官员们也觉得整个社会的价值观变了,人们变得越来越一心追逐金钱。1830 年代有人这样描写当时的北京:"都下无一事不以利成者。"⑥在两个世纪前写成而于 1825 年出版的《钱神志》一书叙述了爱钱者死后的报应。⑦ 更极端的抱怨是,这个时期汇集了中国历史上所有最不道德的时代的罪恶:"今日风气,备有元成(公元前 49—前 7 年)时之阿谀,大中(847—860 年)时之轻薄,明昌(1190—1196 年)、贞佑(1213—1217 年)时之苟且。海宇清晏,而风俗如此,实有书契以来所

---

① 曾国藩,《曾国藩全集》,页 29—30。咸丰元年 12 月 18 日,曾国藩兼刑部侍郎。
② 龚自珍,"与人笺",《定庵全集定庵文集补编》,卷 4,页 13;胡秋原编,《近代中国对西方及列强认识资料汇编》,辑 1,第二分册,页 826。
③ 冯桂芬,《显志堂稿》,卷 11,页 34a。
④ 曾国藩,《曾国藩全集》,页 29—30。咸丰元年 12 月 18 日。
⑤ 《筹办夷务始末》,卷 2,页 4—6。
⑥ 沈垚,《落帆楼文集》。沈垚(1798—1840)是地理学方面有所专长的学者,1830 年代他曾在北京生活六年,帮助徐松(1781—1848)编纂地理方面的书籍。
⑦ 晋朝(266—420)的鲁褒曾写过名为《钱神论》的书,他尖锐地批评当时的拜金主义风潮。到了明末,李世熊(1602—1684)将此书扩增为《钱神志》。

未见。"①

1845年越南(安南在1804年后更名为越南)的皇帝也感觉到大清帝国正濒临灭亡：

> 帝谓侍臣曰,清国政事近来殊无可观,朕昨览清国京抄,见有支银给予英咭唎,府库钱几空,何委靡也。甚至卖官鬻狱,无所不为,而盗贼、雨雹、灾异频仍,意者其季世乎。②

1851年爆发的太平天国运动,部分是因为银贵问题所引起,它在某种程度上印证了越南皇帝的预言。

经世思潮的兴起和分殊

该时期的白银危机和社会动荡,刺激了经世思想的崛兴,学者官员纷纷发表对时局的看法。与清代的其他几个时期相比,这个时期的御史最为直言急谏。③ 乾隆和嘉庆时期的学者官员大都热衷于刊印自己的诗集,但道光时期的学者官员大多出版与时政有关的著作。④ 这证实学界所认为19世纪前期经世思想兴起,也就是当时学者期望影响社会和政府的一般看法。

经世思想是儒家的根本关怀,在中国的不同历史时期时盛时衰。西汉时(公元前206—25年),曾经蓬勃发展,宋朝(960—1279)也曾一度提倡,17世纪明清交替之际,面对当时的社会和政治危机再度昂扬。18世纪时,清朝严厉管制知识分子,经世思想较为隐没,考据学转为显学。但19世纪前期,经世思潮再起。⑤

---

① 沈垚,《落帆楼文集》,帆8,页20b。
②《大南实录》,卷46,页7(1845年5月)。
③ 汤吉禾,"清代科道之成绩",页524。
④ 沈垚,《落帆楼文集》,帆8,页17a。
⑤ 冯天瑜,"道咸间经世实学";张灏,"宋明以来儒家经世思想试释"。

19世纪前期学者官员随着银贵钱贱危机的恶化越能体察货币问题的重要性,他们常引用周官八政的"食货为先"。① 在1815—1816和1823年,具有进士、吏部主事身份的学者龚自珍曾两度写道:"人主之忧,食重于钱。"②在1836—1838年间的作品中,他强调食货并重。③ 1838年他在写给去广东处理鸦片问题的钦差大臣林则徐的信中建议:"我与公约,期公以两期期年,使中国十八行省银价平,物力实,人心定,而后归报我皇上。"④

19世纪前期中国的经世思想过去被学界看成是一体的。实际上当时的经世学者在面对银贵钱贱危机时曾为着不同的见解而争论。按照对中国经济思想史有过最详细研究的经济学者胡寄窗的说法:"尽管中国历史上发生过许多有关货币的论争,但其复杂程度都不能与19世纪的争论相比。在那次大争论中还有货币专论出版,这在中国历史上也是空前的。"⑤和西方国家1930年代的经济大萧条激发出诸多的经济理论相似,19世纪前期中国的银荒也引领了空前数量的有关市场与政府关系问题的讨论与著作的出版。除专论之外,当时学者官员的有关看法,也可以从经世文编、清人文集以及现今故宫保存的奏议档案等资料中翻查。

20世纪中国的经济学者,如胡寄窗(1962)、叶世昌(1963)、彭信威(1958)、赵靖、易梦虹(1980)、侯厚吉、吴其敬(1982)等,都曾提过这场争论。总的来说,他们因认为这场争论对现代经济学的基本概念如价值、

---

① 《皇朝经世文续编》,卷58,户政30,钱币,上,页16a(丁履恒,"钱币议");缪梓,《缪武烈公遗集》,卷1,页22a;《皇朝经世文续编》,卷58,户政30,钱币,上,页51b(吴嘉宾,"拟上银钱并用议");《皇朝经世文续编》,卷58,户政30,钱币,上,页64a(周腾虎,"铸银钱说")。周官八政分别是食(粮食)、货(物品与货币金融)、祀(宗教)、司空(公共工程)、司徒(教育)、司寇(法律)、宾(诸侯间的礼节)、师(军队);见屈万里《尚书今注今译》,页77。
② 龚自珍,《龚自珍全集》,卷1,页8、50。
③ 龚自珍,《龚自珍全集》,卷1,页169、197。"食货"全译当为食物、货物和货币;叶世昌,《中国货币史论》,页33。
④ 同上书,页171。
⑤ 胡寄窗,《中国经济思想史》,卷3,页607。

资本、利润等少有贡献而不予重视。① 但从历史的观点来看,这些争论展示出当政府面对市场的空前挑战时无比生动的思想竞争。19世纪前期的学者官员关于政府在货币政策或经济领域中应扮演何种角色的焦虑,比公元前81年汉朝的《盐铁论》争辩更为激烈。②

19世纪前期的这场争论显示出经世学者的明显分殊,但如何将他们具体分类还是一个大问题。叶世昌将他们分成"名目主义派"和"金属主义派"。"名目主义派"赞成政府发行如纸币等符号货币,"金属主义派"倾向于使用贵重金属货币。叶世昌严厉批判了名目主义派。他的分法实际上来自西方经济史的经验,它是从银本位到金本位到不可兑现纸币逐渐演化而来的。这种分类法并不适合中国,因为中国使用了大量制钱,无论名目主义或金属主义两派都不能用来描述铸造面值与其本身价值相同的制钱的主张,因为铜钱并不是贵重金属,而名实相符的货币并非符号货币。"金属主义"与"名目主义"两者的区分,也都难以说明魏源在主张铸造银币之外所主张的用玉石及贝壳充当货币。③

即使就叶世昌的分类而言,与叶世昌偏好金属主义派不同,作者认为这两个派别都有其立论基础。名目主义派的观点与当今工业社会的管理货币体系相似,由政府决定发行社会所需要的货币。反过来看,金属主义派的观点与哈耶克及其追随者的货币安排主张相近,他们担心政府发行的货币量超过经济所需,导致纸币相对物品和劳务的价值低落,人民的财产权因此受到侵蚀。这些经济学者非常怀念以贵重金属充当

---

① 胡寄窗对19世纪初货币辩论的总评是:"虽然在十余年内参加争议的各方所提出的意见相当多,在这里却无必要详细予以介绍。其原因是:一方面在这些意见中有些论点完全是胡扯,而绝大多数是唱以往老调,故无复述必要。另一方面,有时也有一些有趣的见解,不过他们均属于某些具体问题的论述,缺乏理论意义。"(胡寄窗,《中国经济思想史简编》,页436)《中国近代经济思想史稿》一书的作者侯厚吉也为这些思想下结论说:"他们毕竟还是用传统的观念来思考问题,未有近代资产阶级经济学的观念,像价值、利润、资本等近代的经济概念,在他们脑海中是没有的。"(侯厚吉、吴其敬,《中国近代经济思想史稿》,卷1,页41)
② 贺凌虚,《西汉政治思想论集》,页249—359。
③ 名目主义和金属主义的划分也用于Von Glahn 的 *Fountain of Fortune* 书中,页296。

货币而很少发生恶性通货膨胀的历史时期。① 通过以上简单的比较可以看出,在货币安排问题上,无论中国或西方,都有论述有关政府与经济关系的不同思想流派。

现代西方经济学是以个别的理性经济人为基础建构的一套知识,但如诺斯(Douglass North)所说:"关于政治经济、经济发展、经济史的问题,都要理解决策者背后的思想模式和意识形态。"② 对诺斯来说,"意识形态"也即是"一群人对环境的解释,以及对该环境如何调理出秩序所提出对策背后一套共有的思想模式。"③ 本书是针对19世纪前期中国学者官员关于政府与经济关系的主张背后所隐含的群体思想模式和意识形态的一个研究。

本研究的历史方法路径与中国大陆的经济学者有所不同。例如胡寄窗(1962)用现代的标准批评魏源建议采用古代圣人选用玉或贝币的观点。④ 但如果从历史角度来分析,这是魏源以今文经学为基础所提的政治经济主张,他希望借着自然的力量或先哲的观点来限制帝王的权力。此外,胡寄窗还用现代经济学的理论批评了龚自珍,因为龚借用公羊学的主张分析政治经济问题。他说:"正因为他习惯于公羊学的'微言大义',才使他在经济理论方面无显著成就……骑着公羊学这样'一匹驾车笨马'去打猎,不会有多少收获的。"⑤ 但是,龚自珍借助公羊对古代经典重新阐释并提出其政治经济主张,就像亚当·斯密(Adam Smith)不但写《国富论》,同时还著《道德情操论》一样。早期的学者不像今天的经

---

① 这一派的经济学者1980年举办过一次学术会议,他们出版了一本论文集 *Currency Competition and Monetary Union*,由 Pascal Salin 编纂。本书采用了该论文集中的一些观点,见页8、14、31、42、43、47、51、53、70、77、127、279。
② Denzau and North, "Shared Mental Models," pp. 29 - 30。2002年在马若孟教授的指引下,作者学习了诺斯(North)的一些著作。
③ Alston et al., "*Empirical Studies in Institutional Change*", p. 348.
④ 胡寄窗,《中国经济思想史》,卷3,页679。
⑤ 同上书,页659。公羊学派以汉代文字——今文,来写《公羊传》,而不是用孔子时代的文字——古文,来解释孔子编订的《春秋》。

济学者这样专业化。因此,19世纪前期中国学者不同的学术兴趣与其政治经济思想的关系,也是本研究将要关注的重点。

当时学者感兴趣的,还有选取特殊的文体写作。姚鼐(1731—1815)编的《古文辞类纂》一书编于1779年,但于1820年才告出版,这说明古文文体与经世思想同在道光年间崛兴。① 学者们一方面关心他们所处时代的银贵钱贱的严重社会问题,也急切要向社会表达他们的看法。古文文体希望复兴秦汉时期较易了解的文体,而不像六朝时代骈体文之重用华丽词藻。另外,如经世学者们对于银贵钱贱危机的论争一样,道光时期的古文运动也分成两个不同的派别,而且对唐宋八大家有所批评的阳湖学派比崇拜唐宋八大家的桐城学派更为盛行。② 魏源和龚自珍等对皇帝绝对权威有所质疑的今文经学者适巧是阳湖派古文文体学者。

诺斯说过,意识形态与个人对所观察的世界是否公平的道德与伦理判断密不可分。③ 以前关于经世思想的研究侧重治理社会的观点,最近研究开始认为"经世"这一词语也蕴含着道德修养的含义,治世与修身两者希望能相辅相成。④ 19世纪前期学者对银荒危机的体察,同时也显示了他们对有关人性、政府和民间关系等根本问题的思考。《钱币刍言》的作者王瑬就曾建议户部将朱熹有关家庭伦理的规范教条印在纸币上,从而周知民众。叶世昌(1963)认为这是荒唐的想法,但作者认为这反映出王瑬对政府从事社会教化的深切渴盼。其他研究也许认为一些形而上的哲学与有关现实问题的意见不会有任何关系,本研究则认为根本信念与现实主张相互连结。

---

① 姚鼐编,《古文辞类纂》,出版日期见 Hummel, *Eminent Chinese of the Ch'ing Period, 1644—1912*, p. 900 及安徽人民出版社出版的《桐城派研究论文集》,页85。姚鼐的生卒年为1731—1815。
② 唐宋八大家分别是唐代的韩愈(768—824)和柳宗元(772—819);宋代的苏洵(1009—66)、苏轼(1037—1101)、苏辙(1039—1112)、曾巩(1019—83)、王安石(1021—86)、欧阳修(1007—72)。
③ Douglass North, *Structure and Change in Economic History*, p. 49.
④ 冯天瑜,"道咸间经世实学";张灏,"宋明以来儒家经世思想试释"。

以前对 19 世纪经世思想的研究倾向于只列出若干个人的建议。随着故宫档案的提供使用和个人文集的大量出版,作者认为依据这些材料目前足够开展"群体的研究"。在根据政治经济主张来将这些学者官员划分为不同派别之前,我们必须知道每一位学者官员的思想都非常复杂。例如宋代的王安石,通常被认为是政治干预主义者(interventionist),但他在茶叶问题上反对统销政策。① 19 世纪前期学者官员的意见是如同光谱般地展开。就程度之别,作者认为在货币政策方面,王鎏是大干预主义者,因为他建议户部发行不可兑银的钞票来代替白银和钱庄发行的银票和钱票。魏源被本书归入放任主义者的行列,因为他建议政府铸造面值和本身价值相当的银币,政府不能透过发行通货增加政府收入或者取代商人供应的通货。

一些对 18 世纪末期、19 世纪初期中国学术的研究强调指出,应该考察隐藏在那些思想背后的社会现实,尤其是权力斗争。② 要想了解 19 世纪前期经世学者关于银贵钱贱危机的各种思想,研究其政治关系的确非常重要。例如,乾隆皇帝的重臣和珅的反对者们,在银荒危机中起到了重要作用。但在同一政治集团内的经世学者们也竞相提出解决危机的不同方案。有时学术渊源比政治关联更引发他们的观点分歧。

整个 19 世纪的学术兴趣和政治经济思潮前后曾发生变化。1820—1850 年间放任主义盛行,1850—1887 年间干预主义又压倒了放任主义。如孔飞力在《中华帝国晚期的敌人与动乱》以及《太平天国的起源》前言所述,意识形态和社会现实是相互交织的。本研究将探讨思潮起伏与社会现实变化两者间的关系。

在社会现实面,1850—1887 年间太平天国运动和外敌入侵使得干预

---

① Hymes and Schirokauer, *Ordering the World*, p.19n26.
② 例如,艾尔曼(Benjamin Elman)的 *Classicism, Politics, and Kinship* 书中讨论 18 世纪今文经学兴起和与和珅的政治斗争间的联系。而波拉切克(James M. Polachek)的 *Inner Opium War* 则从抵制如穆彰阿等满洲官员的政治斗争着眼。

主义思想抬头。正如涂尔干（Emile Durkheim）所说，"当公众安全受到威胁时，政府权威将会加强"①。但是晚清建盖书院以提振干预主义思想需要经济基础，19世纪前期银贵钱贱危机耗竭乾嘉以来的财政盈余，太平天国运动后三年清政府已经不够支出军队和官僚的薪饷，同治时期的财政局面如何扭转也是本研究要探讨的问题。

中国近代史的学者通常认为白银在整个清末持续外流。本研究则认为1856—1887年间因为白银的流入使得商业税收增加，清政府的统治因此得以加强。以前的研究都没有提出为什么在1820—1850年间银贵钱贱危机特别加剧，而到1850年代早期该危机却突然停止了。本书将论证世界对中国的白银供应在1820—1850年间急剧下降以及1850—1887年间迅速增长与同时期中国银贵钱贱危机加剧和消除的密切关联。当白银相对于制钱的价格增长两倍时，政府权威开始减弱，1600年来转为伏流的强调有多元权威并存的思想突然间变为显流。

19世纪前期的学者官员直接感受到的是银贵钱贱危机而不是白银外流。②以前关于这场危机的研究都强调是鸦片进口导致白银短缺。本书发现1856—1887年间尽管鸦片进口成倍增加，但同时白银也重新流入中国。在1856年前后，中国的国际收支由赤字到盈余的转变中，全球白银供应比鸦片进口因素更为重要。多数关于白银外流的既有研究利用的是终止于1833年的广州东印度公司档案。本书则是利用伦敦海关及其他档案显示1833—1850年间中国白银外流的加剧，并用以解释当时日益恶化的银贵钱贱危机。受拉美国家独立运动的影响，直到1850年代早期全球白银供应才恢复到有余裕供应印度和中国。

---

① Durkheim, *Suicide：A Study of Sociology*, p. 402.
② 1820年，包世臣针对银贵钱贱危机问题，首先注意到与白银外流的关连（包世臣，《安吴四种》，卷26，页5a）。1829年一则上谕提到鸦片进口与银元、银两间的投机导致白银外流；当中皇帝最关心的是"近年银价上涨"。（林则徐，《林文忠公政书》，甲集，"江苏奏稿"，卷6，页18b—19b）

从盛清到晚清:来自世界的溶蚀

讨论到中国的王朝命运与白银有关的问题,使作者想起阿特威尔(William Atwell)和魏斐德(Frederic Wakeman)将17世纪西方世界白银供给的减少与大明王朝的衰落相互关联的立论。① 一些学者曾质疑此立论,因为明朝在1644年灭亡以前一直从日本进口白银,中国白银的缺乏实际上是在明亡之后1655—1683年间的海禁时期。② 不过,阿特威尔和魏斐德的讨论却使作者开始从全球的角度考虑19世纪前期清政府的命运。这个问题特别值得探究,因为从清初起日本将所产白银只供本国使用,其后中国转而与亚洲以外世界经济更为关联的变化值得玩味。

因为中国与世界市场关联的焦点是白银,因此作者愿用"来自世界的溶蚀"(global erosion)而不是毛泽东提出的"帝国主义入侵"这一术语来分析这些关系的变动。1939年毛泽东在讨论这段历史时,提出帝国主义入侵扼阻了中国资本主义的萌芽。③ "溶蚀"与"入侵"词义有细微差别,"入侵"一词包含的非连续性大于连续性。"帝国主义"一词含有谴责的意思,"来自世界的溶蚀"这个词语则较中性。

最近美国学者讨论18世纪的中国因和世界经济连为一体而促进自身的繁荣。④ 虽然他们的讨论较毛泽东所说的资本主义萌芽繁复,但仍未说明中国在18世纪的繁荣之后发生了什么。最近有关近代中国的研究着重18和20世纪,而忽略了19世纪中国扮演的转折角色。

贝罗得(David Bello)有关1729—1850年间禁用鸦片的研究,指出了

---

① Atwell, "International Bullion Flows"; Wakeman, "China and the Seventeenth-Century Crisis."
② Moloughney and Xia, "Silver and the Fall of the Ming";郑永昌,《明末清初的银贵钱贱现象》;及Von Glahn, *Fountain of Fortune*.
③ Feuerwerker, *History in Communist China*, pp. 229, 234.
④ Manning et al., "Asia and Europe".

19世纪的银荒是鸦片被禁止的重要背景,是有洞察力的。① 他强调,18世纪中国领土和人口的倍增以及额外税收如火耗银为中央政府征收,是鸦片不能有效禁止的原因。但是他忽略了19世纪前期的银荒本身,很大程度地破坏了帝国的有效统治。本书将揭示在中国从盛清到近代的巨大转变中,白银是一个关键而又没有被充分意识到的问题。

白银对那段时期的中国来说,相对于对其他东亚国家,显得特别重要,其他东亚国家并不像中国那样需要拉美的大量白银。全球白银供应的短缺导致中国在东亚国家之中,尤其相对日本来说,从领导地位降落到附属地位。但是从传统中继承来的应对这场空前通货大危机的各种经世思想的涌现,则又展示未来中国具有多元发展的文化资产。

本书运用了法国年鉴学派"整体史"(total history)的方法来从事这项与货币有关的研究。这种方法认为经济、社会、政治、文化现象都是相互联系的,它强调运用社会学科的多种知识而非只是经济学来研究经济现象。年鉴学派追随者同样倾向于全球而不是单一国家的分析,倾向于用编年叙述方法以及历史比较,来增进读者的全球视野。②

尽管没有人能够穷尽所有的相关文献或细节来从事讨论,但"整体史"的研究方法要求要广泛涉猎先前关于该论题的社会、制度、思想和经济史的研究成果。"溶蚀"这一概念更加的复杂。按照福柯的说法:"就一般历史找出其非连续性已属不易,针对思想从事这样的工作更为困难。"③为了描述思潮起伏、政权兴衰,针对缺乏精确统计的清代社会探讨货币供求的变化,将涉及清朝档案和个人文集的大量定量和定性分析。

本书共分成上、中、下三篇。上篇"全球连结:白银与世界",探讨中国的白银网络,共包括三章,分别讨论了19世纪前期中国对世界银供的依赖,白银外流与鸦片进口的关系、银短缺如何导致银贵钱贱的空前危

---

① Bello, *Opium and the limits of Empire*.
② Toninelli, "Europe Vs. North America", esp. pp. 6, 10, 17.
③ Foucault, *The Order of Things*, p. 50.

机及其对政府和社会的影响。中篇"经济论争所凭借的文化资源",由四、五两章组成,探讨清朝学者官员如何引用历史先例来了解这场危机,并提出方案,这些货币建议又有哪些转化成政策,以及它们与西方处理相似问题所提出的观点可比较之处。下篇"不同学术观点的争鸣",由六、七、八三章组成,主要分析政治经济思想背后所隐藏的道德推理,这些思想与其他学术思想间的交织情况,以及思潮的起伏。终篇指出本研究对世界经济与19世纪前期中国的衰落、经世思想和社会现实、流产的资本主义等课题可能提出的意含。这些讨论期望对旧的但意义重大的问题,如鸦片战争与太平天国运动的起源、清王朝在同治年间为何得获中兴、近代中日两国命运的分歧、今文经学在19世纪前期的兴起及其在1850—1887年间的消失,以及中国在19世纪前期遭遇西方之际政府与市场的实际关系与传统思想的相关思维等等议题,能够提出新的视角。

上 篇
全球联结:白银与世界

大约从 1775 年开始，将白银作为计算货物价格基础的货币使用习惯在整个清帝国明显扩展。清帝国与同时代的大多数国家，甚至与东亚诸邻邦相比，它比较不重视货币自主权的问题；在决定白银的供应和价格上，市场——尤其是国际市场，很大程度上起着比政府还更关键的作用。在这个时期，中国所需白银不能继续从日本、安南和缅甸获得，几乎完全依赖拉丁美洲供应。在 1775 年以后，自拉丁美洲输出的白银，在形式上也更加方便作为通货使用。与拉丁美洲的紧密联系使得 19 世纪初期中国的白银外流，不仅仅是由于鸦片进口，也与世界市场上的白银减少供应有关。如果 19 世纪前期与 19 世纪晚期相似，即世界市场上白银供应与鸦片进口同步增长，则 19 世纪前期中英两国之间，可能会因为文化冲突而发生战争，而不至于发生"鸦片"战争。

白银外流的结果造成银贵钱贱。由于人们难以负担以日益升值白银计算的赋税，导致政府大幅减少税收，而这更使政府越来越难以处理银贵钱贱危机所引发的一连串问题。太平天国运动一部分原因源自银贵钱贱危机。其所以失败，也归因于 1850—1880 年代白银的流入使得清朝免于覆灭。从 1775 年直到 19 世纪早中期，比起明朝的处境，清朝的命运显得与世界经济更加唇齿相依。

第一章　脆弱的帝国

1930年代出现并相当有名的"内藤湖南学说"声称,从宋朝以来中国的皇权专制越演越烈,在清朝达到极点。① 近年来西方对于清朝的研究都强调,清朝比明朝更加强了中央集权。这可从以下两点看出:清朝征服中亚地区后,疆域几乎增加了一倍,另外,清朝为加强统治设立了军机处。②最近关于18世纪中国货币体系的研究指出,铜钱体系的强化是中央集权的一个发展。在一些大规模的交易中,使用较多的是铜钱而不是白银。③本研究将呈现,在1770年增加使用铜钱的趋势停止后,铜钱的铸造也跟着开始下降。而在1770年之前,清政府还允许使用私铸的铜钱以及前朝或其他国家的钱币,而在跨省的交易中,铜钱还是不能替代白银。大约从1775年开始,在缴交赋税和普通交易

---

① Hisayuki Miyakawa, "The Naitō Hypothesis".
② Rawski, "Recent Scholarly Trends in Ming-Qing History", p. 115。1729年为加强对新疆战役的军事管理而成立了军机处,对行政机构全面监视的权力大大扩张。省级官员也通过此机构建立起与皇帝秘密报告的渠道。1759年清朝统一新疆,1793年以后清朝也加强了对西藏的统治。
③ 关于18世纪的大量使用铜钱,见Vogel, "Central Chinese Monetary Policy";黑田明伸,《中华帝国の构造と世界经济》,chaps. 1—3;足立启二,"清代前期における国家と钱";岸本美绪,《清代中国の物价と经济变动》,页353—363。

中更倾向流通白银,到了19世纪前期,白银在整个大清帝国范围内已广泛使用。当向更高层级政府解交赋税必须使用白银时,地方政府不得不和钱庄往来。尽管政府规定了用于缴交税款的白银样式,但操控钱庄的商人却决定了白银的供应和熔铸,而白银供应的源头还是商人通过国际贸易取得。

学者们争辩是否是自1600年起中国因为使用白银而与世界经济变得相互依赖。① 有学者甚至将这种情况回溯至1500年。② 本研究将指出虽然中国从16世纪已开始进口美洲白银,同时却也可获得亚洲白银,但是大约到1775年以后,中国几乎全部依赖拉丁美洲供应白银。随着这种变化,中国的货币主权与更大范围内的世界经济越是相互交错。

来自纽约的传教士卫三畏(S. Wells Williams)在1863年出版了《中国丛报》(*Chinese Repository*),该刊物提及:"在如此商业化的中国社会中,她的人民竟然缺乏自己国家所铸造的贵重金属硬币……这甚至在亚洲国家中也是唯一的例外。"③本章接下去的部分将描绘1500—1850年间中国白银与铜钱个别的需求和供应变化,显示出中国的货币体系,与其同时代的其他国家,包括亚洲一些国家相比较,是如何特殊地依赖于世界经济的。

铜钱体系

中国铸造铜钱的传统比中华帝国起源更早。在遥远的古代,日常生活一般用实物交易,商朝(公元前1523?—公元前1027年?)最早开始用贝壳作为货币。到了西周(公元前1027—公元前771),铜被铸成贝壳的

---

① Wakeman, "China and the Seventeenth-Century Crisis", p. 1。这篇论文认为在这个问题上,Fernand Braudel 的结论错误,Immanuel Wallerstein 的观点正确。
② Frank, *ReORIENT*, p. 52.
③ Williams, *The Chinese Commercial Guide*, p. 265.

形状,用来作为货币。战国时期(公元前 403—公元前 221),青铜这些金属混合物也被铸造成刀、铲、纺轮等形状充当货币。战国末期,纺轮形货币改变成了圆形方孔。就有历史记录的社会来看,世界上主要有两种铸币体系:一是西方体系,起源于希腊;二是东方体系,起源于中国。西方铸币,大部分以黄金或白银铸成,中央没有空洞,币面多刻有鸟、兽、植物或人物等图像。东方铸币,则多使用铜或铁铸造,中央有方孔,币面刻有汉字而不是图像。[1]

中国在接下来的二三千年历史当中,历朝不断地铸造铜钱。[2] 低值铜钱的长期盛行,反映了小规模商业交易占有重要地位。一般说中华王朝的控制最低只到县级单位,但透过铜钱,王朝的控制却能深入到比县更低层级的地方市场。清朝延续了中华帝国发行铜钱以供地方使用的悠久历史传统。

清初官府的铸币

从表1.1和表1.2,我们可以看出清初官方铸币的发展趋势。乾隆初中期(1742—1772),每年北京铸局所铸铜钱都不断增长。1772年的铸造量,约是1741年的1.9倍。1756—1765年,北京两个铸局的铸造量达到顶峰,1786—1795年又下降到1746—1755年的水平。乾隆末期和嘉庆初期(1794—1806),相对于乾隆鼎盛时期,铸币量约下降了60%。乾隆时期各省铸局的铸造量,约在1756—1765年达到顶峰。就整个乾隆时期(1736—1795)来说,北京铸局的铸造量占铸币总量的48%,各省铸局合计占到52%,西南各省又占各省铸币总量的59%。

---

[1] 彭信威,《中国货币史》,页539。
[2] 同上书,页22—25、47、67—92。

表1.1 北京铸局的铜钱铸造量(1644—1806)

单位:卯

年　代	宝泉局	宝源局
1644—84	30	30
1685—1722	40	40
1723—35	40	40
1736—41	41	41
1742—43	61	61
1744	71	71
1745	88	88
1746—50	61	61
1751—55	71	71
1756—59	71	81
1760	72.5	81
1761—62	76	81
1763—72	76	71
1773—93	75	70
1794	65	30
1795—98	30	30
1799	47	45
1800—03	63	61
1804—05	47	47
1806	48	48

说明:清朝于1644年开始铸造铜钱。1685—1741年间,在某些年份的闰月会由40卯增铸3卯,有些年份又只铸36卯。1723—1735年间,某些年份会增铸1卯。此处以一年40卯作为1685—1735年间的平均铸造量。1742—1806年间,某些年份的闰月增铸4卯。有些年份增铸0.5、1、1.5卯,此处由原来的40卯平均加1卯,即为41卯计算。有些年份只有户部所属宝泉局铸钱数据,于此,依之前情况,将工部所属宝源局铸钱量以等同宝泉局计算。清初1卯所含的铜钱数时有变化。清初对户部的规定是1卯为12,880串铜钱,乾隆年间改为12,480串。1711年之后,宝源局每卯的串数为宝泉局之半。各省铸局每卯的串数也有所变化。

资料来源:"钱法档",1644:卷1;1684:卷3;1723:卷7;1742:卷11;1756、1762:卷14;1773:卷16,卷18;1794:卷18;1799、1800、1804:卷19。

表 1.2　乾隆时期各省铸局的铜钱铸造量

单位:1,000 串或 1,000,000 文

年　代	各省铸局					北京两个铸局	总　计
	北方各省铸局	中部各省铸局	南方各省铸局	西南各省铸局	小　计		
1736—45	32	134	1,016	5,779	6,961	9,865	16,826
1746—55	1,189	1,477	2,927	8,028	13,621	12,355	25,976
1756—65	1,967	3,140	3,889	13,241	22,237	14,161	36,398
1766—75	1,563	2,240	3,384	10,186	17,373	13,859	31,232
1776—85	1,533	1,692	3,117	7,049	13,391	13,728	27,119
1786—95	1,427	1,028	2,891	4,827	10,173	12,542	22,715
总　计	7,711	9,711	17,224	49,110	83,756	76,510	160,266

注：此表制作曾得郑永昌先生协助。
资料来源："史馆档"，食货志，钱法（台北：故宫）；内阁汉文题本（北京：第一历史档案馆）。

私铸铜钱或钱庄私票

除了官方新铸的硬币外，前朝或外国铸造的铜钱或私人钱庄所发行的钱票也在市面流通。

历朝仍然流通前朝铸币，表明中国货币主权意识并不深刻。1685年的一场争论足以说明这种情况。福建总督建议当时在福建广泛使用的前朝铸币定为非法，户部同意了他的看法。康熙皇帝要内阁大学士讨论此事，大学士徐乾学(1631—1694)则指出，中国对于货币使用历来守自由放任传统。从古代开始，除了隋朝和明朝某段期间曾收集过旧币重新熔铸外，没有任何朝代禁用前代的铸币而只允许使用本朝的铸币，所有新旧钱币同时流通。另外，官方铸币还与私人铸币同时并存。康熙皇帝接受了徐乾学的看法。所有禁止新旧钱币混合使用的禁令予以解除，没有认真执行禁令的官员也被赦免。[①] 1757年，两广总督李侍尧请求禁止

---

① 王庆云，《石渠余记》，卷3，页 12b—13b。

旧钱流通,但没被采纳,仍听任旧钱自由使用。①

民众不仅使用前朝的钱币,他们自己也铸造钱币。从公元前3世纪开始,就已开始盛行私人铸造铜钱,这是一次显著的中国货币传统。② 在现代西方的铸币机器引进之前,秦(前221至前206)迄近代,中国铸造铜钱一直沿用手工范铸模型和传统铸造技术,让私人易于铸造铜钱。③ 从1835年在北京捕获的私铸铜钱乞丐的供词,可以看出私铸的过程是何等的容易:"我用泥刻出钱模子,随买了破烂锡器、家具,我们两人镕化造做铅钱。"④

由于所需技术和资本是如此容易,以致于私铸在中国由来已久。⑤ 17世纪以后,除了明清交替那段时期外,私铸一直都很盛行。根据记载,雍正时期(1723—1735),浙江和江苏都有铅与其他金属掺杂的铜钱流通。乾隆末期,大约在1775—1795年间,私铸依然流行。1796年的一封上谕提到:"近年以来,各省小钱充斥。"⑥在乾隆初中期,官方铸币量增加时,也容许私铸以弥补通货的不足。⑦

在19世纪前期,私铸是非法行为,但从北京的铸局到地方都有私铸。1809、1839、1846和1850年,北京铸局就因多次进行私铸而受到谴责。⑧ 1820—1853年,多个省份发生私铸现象。⑨ 一般私铸的数量较少。据上文引到的乞丐铸币供述,他们仅仅铸造了五串铜钱转卖给钱庄。一位贩卖芝麻油的商人和他的六个同伙,则向他的熟人卖掉了110串铜钱。但在云南、贵州、四川和湖北等省的山区移民,私铸数量较大。⑩ 贵

---

① 《清史稿》,卷124,页3644。
②⑤ Hozumi, "The Characteristics of the History of Chinese Money", pp. 26-29.
③ 陈昭南,《雍正乾隆年间的银钱比价变动》,页66。
④ "军机档",道光14年5月3日(耆英)。
⑥ 《清仁宗实录》,卷10,页4,嘉庆元年10月3日(一道对军机大臣的上谕)。
⑦ 郑永昌,《清代乾隆年间的私钱流通》,页18。
⑧ 佐佐木正哉,《阿片战争以前的通货问题》,页105—107;《大清历朝实录》,卷10,页4,嘉庆元年10月3日。
⑨ 《中国近代货币史资料》,页96—99。
⑩ "宫中档",嘉庆13年8月6日(云南巡抚永保);《大清历朝实录》,卷209,页6a,嘉庆14年4月4日(御史何学林)。

州产铅,湖北为铅的集散地,都有较多的私铸。① 广西的私铸现象也非常普遍,因为它可以通过水路与云南和贵州互相联系。②

乾隆末期,中国的西南地区已是私钱的中心。1796年的一份官员奏报提到:云南和贵州长期有私铸现象,它们的储藏量远远大于其他省份。③ 1796年的另一奏报指出,四川、云南和贵州的私钱多聚集在汉口。④ 1799年,一位大学士观察到,从四川石砫以东到贵州和湖北,容易取得铜和木材,山区的许多贫民都靠铸币谋生。在这些地区,走私者用船偷运盐、铜钱、硝石和铅。⑤ 由于在中国的西南地区容易得到制造铜钱的矿材,所以该区无论官方铸钱还是私人铸钱都为数较多。

此外,不像幕府统治下的日本,清朝政府实际上并未能严格控制对外贸易。因此到19世纪前期,铸于宽永时期(1624—1643)的日本钱币和铸于景兴(1740—1786)、光中(1787—1792)、景盛(1793—1801)和嘉隆(1802—1819)时期的越南钱币都曾流入中国。关于日本铜钱的官员奏报提到:它们偶尔在浙江一带出现,由帆船从日本带来。⑥ 因为广东的潮州和福建的漳州、泉州与东南亚有密切的贸易联系,所以越南的铜钱也出现在这三个地区。⑦

商人也发行纸币。在乾隆末期,钱庄即开始发行钱票。⑧ 包世臣回忆:1791年他的外祖父从徽州带回来一些竹签(如图1.1),长约一尺,面

---

① "宫中档",道光18年12月21日(贺长龄);"上谕档",道光14年12月7日(纳尔经额);"军机档",道光13年11月27日(纳尔经额);《清宣宗实录》,卷261,页14,道光14年12月7日(纳尔经额)。
② "军机档",道光14年3月6日。
③ "长编总档",嘉庆元年1月22日(勒保)。
④ "宫中档",嘉庆元年1月8日(署湖北巡抚惠龄折)。
⑤ 沈垚,《落帆楼文集》,帆5,后集2,页1a。
⑥ 《中国近代货币史资料》,页13、19—21;山胁悌二郎,《近世日中贸易史的研究》,页192、193。
⑦ "上谕档",道光9年2月25日(李鸿宾);黄爵滋、许乃济,《黄爵滋和许乃济奏疏》,卷13,页103、104,综核名实疏,道光20年3月27日。
⑧ 佐佐木正哉,"鸦片战争以前的通货问题",页109、110。

值 1,000 余文,主要用于大规模的交易。① 后来钱票取代了竹签。② 徽州是 18 世纪中国的重要金融中心,钱票都到 1791 年以后才在该区发展,因此钱庄发行的纸币可能是在 18 世纪末期才出现的。

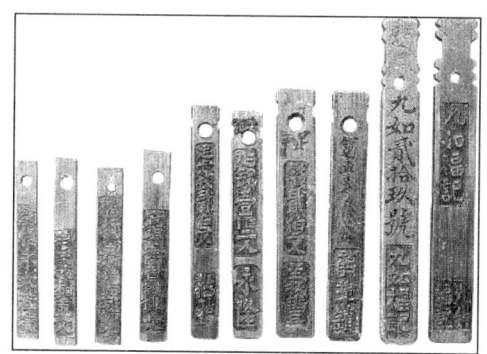

图 1.1　中国南方代表铜钱价值的竹签

资料来源:The Bank of Korea, *At a Glance of our Currencies as well as the World Currencies*, p.30.

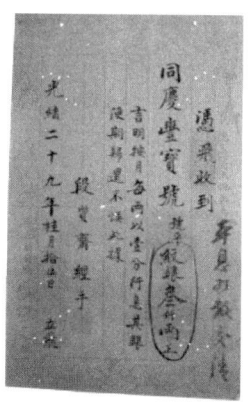

图 1.2　银票

这张银票虽发行于光绪年间,但多少显示早期的银票可能像这样是用毛笔写的。发行这张银票的段质斋是广西的钱庄。这张银票上的"飞"字,意即"票"字。这张银票可兑取同庆丰宝号银两三千两。取得这张银票到兑现期间可以取得每月一分的利息。

---

① 王鎏,《钱币刍言》(非常感谢刘德美教授帮作者从日本影印此书),"续刻",页 25b:"予五六岁时(约 1791 年),徽州一府不见钱,若千文则有竹筹长尺许。……先外祖贾于徽,曾带其筹归以示人……至今五十年,问之徽州土人,竟少知其者。"
② 王鎏,《钱币刍言》,"续刻",页 25b。

图 1.3 钱票

这张光绪年间益庆当钱庄发行的钱票可兑换 500 文铜钱。钱票上的图画与训言用以避免伪造钱票(日本银行调查局,《中国近代货币概要》,页 20)。

由于受传统交通方式的影响,私票在北方地区使用较为广泛。从 1838 年各省对皇帝询问的奏报可以看出,钱票在使用上是南方少于奉天、直隶、山东和山西等北方各省。1838 年,直隶总督叙述了以私票替代铜钱使用的当时环境:"若概不准其行用,责令悉付现钱,不惟增车载骡驮之费,且钱数有无短少,非如钱票之一览而知,必须一一手数,耽时旷业,事涉纷繁。"① 在传统中国,用牛车或牲畜的陆路运输成本,约是水路运输的 16 倍。② 南方各省水路运输较为便利,铜钱的运输成本小于北方,因此私票较少使用。③ 在北方各省,尤其是奉天、直隶、山东和山西富

---

① "宫中档",道光 18 年 7 月 2 日。
② 林满红,"清末社会流行吸食鸦片研究",页 273。
③ "宫中档",道光 18 年 7 月 7 日。山东巡抚经额布指出:"缘山东西北方诸省陆路多而水路少,商民交易,势不能尽用银桩,现钱至十千以上,即须马驮车载,自不若钱票有取携之便,无盘运之烦。"

裕地区，私票非常盛行。其他一些省份，私票仅在大城市流通。① 1850年，英国驻广州的领事注意到福州、宁波、上海和南京等大城市使用可以兑现的私票。② 因此，可兑现的私票，基本上在中国北部较富裕的省份以及中国西北和东南的大城市中使用。

除了使用私人发行的铜钱或私票外，清朝的重用白银更使得商人掌控货币权。

16—19世纪初期的白银使用

16世纪以前，白银很少用于纳税和商业交易。宋代用铜钱支付的税收是用白银支付的28倍，但是到了明末(1573—1644)，仅有0.5%的税收使用铜钱。③ 16世纪，银元的流通范围更为扩大，银锭也已普遍流行。到了明末，铜钱体制不能正常运作，于是大量使用质量较差的银元。④ 1661年，清朝规定以白银来补笨重铜钱的不足。清初从1651到1661年，发行了12万两的银票以弥补当时的货币短缺，但是为了避免通货膨胀，这种做法很快就停止了。⑤ 宋代开始发行纸钞，元(1280—1367)和明初(1368—1572)则纸钞和铜钱并用。1661年的一封上谕，解释了使用白银的原因：纸钞是"虚"的，白银是"实"的，白银比纸钞耐久并可分割。⑥ 虽然有朝廷的谕令，清初用在纳税和商业交易方面的白银数量，还是有所变化。与此同时，商人长期地控制着白银的供应。

---

① 《中国近代货币史资料》，页123、125、126、130、131、134、138、139、140、141；江克让，《全椒县志》，卷6，页10a；"宫中档"，道光18年7月7日；佐佐木正哉，"阿片战争以前の通货问题"，页108；"外纪档"，道光18年9月1日、18年8月28日。
② House of Commons, Parliamentary Papers, vol. 41, 1850, p. 12.
③ 根据全汉昇《中国经济史论丛》卷1，第335—362页数据计算。
④ 佐佐木正哉，"阿片战争以前の通货问题"，页110。
⑤ 王庆云，《石渠余纪》，卷5，页8a；王鎏，《钱币刍言》，"钱钞议"，页1a—2a、44b；"续刻"，页9a。
⑥ 《清朝文献通考》，卷13，1：考4967："大抵自宋迄明，于铜钱之外皆兼以钞为币。本朝始专以银为币，夫因谷帛而权之以钱，复因钱之难于赍运而权以币钞与银，皆为权钱而起，然钞虚而银实，钞易昏烂而银可久使，钞难零析而银可分用，其得失固自判然。"

以白银缴税过程中政府和商人的关系

1657年,根据户部规定,所有省份的大部分赋税征收都使用白银。由于铜钱充足却笨重而不便于运输,因此有人提议收税时七成使用白银,三成使用铜钱。用白银征收的赋税都要解交到京城,其余征收的铜钱则留在省级以下供地方支出。皇帝最后采纳了该项建议。1733年,各省的田赋征收都使用白银,但安徽的巡抚则提出,少量的支付或者大笔税收超过整数的零头,可使用铜钱支付。1736年,由于直隶省的田赋支付使用的铜钱数量超过了白银,一封上谕同意依旧准许用铜钱或白银来缴税。①

根据以上条令,一些省份的农户用白银支付赋税,另外一些省份则使用铜钱。但1844年的一份评论指出,80%—90%的田赋支付都使用铜钱。② 仅1846年在山西和1847在广西使用银锭,其他省份的田赋都使用铜钱。③ 一些省份也使用外国银元。④ 地方官员得在钱庄将铜钱换成白银。⑤

无论使用银元或者银锭缴税,通常只牵涉极少量的银。官设或私人银炉将小的碎银熔化重铸成大的银锭,以便解交到更高层级的官府。官设银炉系由省级主管财政的布政使和海关官员负责,私人银炉则由户部

---

① 《清朝文献通考》,卷13,1,考4968:"十四年定直省钱粮兼收银钱之例,户部议言直省征纳钱粮多系收银。现今钱多壅滞,应上下流通,请令钱银兼收,以银七钱三为准,银则尽数起解,其钱充存留之用,永为定例,从之。国初于是年定银七钱三之例,嗣后银钱交纳仍各随民便。雍正十一年复以民间正赋概行交银,经安徽巡抚徐本奏准,凡小户零星及大户尾欠钱粮,纳银时恐致称收折耗,请令完纳制钱,每银一分收钱十文,连耗羡在内。至乾隆元年又以直隶所属州县,征收钱粮多以钱作银,民间交钱比纳银为数较重,特谕凡钱粮在一钱以上者不必勒令交钱,在一钱以下者仍照旧例银钱听其自便云。"
② 《中国近代货币史资料》,页102。
③ 《皇朝经世文续编》,卷58,户政30,钱币,上,页60;缪梓,《缪武烈公遗集》,卷1,页10b、16a—b;《中国近代货币史资料》,页102;"宫中档",道光26年9月9日(吴其浚);《道咸同光四朝奏议》,页1165;《中国近代货币史资料》,页32;"宫中档",道光27年6月26日。
④ "上谕档",道光9年12月16日(那彦成);《中国近代货币史资料》,页42。
⑤ 陈昭南,《雍正乾隆年间的银钱比价变动》,页68。

授予私人经营。① 重铸的白银,不仅来自田赋,也来自商业税收。垄断着广州贸易并且支付茶叶和生丝出口税的行商,将外国银元重铸成银锭缴税。②

图 1.4　捐输用银两

图 1.5　纳税用银两

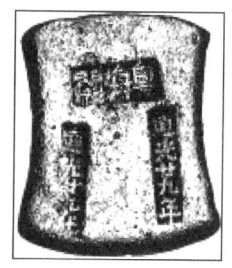
图 1.6　粤海关两

图 1.7　州所用的银两

图 1.8　县所用的银两

注:10 两的中锭在有些省份是长方形的,有些省份则是圆形的。谭彼岸(页190)指出银两的各种形式于 1724 年确定下来。

清代的财政体制,是地方政府存留地方所用以及部分银两协济它省之后,所剩余的白银由驿递制度起运北京,押解税银的官员品级随税银数目多寡而定。太平天国运动打乱这套体制后,才由 18 世纪于山西崛起,在全国各省都拥有分支银号的山西票号用汇款方式押解税银。③ 在这之前,商人常被委托运送白银进京,但结果常不理想。《清史稿·食货二》提到:"嘉庆十九年(1814 年)命各省银解部,随到随交。道光十二年

---

① 魏建猷,《中国近代货币史》,页 37。
② 谭彼岸,"中国近代货币的变动",页 204。
③ 《钦定户部则例》,库藏,页 22;松井义夫,《清朝经费的研究》,页 34;宋惠中,"票商与晚清财政",页 394—95。

(1832年),又命官解官交。盖向来京饷及捐项,皆由银号交库也,然其弊不易革。"①

白银使用状况的变化

到1650年,各省普遍使用外国银元。随着1659—1683年间海禁政策的实施,外国银元消失了。②海禁令解除以后,在康熙(1662—1722)和雍正时期,白银又在江苏盛行。超过1两的交易从来未使用过铜钱,较少如1分和1厘的交易,白银和铜钱并用。乾隆早中期(1736—1775),因白银数量大大减少而鼓励使用铜钱。大多数包括10—100两的交易都使用铜钱。③ 1744年乾隆皇帝的一道上谕提到:"今惟以钱为适用,其应用银者,皆以钱代。"④该时期的学者也注意到,因为缺少白银,不得不增铸铜钱。⑤ 另一个原因是对铜钱质量的信心日增及对伪造银锭和银元的关切日深。⑥

大量依赖铜钱使得钱贵银贱⑦,此后政府又鼓励使用白银,由此来降低铜钱的价格。1744年皇帝命令:"官员领饷,除夫匠工价外,民间日用,除零星粟布外,概不许用钱。"⑧但是直到1775年左右大量便利的银元流入,才开始转向由白银主导的货币体制。

乾隆末期输入的银元,较17世纪和18世纪早期进口的白银更加方便可靠。在17世纪,中文的"番钱"是指许多欧洲国家所铸造的银元。⑨

---

① 张惠信,"货畅其流",页132。
② 《皇朝经世文续编》,卷26,户政1,理财,上,页14a(慕天颜,"请开海禁疏")。
③ 《中国近代货币史资料》,页8,9。
④ 《清朝文献通考》,卷16,4;考5002。
⑤ 诸联《明斋小识》,言钱,12.1;黄印《锡金识小录》1,页8,9:"邑中市易,银钱并用。而昔则用银多于用钱,今则有钱而无银矣。康熙中,自两以上率不用钱,虽至分厘之细,犹银与钱并用。……雍正中……银钱并用如故也。自乾隆五六年后,银渐少钱渐多。至今日率皆用钱。虽交易至十百两以上,率有钱无银。"
⑥⑦《中国近代货币史资料》,页9。
⑧《钦定大清会典事例》,卷220,页11,12;王庆云,《石渠余记》,卷5,页11。
⑨ 谭彼岸,《中国近代货币的变动》,页202。

这些早期的银币形状并不统一,还经常缺少花边,它们容易被修剪。① 18世纪末期,在墨西哥铸刻的西班牙银元,不仅在重量、形状和质量上非常统一,并且有花边修饰,上面刻有国王的头像,也被称为"佛头"。乾隆末年和嘉庆时期,这些西班牙银元超过其他银元而最受欢迎。② 例如,诸联在他于1821年出版的《明斋小识》中这样记载:

> 闻古老云,乾隆初年市上咸用银。二十年后,银少而钱多,偶有洋钱,不为交易用也。嗣后洋钱盛行,每个重七钱三分五厘。……予幼时见幂上有凤凰(美国的鹰洋)、马剑(荷兰银元)、洋船、双烛(查理二世头像的西班牙银币)、水草文等类,今唯佛头(查理三世、四世以及佛迪男七世头像的西班牙银币)通用尔。③

图 1.9　番钱(1675)

图 1.10　佛头(1786)

图 1.11　番钱(1676)

图 1.12　佛头(1804)

---

① 见 Boxer "Plata es Sangre", pp. 476、477 图示该时期银币之不规则。
② 郑光祖,《一斑录》,杂述 6,页 44;《中国近代货币史资料》,页 52;广州府志也有相似数据的记载。
③ 诸联,《明斋小识》,言钱,12.1;《中国近代货币史资料》,页 51、53。

1675与1676的银元称为"番钱",1786与1804有西班牙国王头像者称"佛头"。由"番钱"转为"佛头"显示中国人对美洲银元更为接受。这些相片也显示1785年与1804年的银元花边比较完整,银的品相更好。在19世纪以前,中国人已经知道将国王头像放在银元上的西方习惯,但仍不知道统治者铸币的象征主权意义。

1775年以后,江苏和浙江两省流入新的银元。做过幕友和地方县官的汪辉祖(1730—1792)叙述:"余年四十(汪辉祖生于1730年,此当1770年)以前,尚无番银之名,有商人自闽粤携回者,号洋银,市中不甚行也。惟聘婚者取其饰观,酌用无多,价略与市银相等。"①18世纪末和19世纪初期,江苏的文人郑光祖同样认为:"(乾隆)四十年后,洋钱用至苏杭。"②19世纪翰林院编修冯桂芬(1809—1874)则说:"盖民间各种贸易往往顿置论银,而零卖论钱。"③这些叙述说明了从18世纪末到19世纪初白银的使用在显著增加。

官方接受外国银元的情况

由机器制造的外国银元较银锭方便流通,因为银锭还要称重和验估纯度,银元则可以直接使用。在官方事务上,清朝默许外国银元的使用。乾隆初期铜钱在很大范围内取代白银,但福建和广东两省例外。④ 实际上,18世纪以来,白银在这两个沿海省份越来越被广泛使用。1769至1772年间,在福建省,用外国银元而非银锭缴税。⑤ 1829年,道光皇帝给军机大臣的上谕中提到:"自闽广、江西、浙江、江苏渐至黄河以南各省洋钱盛行,凡完纳钱粮及商贾交易,无一不用洋钱。"⑥道光时期,各省都用

---

① 汪辉祖,《病榻梦痕录》,卷下,乾隆六年;《中国近代货币史资料》,页51,53。这是由于长江下游区域向日本出口丝绸,或福建出口茶叶,从拉美或英国获得白银。广州的行商大多是福建商人。
② 郑光祖,《一斑录》,杂述6,洋钱。
③ 冯桂芬,《显志堂稿》,卷11,页31b—32a。
④ 《清朝文献通考》,卷16,4;考5002。
⑤ 百濑弘,"清朝の異民族統治に於ける財政經濟政策",页47。
⑥ 《十朝东华录》,1829,5.33b—34a。

银元缴纳赋税,黄爵滋解释其中原因在于"市民喜其计枚核值便于运用"①。

外国银元的可靠性,还在中国的仿造品之上,人们很快弃用中国人仿造的外国银元。正如林则徐所观察的,苏州银板样式很像外币,但品质较差。与铜钱交换,本国银元要价低于外国银元。因此,商人团体规定在交易中禁止使用仿造品,地方市场也不接受仿造的外国银币。② 学者冯桂芬说,"其中国仿造者虽无铅亦不行,何则？识其为夷浚制即可信其有实银六钱五分,若彼杂以铜铅亦非我所能识别,而彼决不为,是以通行。"③中国政府和人民并不怎么担心使用外国银币的政治和文化意含。

是商人而不是政府在确保市场上流通白银的质量问题。为了协助商人分辨银币真假,当时出版例如《银经发秘》和《洋银辩证》等书籍,有助于小商贩减少伪币所带来的损失。这些书提供了很多区分不同种类银元的方法。例如名叫"猪掌"和"鸡粪"的银元,主要靠形状和颜色来区分,甚至图案上的头发几根都被仔细地计算过。④ 看了外国银元的国内仿制品被商人分拣出来或禁止使用后,林则徐得出结论："民禁胜于官禁。"⑤

全国都使用白银

整个大清帝国都使用白银。通常在中国东南地区的城市中同时使用银锭和银元。但银元多在核心区流通,银锭则使用在边缘区域。这里的"边缘区域"不仅仅指边缘省份,同时也指核心省份那些距离主要港口

---

① 佐佐木正哉,"阿片战争以前の通货问题",页110。根据魏建猷《中国近代货币史》,页105,西班牙银元在广东、福建、江苏、浙江、安徽、直隶及沿长江各省流行,1856年在上海通用。
② 林则徐,《林文忠公政书》,甲集,"江苏奏稿",卷5,页12a—b。
③ 冯桂芬,《校邠卢抗议》,页43a—b。
④ Matsui, "Silver and China in the 19th century", pp. 12、14、15。
⑤ 林则徐,《林文忠公政书》,甲集,"江苏奏稿",卷5,页3a。

与交通动脉超过 75 英里(走路两天可到的距离)以上的地方。①

1837 年前后,当时的一位观察家记载说,银元主要在中国的东南地区使用。② 1838 年,有评论说银元在南方各省如江苏、浙江、福建和广东省使用。③ 缪梓在 1840—1846 年间写道:"西北(因缪梓为江苏人,其所谓之西北,实指江苏西北,即为北方)用银(银两)较广,东南诸省非通都巨郡,市肆未尝有银(银两)。"也就是说,银锭多在中国北方使用,东南各省除大城市外,市场都不使用银锭。④ 如林则徐所记:"且奉天山东二省,向不行用洋钱,故上海出口沙船,只有带货北行,并无带洋银前往者。盖南货贩北以取赢,若带洋银,全不适用。是以不待禁止,而人皆不肯为。"⑤ 由于与南方各省之间的贸易逆差,北方省份如山东和奉天,虽也是沿海省分,并不使用外国银元。长江以北的广大地区,白银价格按照银锭来定价。中国中部像汉口这样的大城市以及西部地区也是如此。⑥ 在安徽省的全椒县,大宗交易是用银锭。⑦ 1846 年山西巡抚的奏报是这样叙述山区使用银锭的情况:"即山僻小县,亦有驮载银两前往易钱及谷,以牟利者。"⑧ 道光时期,内蒙古也铸造银锭(如图 1.13)。

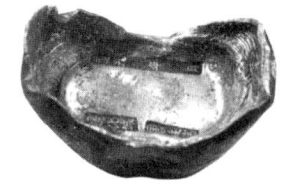

图 1.13 内蒙古使用的银锭

归化原为内蒙的一个城市。这张图片显示白银也流通到边远地区。

---

① 这是 Charles Remer,*The Foreign Trade of China*,p. 240 有关"外缘中国"与"内地中国"的定义。施坚雅用"边缘"和"核心"来指中国经济富裕程度不同的地方,其 *The City in Late Imperial China* 页 281—282,284—285 中提到:"核心"表示较高的收入,商品需求旺盛,人口稠密、土地肥沃、较多资本投资和高度商业化的地区,但学者们通常很难找到足够的数据来得出这些变项的数值。此处用施坚雅的"边缘"和"核心"分别指雷默(Charles Remer)的"内地中国"与"外缘中国"。
② 王鎏,《钱币刍言》,"续刻",页 9b。王鎏首次提出钱钞在江苏以西以北地区的广泛使用,超过了中国南方地区。
③ 《清宣宗实录》,卷 312,页 1b,道光 18 年 7 月 1 日(山西巡抚申启贤、四川总督宝兴)。
④ 《皇朝经世文续编》,卷 58,户政 30,钱币,上,页 60;缪梓,《缪武烈公遗集》卷 1,页 10b。
⑤ 林则徐,《林文忠公政书》,甲集,"江苏奏稿",卷 5,页 2a。
⑥ *North China Herald*,1856.4.19,p. 150。(收录于《中国近代货币史资料》,页 57—58)
⑦ 江克让,《全椒县志》,卷 6,页 10a。
⑧ "宫中档",道光 26 年 9 月 9 日(吴其浚)。

在中国北方,只有那些拥有权势或财富的家庭才使用银元。在和珅被查抄的财物中,有 5.8 万枚外国银元存放在当铺或钱庄,另外还有大量的银锭、铜钱和黄金。① 总而言之,该时期银元和银锭的使用已经遍及全国,其广泛程度远远超出了之前学者们的了解。②

官方对白银供应的鲜少控制

只有通过税收,清政府才能库存白银。清政府的田赋收入,仅相当于整个国民收入的 2.4% 左右。③ 与此相反,海运到西班牙的美洲白银少则 20%、多则 40% 直接归入政府财产,其余流入政府各类官员手中或者拥有美洲矿产权的贵族家庭。日本德川幕府时期,国家垄断了银矿和对外贸易,由此政府控制了银的供应。早在 1775 年,日本政府开始铸造银币。④ 在越南,除小额交易使用铜钱外,政府铸造金或银锭用于大额交易。大约在 1830 年时,越南政府开始铸造与西班牙银元重量相同的银元。⑤

从历史上看,欧洲国家将硬币或通货当做君主或政府权威的象征。例如,近代早期的法国,国王购买了银条、外国钱币或国内旧币,在皇家铸造厂将它们造成新货币。⑥ 1946 年,英国工党实行银行国有化之后,仍决定将君主头像印在纸币上,一如之前政府将君主头像铸在钱币上一样。⑦ 虽然清代中国政府的铸局将统治者的年号铸在铜钱上,但银锭上仅刻有钱庄名称和地点或铸造它们的匠人的名字以及政府规定的单位重量。称为"元宝"的银锭重 50 两(如图 1.13),中锭 10 两

---

① 薛福成,《庸庵随笔》,卷 9,页 15a。
② 例如王业键《中国近代货币与银行的演进》,第 21 页的地图并没有标注中国北方使用白银。
③ Yeh-chien Wang, *Land Taxation in Imperial China*, p. 133.
④ Weatherford, *The History of Money*, p. 98.
⑤ Williams, *The Chinese Commercial Guide*, p. 295.
⑥ Miskimin, *Money and Power*, p. 30.
⑦ Williams, *The Chinese Commercial Guide*, p. 166.

(如图 1.14),小锭重 3—5 两(如图 1.15—1.16),细银是较小的碎块(图 1.17)。① 尤其是为了保证用于纳税的银锭质量,清政府要求在每块银锭上面刻有钱庄名称和地点,有时甚至要求在上面印刻负责的匠人的名字。②

图 1.14　中锭

相对于欧洲用统治者的头像来凸显货币主权。这个 1839 年的中国银两用钱庄与银匠的名字来保证真实。

图 1.15—1.16　小锭

福寿等吉祥语刻在小锭上。

图 1.17　细银

小于 3—5 两的银两称细银。

---

① 魏建猷,《中国近代货币史》,页 22。
②《清史稿·食货二》,赋役,仓库,页 23:"乾隆四十一年(1776),户部奏准各直省解京银两,无论元宝、小锭,必刻州县年月及银匠姓名。"

不同区域的银锭,有着不同的名称。例如,广西的银锭叫白流银,"银的外形像一股白色的河流";浙江的叫元丝银,"银的外形有如纤细的丝线"(如图1.18)。掺杂铅、铜的白银也非常普遍。缴税的银锭,其中的纯银含量在92%—100%之间,用于日常交易的则在70%—95%之间。各地称白银重量的量器也各不相同,有6—7分或者1两之差。① 这些都反映出清政府对白银供应的缺乏控制。

图 1.18　元丝银

各地用不同形式的细银,浙江形状如细丝的细银称元丝银。

商人与白银或银票的跨省流通

尽管铜钱是由政府铸造,但并不是全国通用的交易媒介,而仅是在特定省份内使用的通货。表示铸局名称的满文铸在铜钱上,它仅仅在铸局所在省份周围的地区使用。即使北京铸造的铜钱也不是全国的通货,而是仅仅在北京及附近的顺天府使用,即使相邻的省份直隶省也用自己铸局铸造的铜钱。②

19世纪前期,用于低于价值1,000文以下的交易。除新疆南部使用的普尔钱(如图1.19—1.20),西藏使用的银元外(如图1.21—22),各省

---

① 魏建猷,《中国近代货币史》,页22、30。
② King, *Money and Monetary Policy*, p.127.

都使用制钱。铜钱的重量和每串铜钱数目不等,妨碍了它们的省际流通①,只是在省与省交界地区或没有铸局的省份有些例外。② 这是白银或银票在跨省之间流通的原因。

 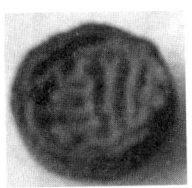

图 1.19—1.20　新疆南部的普尔钱

新疆南部八个回城用普尔钱。普尔是"钱"的当地语言。北疆与汉人有更多往来,因而有制钱流通。普尔中无方孔,用红铜铸造,一枚值两文。伊犁有红铜所铸,形式与普尔略异的铜钱(参考《中国近代货币史资料》,页80;《皇朝经世文编》,卷59,31,户政,钱币中,45a;李星沅,《筹仿制回钱疏》)。

图 1.21—1.22　西藏银元

因为西藏不产铜,西藏的官方铸局、商人、工匠铸造银元。该银元正面刻有汉字,背面则刻藏文。银元中央没有方孔,而有一个圆圈,圈内写上铸造时的清朝皇帝年号。另外刻上宝藏两字(亦参魏源,《圣武记》,14.42a)。根据谭彼岸的第208页,西藏银元是清乾隆年间受在印度的东印度公司影响而开始铸造的。

全国的银锭相对比较统一。1838年,贵州巡抚贺长龄指出:"银则轻便易赍,所值又多,各处行用,大概相同。"③由于重量和成色上还有差别,

---

① 官方规定,1,000文的制钱组成1串;大多数地方至少有900文,但在奉天、陕西、直隶和山东,100—700文即为1串(魏建猷,《中国近代货币史》,页60)。
② 例如,1844年陕西省铸造的制钱用于同四川、湖北和河南省的贸易("史馆档",传稿,号1352,李星沅)。据福建省官员报告,例如河南和山东省没有铸造厂,均使用其他省份的制钱(《中国近代货币史资料》,页76;"宫中档",道光22年2月27日闽浙总督怡良、福建巡抚刘鸿翱)。
③ "宫中档",道光18年7月16日(贵州巡抚贺长龄)。

所以从事区间贸易的商人制定出这些银锭的交换比价。① 每块银锭银含量的统一以及银相对铜钱有较高的价值,促使白银成为跨省交易的媒介。

事实上,各省之间,甚至在中国北方,都存在大量的白银流动。1855年,奉天的一位官员在报告中如此记载:

> 查奉省本非丰裕之区,土著多以务农为业。向来贸易营生之人,全赖山西富民携带厚资,在奉省开设钱庄,而本地铺民向其行利告贷,百余年来藉此得以流通。自咸丰三年,逆贼北窜,军需紧急之时,在奉省开设钱庄之山西富商,将本撤回原籍,二年之间,不下三百余万两之多。②

此外,在1850年前后,冯桂芬记述到,白银流通从手段上看并不只现银的运输:"今山西钱贾一家辄分十数铺散布各省,会票出入处处可通。"③18世纪晚期,遍布全国的山西商人网络又扩张了,这当然能促进白银在全国的流通。1907年,《商务官报》记述:"若夫山陕西商票号,实为吾国交通银币之一大机关。……自有票号而呼应灵捷,脉络斯通,此二十一行省皆然,不独闽省为然,亦百十年来皆然,而不独今日为然者也(即从1797年开始)。"④18世纪末,从事银钱交换、收受存款、出放贷款的私人钱庄大量涌现。例如从1766到1776年间,山西商人在苏州开设了至少130家钱庄(见图1.23—1.24)。⑤ 1846年山西巡抚从牙行中得到这样的信息:"众商赍银回归,价即骤减,赍银贸易,价即骤增。"⑥

因此,是商人而不是政府控制着白银的跨省流动以及它在各省的价

---

① 魏建猷,《中国近代货币史》,页36;张惠信,《清末货币变革》,页333;谭彼岸,《中国近代货币的变动》,页191。
② "宫中档",咸丰5年12月2日(英隆等)。
③ 冯桂芬,《显志堂稿》,卷11,页34b。
④ 故宫博物院,《商务官报》,丁未(1907),26:2(光绪33年10月5日),页23—24。
⑤ 范金民,《明清江南商业的发展》,页66。
⑥ "宫中档",道光26年9月9日(吴其濬)。

格。不过,白银一般通过国际贸易获得。大约从 1775 年开始,中国的国外银供应市场从亚洲转移到更广阔的世界。这种变化使中国进入新的情境。

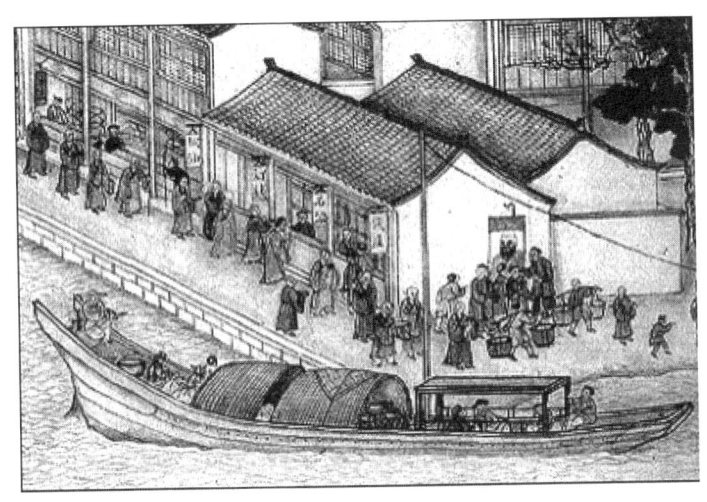

图 1.23　姑苏城内的钱庄

注:由徐扬的《姑苏繁华图》可以看到市街右边店招的钱庄。

图 1.24　万选官钱

注:《点石斋画报》这张上海钱庄的图片显出其供交换用的铜钱及"万选官钱"的店招。

16—18世纪中国的白银供应

陆上的白银不足所需

从白银在中国这个大经济体中扮演如此重要的通货角色来看,中国事实上早在1842年以前就已深深地卷入外部世界之中。中国卷入世界经济体系的根本原因,就是云南、缅甸和安南等陆上地区白银的供应不足所需。

从13世纪起,云南的矿山成为中国境内最重要的白银产地。① 由1600年前后到18世纪末期,云南的白银产量增长了五倍,其后到1829年又下降到18世纪末三分之一的水平。② 同时,在缅甸和安(越)南两国与云南和广西交界的地方,由于当地人民缺乏采矿技术,18世纪中期时由中国人开发了银矿。③ 缅甸矿山于1747—1758年开采,安(越)南的矿山于1740—1775年开采。④ 当缅甸和安(越)南的矿山获利时,中国人常被劫掠。1758和1759年,缅甸的主要矿山遭到抢劫,所有中国矿主都返回家乡。由于越南政府的压力,1775年广西边界上越南最主要的银矿全部关闭。⑤

---

① 全汉昇,《中国经济史研究》,卷2,页249。
② 斯波義信的"16、17世紀における中国の海事交涉と銀需要",第46、48页指出,1599—1606年云南的白银年产量约97,422两。根据全汉昇《中国经济史研究》,卷2,第248—49页,1812年云南支付62,589两赋税。按照15%税率计算,该年云南产白银417,260两。同样计算方法,1736—1795年约生产460,000两,1817年为160,760两,1829年为140,946两。
③ 全汉昇《中国经济史研究》卷2,第259页,引用了一位清朝官员的评论。申旭《中国西南对外关系史研究》,第85—87页指出:明末遗民、土著和江西、湖南、湖北、广东、广西、云南等省的穷苦人民构成了缅甸银矿的劳动力。
④ 和田博德,"清代のヴェトナム・ビルマ銀",页134。
⑤ 和田博德,"清代のヴェトナム・ビルマ銀",页129、133、134;Martin, *China: Political, Commercial, and Social*, 1:176;《大南实录》(1839年)记录:越南国王读到《邸报》,注意到清政府官员曾说起越南的白银产量每年200万两,但银矿税收较低。越南国王此后提高银矿税收,并开始将银矿收归他自己所有。

来自缅甸和安（越）南的白银，连云南和广西两省所需都不能满足，因此该地白银很少运往其他省份。由于云南和广西省的交通运输困难，使得这两省大量依赖白银。《明史》提及："（1451年前后）云南产银，民间用银贸易，是内地三倍。"① 19世纪前期，"滇省市廛交易，俱系现银现钱，从无以钱票互易，注写外兑字样。"② 缅甸茂隆矿所产白银，主要也是供给云南。1759年该矿关闭时，云南的白银供应严重不足。该年云南白银相对铜钱的价格高达2,500—2,600（偶尔甚至1两银换3,000—4,000文铜钱），但在其他各省仅是700—800文的比价。③ 安（越）南矿所产白银大多出口到广西，其形式多以银制手镯交换针、线、鞋、衣服等物。④ 从18世纪到19世纪初，云南和广西两省的白银与铜钱的比价，是其他各省的1.5—2倍。⑤ 这说明了云南和广西两省白银的求过于供。除云南和广西以外，西藏也有自己的白银供应⑥。除这些地区以外的清代中国，主要从日本或拉丁美洲等海外地区取得所用白银。

日本的白银供应

日本一直到16世纪初期，仍需进口白银。16世纪中期，日本才积极开挖银矿，1575—1625年达到生产的高峰。⑦ 由于从朝鲜引入新的生产

---

① 全汉昇，《中国经济史研究》，卷2，页236。
②《中国近代货币史资料》，页141。
③ 和田博德，"清代のヴェトナム・ビルマ銀"，页129。
④ 全汉昇，《中国经济史研究》，卷2，页258—259。
⑤ "外纪档"，道光27年2月12日（李星沅）；1847年云贵总督李星沅指出："查滇省喏步皆山，罕通舟楫，商贾交易，用银而不用钱。自乾隆年间酌定钱价，数十年来，每银一两易制钱一千六百数十文，不致大有长落。"同见于"史馆档"，传稿，号1352，李星沅；"宫中档"，道光26年6月20日（广西巡抚周之琦）；"外纪档"，道光18年10月20日（贵州巡抚贺长龄）；"宫中档"，道光27年6月26日（广西巡抚郑祖琛）。亦见郑永昌，"清代乾隆年间的私钱流通"，页22，依据中国第一历史档案馆所藏奏折整理。
⑥ 魏源，《圣武记》，卷14，页42a。
⑦ 田代和生，《近世日朝通交史の研究》，页332—334。

技术,即掺杂铅的"灰吹法",使得白银可就地精炼并且产量急剧增加。①

日本的白银生产比拉丁美洲早约10年,生产技术也不相同。日本最重要的银矿——石见银山,发现于1526年。1533年日本的白银生产开始采用"灰吹法"技术。在美洲,1535年西班牙政府首度于墨西哥的官营铸局铸造银元。② 1556年,用掺杂汞的方法开采银矿由欧洲传播到墨西哥。③ 虽然日本也知道掺杂汞的方法,由于铅多汞少(汞还用于制造漆器、化妆品、药品以及镀铜),日本很少使用该方法。④ 明末的中国,同样在银矿开采中使用铅。⑤ 由于欧洲人对日本的白银感兴趣,相继传入欧洲冶炼手段、挖掘技术以及探勘仪器,更提高了日本的白银产量。⑥ 16世纪全球的白银贸易,主要来自日本和美洲(如地图1.1)。

16世纪日本消费许多中国的丝绸,刺激了银矿的生产以支付这些货物的进口。⑦ 1540年左右,日本开始向中国出口白银,⑧1560—1644年间,日本用白银交换中国的丝绸、衣服、水银、瓷器、古币、绘画、书法作品、书籍、药物、地毯、化妆品、漆器等物品。⑨ 在这之前,因为明朝大约在1372—1567年所实行的海禁⑩,用中国铜钱和丝绸来交换日本硫磺和扇子的官方贸易中断了。1592年后,日本政府派遣商人从京都、大阪和长崎出发,去柬埔寨、安南、泰国、菲律宾、台湾等地贸易。这些地方进而将

---

① 田代和生,《德川时代の贸易》,页136。Shimane Prefectural Board of Educational, *Iwami-Ginzan Silver Mine*. n. p.
② 小野一一郎,《近代日本币制と東アジア銀貨圈—円とメキシコドル》,页2。
③ Vilar, *A History of Gold and Money*, p. 117.
④ Innes, "The Door Ajar", pp. 541—543.
⑤ 宋应星《天工开物》,第244—249页三幅地图显示,中国银矿的开采用铅而不是用汞。
⑥ Innes, "The Door Ajar," p. 543.
⑦ 田代和生,《德川时代の贸易》,页132—135。
⑧ 斯波义信,《16,17世紀における中国の海事交渉と銀需要》,页46。
⑨ 木宫泰彦,《日支交通史》,页396—398。
⑩ 曹永和,《试论明太祖》,页41—70。讨论明太祖如何利用海禁政策来限制沿海地方豪强的经济资源。张彬村"明清两朝的海外贸易政策",第45—49页指出:虽然明朝的海禁令在1368年就已颁布,但直到1372年才开始施行,并于1567年停止。

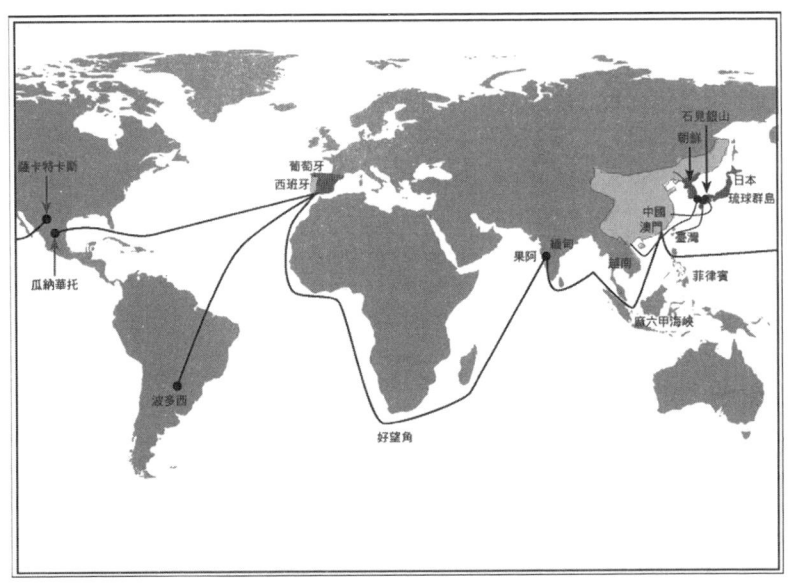

地图1.1　16世纪全球的白银流通路线

资料来源：根据 Iwami Ginzan Museum, *History of Iwami Silver Mines*, p. 4 改绘。

日本白银输往中国。① 1550—1650年间，日本的白银依然出口到厦门和澳门。② 在明朝海禁与倭寇并存时期，日本白银经常是通过走私运到中国。许多中国人、日本人和欧洲人都加入到这项非法贸易中。③ 虽然葡萄牙人在本国大多使用美洲白银，但在澳门主要使用日本白银来与中国贸易。④ 由于葡萄牙商人经常不遵照日本政府1609年颁布禁止上好品质白银出口的法令，1635年后他们被驱逐出境，较为顺从的荷兰商人则取而代之。⑤ 日本幕府也允许中国商人在长崎通商，用丝绸交换白银。1661年郑氏家族统治台湾后，代替荷兰成为日本向中国出口白银的首要

---

① 田村洋幸，《东亚细亚贸易史论》，页109；Von Glahn, *Fountain of Fortune*, p. 121.
② 斯波義信，《16、17世紀における中国の海事交渉と銀需要》，页46.
③ 田村洋幸，《东亚细亚贸易史论》，页108.
④ Boxer, "Plata es Sangre", p. 459.
⑤ 田代和生，《徳川時代の貿易》，页137—43.

中间商。随着荷兰商人撤回巴达维亚,越来越多的中国商人加入到中日贸易中。①

1648到1672年间,中国商人出口的日本白银是荷兰商人的2—4倍。白银外流引起德川幕府重视,幕府决定在1668年禁止白银出口,转而向中国出口铜来购买中国的丝绸。②

由于矿山的损耗,日本早在禁止白银出口以及1685年进口替代政策发挥效力之前,出口到中国的白银已经逐渐减少。③ 日本通过长崎每年出口到中国的白银,17世纪初期约20万银元,1648—1672年增长到约100万银元,1673—1684年又减少到80万银元。1709—1762年,下降到最低点,每年约2,530银元。18世纪末期和19世纪初期,由于购买铜和海产品,中国对日本每年出口约10万银元(如表1.3)。

日本的白银也通过朝鲜和琉球群岛转输至中国。虽然质量较差,但1686年日本通过对马海峡出口到朝鲜的白银,比由长崎直接出口到中国的多6.2倍,1694年更多了一千倍。④ 不过,17世纪末期到18世纪中期,日本出口朝鲜的白银数量逐渐下降,甚至在1744—1747年间完全停止。⑤

表1.3 日本经长崎出口到中国的白银数量估算(1601—1840)

单位:银元

年代(长期)	数　　量	年代(短期)	数　　量	年平均
1601—1647	10,067,156[a]			214,195
1648—1708	50,363,910[b]			825,638

① 永積洋子,《東西交易の中繼地臺灣の盛衰》,頁166。
② 田代和生,《德川时代の贸易》,頁144—49。
③ 田代和生,《十七世紀後期—十八世紀日本銀の海外輸出—特に対馬朝鮮ルートを中心に》,頁50。
④ 田代和生,《近世日朝通交史の研究》,Innes("The Door Ajar," pp. 416—17、427)显示,中日贸易(并不仅仅是白银贸易)大于日本的对马贸易。
⑤ 田代和生,《近世日朝通交史の研究》,頁270、297、328、332、337、339—341。

续　表

年代(长期)	数　量	年代(短期)	数　量	年平均
		1648—1672	26,103,270e	1,044,131
		1673—1684	9,612,788e	801,066
1709—1762	136,606c			2,520
1763—1840	−9,990,445d			−128,083
		1763—1782	−857,860	−42,893
		1783—1790	−39,702	−4,963
总　数	50,454,277			

各数据来源所用单位有日本的贯,有中国的两,有现代的公斤。根据小竹文夫,《清代における银钱比価の変动》第213页,日本进口到中国的银元一两只含约79%的纯银,因此日本银元一两可折合成一个墨西哥银元。根据《日本史用语大辞典》,一贯日本银元约为3.75公斤。根据全汉昇,《明中叶后中日间的丝银贸易》,《"中央研究院"历史语言研究所集刊》,卷55期4,1984,页644,一公斤折合为25.098两,而一两银元又相当于1.45墨西哥银元。以下各数据之单位乃依此折算。

资料来源:
a. 小竹文夫,前引文,页57,根据前人由德川时期留下记录计算而得之数字。
b. 同上。此数字直接取自德川时期之贸易数据。
c. 山协悌二郎,《近世日中贸易史の研究》,页214,引述以前学者计算。
d. 山协悌二郎,前引书,页215根据当时一日记与笔记推算。
e. 山协悌二郎,前引书,页214根据长崎当时留下的资料推算。

　　日本经萨摩藩①出口至琉球群岛转输中国的另一部分白银,1680年后超过了长崎—中国的白银贸易。② 然而,琉球群岛运银通路的调整早于朝鲜对马通路。1715年后,日本琉球贸易中的白银大量减少,更多的是海产品以及其他杂货贸易。③

　　综上所述,中国从琉球群岛的白银进口终止于1715年,从朝鲜进口终止于1747年,从缅甸进口终止于1758年,从日本进口终止于1760年,

---

① 为日本古时藩阀属地,位于九州岛的西南部,即今天的鹿儿岛县的北半部。——译者注
② 田代和生,《十七世紀後期—十八世紀日本銀の海外輸出—特に対馬朝鮮ルートを中心に》,页48。
③ 田代和生,《德川时代の贸易》,页160—64。

从越南进口终止于 1775 年。因此,作者认为 1775 年是中国从亚洲进口白银的终止年,同时也是中国几乎完全依赖拉丁美洲白银进口之始。

拉丁美洲白银的流入

1571 年,西班牙在马尼拉建立据点之后,西班牙属美洲殖民地通过菲律宾成为中国白银进口的另一重要来源。早在西班牙人到来之前,许多来自福建的中国商人已与菲律宾有贸易往来。1565—1815 年间,每年都有 1—4 艘重达 300—2,000 吨位的大型帆船来往于菲律宾与西属美洲殖民地之间。当时中国的白银与黄金比价,约是西班牙的两倍。中国丝绸和西班牙白银是当时足以支付跨太平洋航海运输成本的两件重要商品。一些白银也由葡萄牙人和荷兰人先从西班牙获得,然后再由大西洋出口到中国。① 17 世纪中期以后,西班牙运到菲律宾的白银,越来越被南亚和东南亚国家所分享②,例如,1810 年马尼拉从中国和印度进口的货物价值相等。③ 越来越多的拉丁美洲白银也通过欧洲运到中国。

18 世纪的英国,是将拉丁美洲白银输往中国最重要的欧洲国家。1699 年,英国同中国达成了贸易协议,但是直到 18 世纪下半期,中英之间的贸易才开始有显著进展。1685 年清朝开放四口对外通商,1757 年后仅留广州一口,因此广州成为中英贸易的主要港口。④ 1760—1800 年间,英国与中国的贸易值增加了 10 倍以上。⑤ 平均算来,18 世纪下半期,英国占了中国与西方贸易总值的 78%。⑥

这个时期欧洲国家对中国出口的白银,超过了普通货物,例如,

---

① 全汉昇,《再论明清》,页 167—71。
② Kindleberger, *Spenders and Hoarders*, pp. 24—25;Souza, "Cinnamon, Silver and Opium";Legarda, *After the Galleons*, p. 46.
③ Legarda, *After the Galleons*, pp. 46—47.
④ 严中平,《中国近代经济史统计资料选辑》,页 1。
⑤ 这种贸易趋势,见《中国近代经济史统计资料选辑》第 3 页表 1 中的指数资料。
⑥ 据《中国近代经济史统计资料选辑》第 4 页表 2 计算。

1712—1740年间英国对中国出口货物的支付,95%使用银元。[1] 由于茶叶在英国的普遍饮用[2],中国的茶叶是18世纪中国对英出口贸易的主体。1760—1799年间,英国从中国进口的货物中,丝绸占16.59%、茶叶占83.41%(据表1.4数据计算)。1784年英国减税法(Commutation Act)通过以后,茶叶进口的从价税从117%减少到12.5%,茶叶出口猛增,几乎占到中国货物出口总值的全部。1780年代中国进口有所增长,但出口依然远远大于进口,因此进口了大量的白银支付贸易顺差。[3]

表1.4 东印度公司由中国出口至英国的丝绸和茶叶数值(1760—1833)

单位:两

年 代	茶叶出口值	出口值百分比%	丝绸出口值	出口值百分比%
1760—1764	806,242	91.9	3,749	0.4
1765—1769	1,179,854	73.7	334,542	20.9
1770—1774	963,287	68.1	358,242	25.3
1775—1779	666,039	55.1	455,376	37.7
1780—1784	1,103,059	69.2	376,964	23.1
1785—1789	3,659,266	82.5	519,587	11.7
1790—1794	3,575,409	88.8	274,460	6.8
1795—1799	3,868,126	90.4	162,739	3.8
1817—1819	4,464,500	86.9	183,915	3.6
1820—1824	5,707,908	89.6	194,779	3.1
1825—1829	5,940,541	94.1	n. a.	n. a.
1830—1833	5,617,127	93.9	n. a.	n. a.

资料来源:严中平,《中国近代经济史统计资料选辑》,页14. 原资料缺1800—1816数值。

---

[1] Hsin-pao Chang,*Commissioner Lin*,p. 41.
[2] 小竹文夫,《明清時代における外國銀の流入》,页41—42.
[3] Pritchard,"The Crucial Years",pp. 145,146,155.

白银除了用于购买中国商品外,它进入中国还另有原因,即中国白银相对黄金的价格远远高于在欧洲的比价。18世纪上半期,黄金与白银在中国的比价,基本保持在1∶10—1∶11。① 1776年,亚当·斯密出版的《国富论》一书提到,同样单位的白银,在中国比在欧洲可以换到更多的黄金。②

1700—1751年间,英国、荷兰、法国、丹麦、瑞典和普鲁士总共向中国出口了68,073,182银元。1752—1800年间,这些国家向中国出口的白银增加到104,785,273银元。③ 1776年美国宣布独立后开始加入与中国的贸易,1805年美国在中国出口贸易中所占比重为0.3%,1833年迅速增长到30%,1780—1833年,平均占到21%。④ 从中美贸易开始到1833年,根据推测,美国向中国输出了9千万银元。⑤

中国日益卷入世界经济

拉丁美洲究竟是在何时开始超过日本,成为中国白银的主要供给者? 这很难精确说出时间点。根据阿特威尔推断:"大约从1530到1570年代,中国的外国白银来自日本。"⑥尽管17世纪中国进口的日本与美洲白银都在增长,佛林和吉拉得仍都接受伊恩(Robert LeRoy Innes)的统计,16世纪末和17世纪初期,日本是供应白银给中国的最主要国家。⑦据万志英(Richard von Glahn)收集的资料,1601—1700年,日本白银占

---

① Flynn and Giraldez, "Cycles of Silver", p. 395.
② 彭信威,《中国货币史》,页540。
③ 余捷琼,《中国银货输出入的一个估计》,页36。
④ 严中平,《中国近代经济史统计资料选辑》,页5。
⑤ 小竹文夫,《明清时代における外國銀の流入》,页67—70。根据美国的统计资料,以及马士、R. S. Latourette 和 Martin(*China: Ploitical, Commercial, and Social*, 1∶176)的研究给出近于1亿银元的数据。
⑥ Atwell, "International Bullion Flows", p. 68.
⑦ Flynn, Giraldez, and Sobredo, *European Entry into the Pacific*, p. 270.

到中国进口总数的75%,拉美白银占25%。① 佛林和吉拉得对这个数字在17世纪末期是否成立提出怀疑,因为该时期拉美白银的生产量和运到马尼拉的白银并不如先前学者所说的那样有所减少。② 郑永昌进行了相同的观察,但他还注意到,1655—1683年清朝为反对郑氏政权而实施海禁,中国到马尼拉的帆船大量减少(如表1.5)。禁海令有可能减少了中国从马尼拉的白银进口③,却促进了统治台湾的郑氏家族的对外贸易。如万志英所研究,该时期郑氏垄断了中日之间的长崎贸易。④ 此外,由于对马尼拉、琉球群岛以及安南通路仍然开放日本白银转运中国,这时期中国从日本进口的白银数量,仍然高于从马尼拉或欧洲带来的拉美白银。

表1.5 中国到马尼拉的帆船数量(1570—1760)

单位:艘

年 代	总 数	平均数
1570—1579	75	7.5
1580—1643	1,677	26.2
1644—1684	271	6.6
1685—1716	525	16.4
1717—1760	549	12.5

资料来源:钱江,"1570—1760年中国和吕宋的贸易发展及贸易额的估算",页72。

1709—1762年,中国从长崎输入的日本白银,全部价值仅为14万银元(如表1.3)。1721—1740年,中国进口的拉美白银则为6,800万银元。随着日本通过朝鲜和琉球群岛转输中国白银数的急剧减少,18世纪

---

① 根据 Von Glahn, *Fountain of Fortune*, p.232, 表23 计算得出。
② Flynn and Giraldez, "Born with a 'Silver Spoon,'" p.214; Flynn, Giraldez, and Sobredo, *European Entry into the Pacific*, p.268.
③ 郑永昌,《明末清初的银贵钱贱现象》,页84。
④ Von Glahn, *Fountain of Fortune*, p.226.

初期中国进口的拉美白银明显超过日本白银。但是,并不能太强调18世纪早期拉美白银对中国的重要性,因为:第一,拉美白银主要用于福建和广东;第二,除了中国之外,菲律宾也将拉美白银供应其他国家;第三,英国贸易增长缓慢。

18世纪早中期,日本出口到中国和朝鲜的白银骤然减少。当18世纪早中期中国因白银不够而铸造更多铜钱时,日本白银也在进入中国的通路之一的朝鲜消失无踪,[①]直到1876年朝鲜才进口拉美白银。从18世纪起到1876年,朝鲜在国际贸易和政府事务中很少使用白银。[②] 主要用于云南和广西的缅甸和安(越)南白银,在18世纪早期变得非常重要,并且1775年以前日本白银依然流入中国。而该时期拉美白银进口到中国的情况增长缓慢,直到1775年后,拉美白银才开始供应中国的全部需求。

中国如此大量进口拉美白银,不仅仅是因为缺少白银,还因为银元作为一种标准化的交易媒介能够满足中国的商业发展需求。在1775年后进入中国而更方便使用的西班牙银元尤其适用。根据郑光祖的观察,一直到乾隆末年(约1790—1795),中国在长江下游与云南的金银比价皆由1∶10涨为1∶15(当时西洋各国的金银比价为1∶16),及至嘉庆及道光年间,中国的金银比价才调到同于西洋各国的1∶16。[③] 由于使用白银,从18世纪末期到19世纪初期,中国越来越依赖于世界经济。

小 结

尽管中国从16世纪开始使用白银支付税款,但市面上白银用多用

[①] 关于18世纪白银的供应不足,见Man-houng Lin, "The Shift from East Asia to the World"。
[②] Oh, "Sliver Flow and Silver as Money in Korea", pp. 221—22。
[③] 郑光祖,《一斑录》,杂述6,页47a:"金价:本朝初,金价亦只以银十换,至乾隆时日渐加贵。余于五十五年(1790)至滇省时,黄金一两换白银十五两,数年无甚更改,时江南亦略相等。又闻西洋各国时黄金一两换白银十六两,嘉庆初其价时有上下,今白银日益贵,金价随之,约亦十六换。洋钱二十二圆兑一两。"

少不断变动。1661—1683年间海禁之前,普遍使用白银,但在1740—1775年间白银使用又减少了。18世纪末期,由于清朝的命令以及方便取得更可靠的外国银元,财政收支和大规模交易中的白银使用大增。

使用白银的地域也不断扩大。18世纪初期,银元的使用仅限于福建和广东两省,18世纪末期逐渐扩大到长江中下游地区,道光时期又进一步扩展到黄河以南的广大地区。19世纪前期,由于部分地区相对的贸易实力,边缘区域更多的使用银锭,核心区域更多的使用银元,白银使用其实是遍布全国。18世纪末期,山西商人跨省的金融网络,促进了白银在全国范围内的使用。

与同时期的邻国相比,清朝对白银依赖较深。在1876年日本强迫朝鲜开放贸易之前,朝鲜的全国通货是政府铸造的铜钱,以及1786年前后商人开始发行而用于长途交易的钱票。① 18世纪早期,当日本白银通过朝鲜出口到中国时,朝鲜王朝禁止使用白银作为国内的通货,朝鲜所开采的银也大部分供中国使用。②

此外,中国的铜钱需求也多于德川幕府时的日本。尽管日本从16世纪开始已向中国进口铜钱③,但17世纪时日本四分之三的货币已是金或银做的货币。18世纪,该比例下降到二分之一,19世纪又增加到90%。其中,前项贵重金属金或银做的硬币占50%以上,银锭相对较少。④

清政府的白银供应,无论是银元还是银两,都依赖商人,这与印度和日本政府有所不同。印度是另一个亚洲主要用银的国家,其银元是由政

---

① Shibusawa, *Report on Currency Adjustment in Korea*, pp.1—7;而李荣薰教授2004年8月10日在首尔根据Huiyou Hong在朝鲜用韩文出版《韩国商业发展史》一书的第254、260页予以摘述。
② 申奭镐,《朝鲜中宗时代的禁银问题》。
③ Von Glahn, *Fountain of Fortune*, pp.53、54、83、84、88—96、131、132。
④ Okura and Shimbo, "The Tokugawa Monetary Policy", p.107.

府铸造。① 日本德川幕府也铸造银元和银两。相反的,清政府虽然提供地方使用的通货,也规定了银锭的形式与重量,但是它对前朝货币的放任流通,对国内或国外私币以及私人发行的银、钱票未予管制,这都说明中国不存在货币主权的概念。随着对外国银元的熟悉,中国人知道了西方将统治者头像铸在银币上,但他们并不明白货币主权的重要含义,很多人还称外国银元上的人头为"佛头"②。

根据魏源估算:"银之出于开采者十之三四,其未开采者十之六七。"③由于中国境内银矿有限,百濑弘认为,"30%—40%"包括缅甸和安(越)南的产银。④ 19 世纪前期,马丁(R. M. Martin,1803?—68)同样认为,缅甸和安(越)南出产的白银是中国银生产总量的一部分。⑤ 从1750 年开始,尽管英国贸易兴旺,日本对中国不再供给白银,但来自缅甸和越南的白银供给持续到 1775 年。此年之后,来自亚洲大陆的白银供应连云南和广西的需求都不能满足,其他各省几乎百分之百地依赖海外进口的白银。同时,1775 年前后拉丁美洲银元开始明显流入长江中下游地区,因此作者认为,1775 年是中国转向完全依赖拉美白银的关键年。

由于朝鲜不使用拉美白银,日本的白银只供自己使用,在东亚国家中,唯独中国因大量使用拉美白银而深深依赖于更广阔的世界经济。18 世纪末期中国对白银依赖的日益增长,以及几乎全从拉美获得,使拉丁美洲国家独立运动干扰的银矿生产与全球白银供应,对 1808—1856 年间中国的白银外流及其全国性冲击提供了背景。

---

① Lees,The Drain of Silver to the East,p. 40.
② 梁绍壬,《两般秋雨庵随笔》,卷 3,页 10a:"夷国法,嗣王立,则肖其像于银面。史记所谓安息国以银为钱,钱如其王面。王死,转效嗣王面是也。"
③ 魏源,《圣武记》,卷 14,页 33b。
④ 百濑弘,《清朝の異民族統治に於ける財政經濟政策》,页 134。
⑤ Martin,China:Political,Commercial,and Social,1:176.

第二章　鸦片：罪魁祸首？

学者多半认为是中国的茶、丝及其他商品出口与中国对银的强烈需求,是 16 到 18 世纪白银流入中国的主要原因。不过,有关 19 世纪初期开始的白银外流,及其进一步引发的银贵钱贱,乃至 1839 至 1840 年的鸦片战争,学界则多半认为是鸦片进口所造成。① 在本章里,作者将说明鸦片进口并非 19 世纪初期白银外流的唯一原因,相对的,中国的出口反而在白银的流动与银钱比价上,扮演着主要角色。是因为拉美白银供应的减少,才导致中国出口品的世界市场萧条。全球银供应的短缺使银在中国较在其他地区昂贵的套汇基础消失,也刺激鸦片的输入中国,这些将被视为造成 19 世纪初中国白银外流的重要背景因素。

除了白银外流,一些清代学者官员的讨论和历史研究,也认为铜钱供给过多或铜钱品质低劣是造成银贵钱贱危机的原因。② 但曾于

---

① Chung Tan, *Triton and Dragon*, chap. 2.
② King, *Money and Monetary Policy*, pp. 142—43;Morse, *International Relations*, vol. 1, p. 204;Peterson, "Early Nineteenth Century Monetary Ideas," p. 24;佐佐木正哉,"阿片战争以前の通货问题";Hamashita, "Foreign Trade Finance in China," pp. 426—27;Hsin-pao Chang, *Commissioner Lin*, pp. 42—46;魏建猷,《中国近代货币史》,页 2—10、57—58;汤象龙,《道光朝银贵问题》。

1848—1849年间在"国史馆"工作的王庆云(1798—1862)、曾为地方官员幕友的缪梓(1807—60)都指出,19世纪前期白银和铜钱的供应都在减少。① 1844年,户部也称:"银之贵非由钱之多,只以日趋于少,即日形其贵。"②1846年广东巡抚也说:"银价日昂,固由于银少,而不关乎钱多。"③尽管关于铜钱方面对危机的影响仍存在着不同看法④,但只有极少数研究全面否定银贵钱贱现象与白银外流间的关联。⑤

先前关于白银外流的研究主要依赖马士(H. B. Morse)建立在1833年以前东印度公司资料基础上的研究。而本书作者将说明尚未被研究的1833年以后的银贵钱贱危机其实更为深重。不仅如此,东印度公司的资料也并未涵盖同样影响中国白银进出的私商贸易(港脚贸易)及中美贸易。银贵钱贱危机从1808至1856年,约持续了48年。白银外流在时间、空间和数量上的确切变化,以及它与银贵钱贱危机的关系,有待较为细致的讨论。

白银外流的时间、空间和数量

许多学者根据马士的研究来确定白银外流开始的年份,但他提供的资料是零散的,且时有出入。在马士的研究中,关于白银外流开始的年

---

① 根据王庆云所述:"银之贵贱,不系钱之多寡,钱之贵贱,转系银之多寡"(见王庆云,《石渠余记》,卷5,页12b)。缪梓写道:"今日之患,不特银荒,而钱亦荒"(见《皇朝经世文续编》,卷58,户政30,钱币,上,页63a)。
② 《皇朝经世文续编》,卷58,户政30,钱币,上,页28a(吴文镕,《设法贵钱贱银疏》)。
③ 《中国近代货币史资料》,页122—23。
④ 先前的研究已提及19世纪初铜钱品质的低劣(见林满红,"嘉道钱贱现象产生原因")。作者在这篇论文中也证明了这一点,但也指出由于银价上升导致采铜、运铜和铜钱铸造成本日益增长,加之官僚体系腐败,这些都是铜钱品质下降的原因。
⑤ 在现有研究文献中,只有大陆学者王宏斌完全否认白银外流是造成银贵钱贱货币危机的一个原因。他认为乾隆晚期到太平天国运动爆发之间是和平和商业繁荣的时期。他援引马克思的理论认为,在和平和商业繁荣时期,高价值的货币将会有更大的需求,而在战乱和商业不发达的时期,低价值的货币需求比较大(参见王宏斌《晚清货币比价研究》第79页)。不过,19世纪初的中国已没有了18世纪末的繁荣。

份有 1825 年、1826 年①，或 1827 年、1828 年多种说法。② 一些学者又以 1830 年或 19 世纪 30 年代为中国白银外流之始。③

1799 年两广总督在答复朝廷询问时尚称没有纹银流往海外。④ 根据印度方面数据，印度年平均从中国进口白银，在 1801—1813 年间为 4,260 卢比，1808—1809 年达 5,717 卢比，1809—1810 年更达到高峰 9,620 卢比。⑤ 两广总督在 1809 年开始禁止白银出口。户部侍郎在 1814 年提议严禁银两走私国外，而 1822 年，一名御史也指出由于白银外流，中国白银的供给减少了。⑥ 根据伦敦海关档案，从 1814 年起到 1856 年止，中国持续向印度输出白银（见表 2.1）。

与表 2.2 马士主要用以说明中国贸易收支的数据相比，表 2.1 印度白银进口的数据更为可靠。马士的主要资料来源是英国东印度公司广州商馆的报告。由于当时由中国出口白银系属非法，而这些白银进口到印度却是合法，因此印度方面的记载包括了广州的东印度公司档案中所没有涵盖的通过走私或经由私商（港脚商人）输出的白银。值得一提的是，印度方面的资料甚至还包括了中国西北地区出口的白银，尽管其数量远远少于从中国东南地区外流的白银数量。⑦

一些零星的记载显示银贵钱贱危机是在嘉庆晚期的若干地方发端，然后于 1820 年后才逐渐扩展到全国。1808 年，一位御史在官方报告中表示，江、浙商民正深受银贵钱贱之苦。不过，1819 年，也就是嘉庆时期

---

① 1825 年资料，见杨端六《清代货币金融史稿》第 263—265 页；1826 年的资料，同此书第 261 页。
② 余捷琼，《1700—1937 年中国银货输出入的一个估计》（长沙：商务印书馆，1940），页 20；严中平，《中国近代经济史统计资料选辑》，页 33；小竹文夫，《近世支那经济史研究》，页 121；佐佐木正哉，"阿片战争以前的通货问题"，页 112。
③ Hamashita, "Foreign Trade Finance in China," p. 389；太平山人，《道光朝银荒问题》，页 42。
④ 《清仁宗实录》，卷 55，页 30，嘉庆 4 年 11 月（两广总督吉庆）。
⑤ Richards, "The Opium Industry", p. 67, table 3.
⑥ 杨端六，《清代货币金融史稿》，页 203、208。
⑦ 关于中国西北地区的白银外流，参见林满红《清末社会流行吸食鸦片研究》第 71—73 页。亦可见"史馆档"，传包，号 1675，王庆云。

表 2.1 中印贸易收支（1814—1856）

单位：银元

年　份	中国（包括香港）出口到印度（A）	印度出口到中国（B）				收　支（A—B）
		鸦　片	棉　花	其他商品	总　计	
1814	1,730,112	2,228,512	2,502,380	565,376	5,296,268	−3,566,156
1815	2,293,260	2,817,104	2,788,480	685,264	6,320,848	−4,027,588
1816	2,131,944	2,322,764	2,997,576	525,264	5,845,604	−3,713,660
1817	2,818,908	2,742,552	3,117,428	504,280	6,364,260	−3,545,352
1818	3,233,452	2,532,628	3,142,380	697,856	6,372,864	−3,139,412
1819	3,336,252	2,740,336	2,170,264	680,320	5,590,920	−2,254,668
1820	2,927,144	1,399,276	1,090,652	726,160	3,216,088	−288.944
1821	3,041,456	4,720,252	3,339,284	950,492	9,010,028	−5,968,572
1822	3,843,424	3,860,268	2,555,748	553,272	6,969,288	−3,125,864
1823	2,936,156	5,559,212	1,753,920	968,780	8,281,912	−5,345,756
年平均（1814—1823）	2,829,211.8	3,095,290.4	2,545,811.2	685,706.4	6,326,808	−3,497,597
1824	1,912,480	3,761,892	2,229,408	770,214	6,761,544	−4,849,064

续表

年份	中国(包括香港)出口到印度(A)	印度出口到中国(B)				收支(A－B)
		鸦片	棉花	其他商品	总计	
1825	2,131,868	3,263,056	3,530,748	1,185,236	7,979,040	－5,847,172
1826	2,915,412	4,785,132	4,169,548	689,492	9,644,172	－6,728,760
1827	2,741,172	5,549,520	3,900,768	624,184	10,074,472	－7,333,300
1828	3,031,228	7,172,476	3,751,672	725,960	11,650,108	－8,618,880
1829	2,907,096	5,051,772	3,225,040	819,988	9,096,800	－6,189,704
1830	3,288,312	5,570,468	3,578,812	665,640	9,814,920	－6,526,608
1831	3,243,460	5,918,064	3,332,840	603,176	9,854,080	－6,610,620
1832	1,923,060	9,305,396	2,929,048	492,192	12,726,636	－10,803,576
1833	1,813,424	7,216,044	3,106,480	145,336	10,467,860	－8,654,436
年平均(1824—1833)	2,590,751	5,759,382	3,375,436	672,145	9,806,963	－7,216,212
1834	2,167,688	9,088,320	4,474,760	672,672	14,235,752	－12,068,064
1835	2,061,312	7,638,212	2,955,264	880,156	11,473,632	－9,412,320
1836	2,144,600	11,464,100	5,383,472	866,428	17,714,000	－15,569,400

续 表

年 份	中国(包括香港)出口到印度(A)	印度出口到中国(B)				收 支 (A−B)
		鸦 片	棉 花	其他商品	总 计	
1837	2,102,176	15,737,836	5,151,936	878,476	21,768,248	−19,666,072
1838	1,760,264	11,617,136	4,115,788	659,976	16,392,900	−14,632,636
1839	1,844,020	11,164,528	4,942,220	841,820	16,948,568	−15,104,548
1840	804,752	765,688	2,787,212	465,256	4,018,156	−3,213,404
1841	2,517,088	5,071,548	2,831,356	803,732	8,706,636	−6,189,548
1842	2,267,220	7,357,604	3,316,052	861,520	11,535,176	−9,267,956
1843	2,289,448	11,281,408	5,510,520	799,840	17,591,768	−15,302,320
年平均(1834—1843)	1,995,857	9,118,638	4,146,858	772,988	14,038,484	−12,042,627
1844	2,555,940	16,918,168	5,116,656	864,320	22,899,144	−20,343,204
1845	3,217,264	16,534,364	4,725,836	948,124	22,208,324	−18,991,060
1846	2,934,056	22,166,940	3,282,480	585,364	26,034,784	−23,100,728
1847	2,667,568	17,085,280	3,454,016	388,632	20,927,928	−18,260,360
1848	4,058,380	14,031,216	2,504,480	435,680	16,971,376	−12,912,996

续 表

年 份	中国(包括香港)出口到印度(A)	印度出口到中国(B)				收 支 (A−B)
		鸦 片	棉 花	其他商品	总 计	
1849	3,325,444	21,382,876	4,054,048	668,236	26,105,160	−22,779,716
1850	3,239,204	22,174,352	2,966,016	467,016	25,607,384	−22,368,180
1851	3,957,476	20,296,312	4,641,456	472,372	25,410,140	−21,452,664
1852	3,696,636	24,329,228	9,167,704	595,136	34,092,068	−30,395,432
1853	3,467,772	25,883,664	4,105,776	488,236	30,477,676	−27,009,904
1854	3,241,348	23,209,876	3,234,280	374,780	26,818,936	−23,577,588
1855	3,660,196	22,739,912	2,556,572	484,052	25,780,536	−22,120,340
1856	3,150,868	22,370,128	3,242,512	759,172	26,371,812	−23,220,944
年平均 (1844—1856)	3,320,935	20,701,717	4,080,910	579,317	25,361,944	−22,041,009
总 计 1814—1856	117,330,340	448,855,420	153,732,888	28,839,508	631,427,816	−514,097,476
平 均 (1814—1856)	2,728,613	10,438,498	3,575,183	670,686	14,684,368	−11,955,755

资料来源:根据 Messenger, *India and China*, p.11 制成的表格。原始资料以镑呈现,作者换算成了银元。

的倒数第二年,一道上谕指出各省银钱比价并不一致,订定固定比价并不可行。① 直到1820年,清朝的学者官员才明确注意到银贵钱贱引发的危机。② 就如同清代学者梁廷枏(1796—1861)在说明白银外流时指出,"其始犹以洋银买货,今则尽以归国矣;始则专收光面,今则兼用碎花纹银矣;始则英咭唎之银不来,今则花旗港脚之银亦少来矣。"③这里要注意的是,中国内陆地区多用银两,而沿海区域多用银元,银两的外流表示银漏已从中国核心地区扩展到边陲区域。这一期间,英国(包括印度)和美国是中国主要的贸易对象。19世纪初,中国与英国的贸易在多数年份(不包括印度,见表2.2、2.3)呈现顺差,而与美国的贸易通常也为顺差(表2.4)。然而,对印度的逆差(表2.1)远远大于对英、美的顺差。如梁廷枏所注意到的,美国和英国私商的银元不再流入中国,与1830年代开始的"三角贸易"有关。④ 因为英、美商人在这个贸易关系中,以从印度鸦片商购入的汇票来支付给中国商人,然后中国商人又用这些汇票支付其购买印度鸦片的部分款项,不足的款项则由中国支付印度白银。⑤

表2.2　中英贸易收支(含印度)(1818—1826)

单位:银元

年　份	出口到英国(A)	从英国进口(B)	收支(A—B)
1818	14,144,320	16,004,411	−1,860,091
1819	13,677,721	16,262,200	−2,584,479
1820	14,830,929	17,803,162	−2,972,233
1821	14,757,102	15,918,993	−1,161,891

---

① 《清仁宗实录》,卷354,页27,嘉庆24年2月。
② 包世臣,《安吴四种》,卷26,页4b、5a。
③ 梁廷枏,《夷氛闻记》,卷1,页11b。这些港脚商人乃是指拥有在印度的英属东印度公司授权的私商,他们专门从事中、印间货品交易。见Wakeman, "The Canton Trade and the Opium War", pp. 167—168.
④ Temin, *The Jacksonian Economy*, p. 80.
⑤ 详见Hamashita, "Foreign Trade Finance in China".

续 表

年 份	出口到英国(A)	从英国进口(B)	收支(A—B)
1822	14,649,163	15,205,834	−556,671
1823	13,177,080	17,602,334	−4,425,254
1824	15,988,668	17,923,441	−1,934,773
1825	14,401,016	15,932,814	−1,531,798
1826	17,445,939	21,408,386	−3,962,447

资料来源:Morse,*The International Relations of the Chinese Empire*,p.91.

表2.3 中英贸易收支(不含印度)(1818—1857)

单位:银元

年 份	出口到英国(A)	从英国进口(B)	收支(A—B)
1818	10,910,868	9,631,547	1,279,321
1819	10,341,469	10,671,280	−329,811
1820	11,903,785	14,587,074	−2,683,289
1821	11,715,646	6,908,965	4,806,681
1822	10,805,739	8,236,546	2,569,193
1823	10,240,924	9,320,422	920,502
1824	14,076,188	11,161,897	2,914,291
1825	12,269,148	7,953,774	4,315,374
1826	14,530,527	11,764,214	2,766,313
1827	19,420,660	14,973,568	4,447,092
1828	16,832,644	22,305,904	−5,473,260
1829	16,197,436	7,572,592	8,624,844
1830	16,172,592	10,857,252	5,315,340
1831	14,751,084	15,167,992	−416,908
1832	14,642,852	12,736,200	1,906,652
1833	15,233,528	16,844,636	−1,611,108
1834	16,089,028	14,973,568	1,115,460
1835	20,403,664	22,317,072	−1,913,408

续 表

年 份	出口到英国(A)	从英国进口(B)	收支(A—B)
1836	23,793,760	27,982,760	-4,189,000
1837	19,895,028	19,612,652	282,376
1838	19,083,880	22,305,904	-3,222,024
1839	16,716,424	7,572,592	9,143,832
1840	12,071,764	10,857,252	1,214,512
1841	14,125,936	15,167,992	-1,042,056
1842	18,114,248	21,708,520	-3,594,272
1843	21,082,116	29,896,692	-8,814,576
1844	25,479,624	31,763,320	-6,283,696
1845	26,217,824	36,094,264	-9,876,440
1846	29,238,224	28,634,576	603,648
1847	30,868,512	23,360,352	7,508,160
1848	26,600,160	32,246,976	-5,646,816
1849	27,921,892	31,964,852	-4,042,960
1850	27,353,576	31,904,360	-4,550,784
1851	35,582,600	43,025,880	-7,443,280
1852	34,318,856	40,714,676	-6,395,820
1853	36,263,808	34,045,956	2,217,852
1854	40,160,356	29,869,000	10,291,356
1855	38,137,228	31,587,796	6,549,432
1856	40,085,280	39,422,872	662,408
1857	49,457,988	47,488,044	1,969,944
1814—1817 粗估值			-14,378,308
1818—1826	106,794,294	90,235,719	16,558,575
1827—1856	712,854,584	727,488,028	-14,633,444

注:1818—1826年的数据乃是将表2.2包含英国、印度的数据扣除表2.1仅有印度的数据;1814—1817年间的贸易乃是根据1818年数值的估计值。

资料来源:根据Messenger, *India and China*, pp.8—9制成表格。原始资料以镑呈现,作者换算成了银元。

表 2.4　中美贸易收支(1814—1850)

单位:银元

年　份	贸易收支	年　份	贸易收支	年　份	贸易收支
1814	1,214,220	1834	4,000,000	1842	3,491,000
1815	120,500	1835	4,000,000	1843	1,967,000
1816	1,922,000	1836	4,000,000	1844	3,174,000
1817	4,505,000	1837	4,000,000	1845	4,878,000
1818	5,601,000	1838	4,000,000	1846	5,149,000
1819	7,414,000	1839	4,000,000	1847	3,717,000
1820	6,297,000	1840	6,000,000	1848	5,821,000
1821	2,995,000	1841	6,000,000	1849	3,921,000
1822	5,125,000			1850	4,963,000
1823	6,292,000			1851	4,433,000
1824	4,096,000			1852	7,911,000
1825	6,524,500			1853	6,348,000
1826	5,725,200			1854	906,000
1827	1,841,168			1855	8,655,000
1828	2,640,300			1856	7,263,000
1829	740,900				
1830	1,123,644				
1831	183,655				
1832	2,480,871				
1833	682,519				
1813—1833 年平均	67,524,477 3,376,224	1834—1841（估计）年平均	36,000,000 4,500,000	1842—1856 年平均	72,597,000 4,839,800

资料来源:1815 年资料根据 Morse, *The International Relations*, p. 89;1814 年与 1816—1833 年间的资料,根据小竹文夫《明清时代における外国银の流入》第 67—70 页,其乃依据美国统计资料、马士研究与 R. S. Latourette. Martin, *China: Political, Commercial, and Social*, vol. 1, p.176 三方面数据计算而成。而 1834—1841 年间的资料则根据美国商务部门 Bureau of the Census, *Historical Statistics of the United States, Colonial Times to 1970*, pp. 904, 907 所提供的 1835 年与 1840 年的数据平均而成。最后,1842—1856 年间的数据,则是依据 Hamashita, "Foreign Trade Finance", p. 403, Table 4,其来源是英国国会文书(British Parliamentary Papers)与 the U. S. Bureau of statistics, *Commerce of Asia and Oceania*。

表2.5较之马士的数据涵盖的时间范围更广,并显示自1814年起,中国的贸易大多呈现赤字。1814到1823年间,中国年均白银外流301万银元,1824—1833年间为506万银元,1834—1843年间为580万银元,1844—1856年间为1,760万银元。这些趋势与银贵钱贱现象之日趋恶化相一致,每一两白银可换取的铜钱数量不断增加,从1808年的1,040文到1849年的2,355文。1849到1856年间,比价又跌回至1,810文。直到1858年,比价才降至1,200文至1,500文之间,这个比价一直延续到1911年(见表2.6)。

表2.5 19世纪初中国每年白银外流的数值(1814—1856)

单位:银元

年 份	流到印度	流到英国	流到美国	流到新加坡	总 计
1814	3,566,156	3,594,577	−1,214,220	—	5,946,513
1815	4,027,588	3,594,577	−120,500	—	7,501,665
1816	3,713,660	3,594,577	−1,922,000	—	5,386,237
1817	3,545,352	3,594,577	−4,505,000	—	2,634,929
1818	3,139,412	−1,279,321	−5,601,000	—	−3,740,909
1819	2,254,668	329,811	−7,414,000	—	−4,829,521
1820	288,944	2,683,289	−6,297,000	—	−3,324,767
1821	5,968,572	−4,806,681	−2,995,000	—	−1,833,109
1822	3,125,864	−2,569,193	−5,125,000	—	−4,568,329
1823	5,345,756	−920,502	−6,292,000	—	−1,866,746
年平均(1814—1823)					1,367,735
1824	4,849,064	−2,914,291	−4,096,000	—	−2,161,227
1825	5,847,172	−4,315,374	−6,524,500	—	−4,992,702
1826	6,728,760	−2,766,313	−5,725,200	—	−1,762,753
1827	7,333,300	−4,447,092	−1,841,168	—	1,045,040
1828	8,618,880	5,473,260	−2,640,300	—	11,451,840

续 表

年 份	流到印度	流到英国	流到美国	流到新加坡	总 计
1829	6,189,704	−8,624,844	−740,900	—	−3,176,040
1830	6,526,608	−5,315,340	−1,123,644	—	87,624
1831	6,610,620	416,908	−183,655	—	6,843,873
1832	10,803,576	−1,906,652	−2,480,871	—	6,416,053
1833	8,654,436	1,611,108	−682,519	—	9,583,025
年平均 (1824—1833)					1,527,968
1834	12,068,064	−1,115,460	−4,000,000	24,566	6,977,170
1835	9,412,320	1,913,408	−4,000,000	132,068	7,457,796
1836	15,569,400	4,189,000	−4,000,000	103,820	15,862,220
1837	19,666,072	−282,376	−4,000,000	29,845	15,413,541
1838	14,632,636	3,222,024	−4,000,000	22,484	13,877,144
1839	15,104,548	−9,143,832	−4,000,000	229,113	2,189,829
1840	3,213,404	−1,214,512	−6,000,000	481,236	−3,519,872
1841	6,189,548	1,042,056	−6,000,000	430,777	1,662,381
1842	9,267,956	3,594,272	−3,491,000	427,416	9,798,644
1843	15,302,320	8,814,576	−1,967,000	676,502	22,826,398
年平均 (1834—1843)					9,254,525
1844	20,343,204	6,283,696	−3,174,000	—	23,452,900
1845	18,991,060	9,876,440	−4,878,000	—	23,989,500
1846	23,100,728	−603,648	−5,149,000	—	17,348,080
1847	18,260,360	−7,508,160	−3,717,000	—	7,035,200
1848	12,912,996	5,646,816	−5,821,000	—	12,738,812
1849	22,779,716	4,042,960	−3,921,000	—	22,901,676
1850	22,368,180	4,550,784	−4,963,000	—	21,955,964

续　表

年　份	流到印度	流到英国	流到美国	流到新加坡	总　计
1851	21,452,664	7,443,280	−4,433,000		24,462,944
1852	30,395,432	6,395,820	−7,911,000		28,880,252
1853	27,009,904	−2,217,852	−6,348,000		18,444,052
1854	23,577,588	−10,291,356	−906,000		12,380,232
1855	22,120,340	−6,549,432	−8,655,000		6,915,908
1856	23,220,944	−662,408	−7,263,000		15,295,536
年平均（1844—1856）					18,138,543
总　计	514,097,476	12,453,177	−176,121,477	2,557,827	352,987,003

资料来源：印度、英国与美国资料乃根据表 2.1、2.3、2.4；新加坡资料依据严中平《中国近代经济史统计资料选辑》第 35 页，其数据取自英国国会文书（British Parliamentary Papers）。新加坡当时是鸦片贸易中心，白银主要用来支付从新加坡进口到中国的鸦片所需费用。

1820 年代，时人已经清楚地认识到白银外流与银贵钱贱间的联系。1822 年，监察御史黄中模在奏章中首次正式指出，白银相对铜钱的升值是由于"广东洋面偷漏依然如故"①。同年，道光帝也意识到银贵钱贱的危机，并且以白银相对铜钱的升值为由，允许各省铸局停止铸造铜钱。② 不过，直到 1829 年他才将银贵钱贱与白银外流联系在一起。③ 1830 年代，魏源记载，"至近日十余载间，文银每两由千钱至千有五六百钱，洋钱每圆由八百钱而至千有三百钱。人始知鸦片内灌透银出洋之故。而其骤涨，尤在道光七至十三年"④。

如表 2.5 所示，1814 至 1856 年间，中国总共约有 3.52 亿银元的贸

---

① 《道咸同光四朝奏议》，页 46—47。
② "上谕档"，道光 2 年 9 月 13 日。
③ 林则徐，《林文忠公政书》，甲集，《江苏奏稿》，卷 6，页 18b—19b。
④ 魏源，《圣武记》，卷 14，页 42b。王瑬《钞币刍言》1831 年出版，在 1837 年时，这本书经过修订后，以《钱币刍言》重新出版，魏源这篇文章是针对其《钞币刍言》而发，故这篇文章应在 1831—1837 年间写成。

易赤字。1808—1813年间,中国流入印度的白银量是3,904万卢比,等同于1,560万银元。① 虽然中国与其他各国的贸易资料无法完全掌握,但若将上述数值加上3.52亿,则为3.68亿。它可以粗略地代表1808—1856年间中国外流白银的总量。

清朝当时有人认为19世纪上半叶的白银外流导致中国财富损失近半。② 与此相对,马士却认为当时外流白银仅占总供给的7.4%。③ 由于缺少一些重要数据,如通过朝鲜半岛和琉球群岛输入的日本白银的可靠数据,仍在流通的前朝铜钱的数量,没有白银、铜钱作准备的私票币值,私铸铜钱的数量,决定货币流通速度的依据等,因此,作者无法估计1850年前夕中国的货币总供应量。这也表示,我们无法计算那3.68亿的银漏额在中国整个货币供应中所占的比例。不过,英国国会文书估计咸丰年间(1851—1861),每年流通的白银数量大约是16.7亿银元。④ 如果这个估计值可信,那么1808至1856年间外流的3.27亿白银,约占1814年前后中国白银总供给的16.4%(将3.68亿除以16.7亿加上外流的3.68亿银元之和20.38得出)。这个数据高于马士估计的7.4%,但比中国当时的人所认为的要少。

就表2.5来看,1827年是白银持续外流的起始年,与马士提过的1826年相当接近。就表2.6中1808到1826年间主要以河北宁津为基础的银价上涨而言,将如清朝的文献所说,是若干地方的现象,而非全国性的现象。而表2.5及印度方面数据所显示,1808到1817年中国银外流的情况在1818至1826年间有过改变。表2.5中,中国白银外流量由1824—1833年间的847,670银元增为1834—1843年间的9,254,525银元,再增为1844—1856年间的18,138,543银元,则为马士所未论及。

---

① 参考 Richards,"The Opium Industry", p.67 的白银进口统计数据;p.79,每卢比2先令。
② 许楣,《钞币论》,页10a。
③ 马士认为1820年代中国白银总流通量为5亿,而1820—1833年间的白银总流失量并不超过3,710万。见 Jerome Ch'en, *State Economic Policies*, p.22。
④ Hamashita,"Foreign Trade Finance in China", p.391。

75

能解释表2.6中从1820年代以后转为全国性的银贵钱贱现象,而其银钱比价,由1826年之约为1,300增为1836年之约为1,500,再增为1846年之约为2,300。

表 2.6 清朝的银钱比价(1644—1911)

单位:文/两

年份	比价	年份	比价	年份	比价	年份	比价
1644	700	1765	890	1814	1,102	1865	1,250
1647	1,000	1766	910	1816	1,177	1866	1,420
1670	1,250	1767	930	1817	1,217	1867	1,690
1684	850	1768	950	1818	1,245	1868	1,690
1722	780	1769	950	1820	1,226	1869	1,750
1723	800	1770	950	1821	1,267	1870	1,780
1724	820	1771	950	1822	1,252	1871	1,850
1725	845	1772	950	1823	1,249	1872	1,880
1726	900	1773	950	1824	1,269	1873	1,720
1727	925	1774	955	1825	1,253	1874	1,610
1728	950	1775	960	1826	1,271	1875	1,660
1729	980	1776	910	1827	1,341	1876	1,630
1730	950	1777	890	1828	1,339	1877	1,510
1731	925	1778	870	1829	1,380	1878	1,420
1732	900	1779	850	1830	1,365	1879	1,420
1733	880	1780	910	1831	1,388	1880	1,440
1734	860	1781	925	1832	1,387	1881	1,420
1735	840	1782	940	1833	1,363	1882	1,470
1736	820	1783	955	1834	1,356	1883	1,630
1737	800	1784	970	1835	1,420	1884	1,720
1638	755	1785	985	1836	1,487	1885	1,720
1639	830	1786	1,000	1837	1,559	1886	1,720

续 表

年 份	比 价	年 份	比 价	年 份	比 价	年 份	比 价
1640	830	1787	1,020	1838	1,637	1887	1,720
1641	830	1788	1,040	1839	1,679	1988	1,690
1642	815	1789	1,060	1840	1,644	1889	1,460
1643	800	1790	1,080	1841	1,547	1890	1,530
1644	825	1791	1,100	1842	1,572	1891	1,530
1645	850	1792	1,120	1843	1,656	1892	1,530
1646	825	1793	1,140	1844	1,724	1893	1,470
1647	850	1794	1,150	1845	2,025	1894	1,360
1648	775	1795	1,150	1846	2,208	1895	1,250
1649	790	1798	1,090	1847	2,167	1896	1,200
1650	805	1799	1,033	1848	2,299	1897	1,200
1651	820	1800	1,070	1849	2,355	1898	1,200
1652	840	1801	1,040	1850	2,230	1899	1,200
1653	850	1802	997	1853	2,220	1900	1,220
1654	850	1803	967	1854	2,270	1901	1,240
1655	850	1804	920	1855	2,100	1902	1,250
1656	850	1805	936	1856	1,810	1903	1,280
1657	850	1806	963	1857	1,720	1904	1,300
1658	850	1807	970	1858	1,420	1905	1,340
1659	850	1808	1,040	1859	1,610	1906	1,350
1660	850	1809	1,065	1860	1,530	1907	1,370
1661	825	1810	1,133	1861	1,420	1908	1,400
1662	800	1811	1,085	1862	1,210	1909	1,520
1663	850	1812	1,094	1863	1,130	1910	1,660
1664	870	1813	1,090	1864	1,190	1911	1,730

国际收支中的白银和鸦片

自 1808 至 1856 年间外流到印度的白银,是用以抵付中国的国际贸易收支逆差。[①] 19 世纪上半叶,中国的国际贸易是"以货易货"进行的。

白银既是一种商品,也是一种货币,它既可以用于与其他商品交换,也可以发挥抵付中国国际贸易逆差的功能。如 1814 年吏部尚书英和(1771—1839)所言:"天下大计……以货易货固多,而以银易货者亦不少。"[②]王庆云亦指出:"顾昔以洋钱易货而来,今以货易银而去。"[③]白银如此用于中国的国际贸易使白银对中国的国内经济有所冲击。

由表 2.1 可见,1814—1856 年间,与印度的贸易赤字极大地影响了中国的国际收支。其中,除了有两年棉花出口居主导地位外,鸦片是印度对中国的主要出口商品。如图 2.1 和表 2.7 所示,鸦片从印度进口到中国的数量持续增长。鸦片年均进口量,在 1801—1810 年间为 4,000 担,1811—1820 年间为 4,600 担,1821—1830 年间为 1.04 万担,1831—1840 年间为 2.6 万担,1841—1850 年间为 4.05 万担,1851—1860 年间为 6.8 万担。

[①] 一个国家的国际收支通常包括该国在外国的开支,如投资、借债的资本账及该国进出口的商品账。在 1895 年签署中国允许外国投资和举借外债的马关条约前,除 1870 年代开展的海外侨汇外,中国的资本账微不足道(见 Remer, *The Foreign Trade of China*, p. 206)。鸦片战争赔款的 2,700 万元属于资本账。除了部分用于在中国的支出外,尚有 1,280 万银元流向印度和伦敦(见余捷琼《中国银货输出入的一个估计》,第 23 页)。在 1839—1843 年白银流入印度的记录中,就包含有 2,679,282 两白银的战争赔款(见严中平《中国近代经济史统计资料选辑》第 34 页)。在这之前的研究,没有针对因套汇而流动的白银数量进行单独估计。且 18 世纪后期到 19 世纪早期,中、西方的金银比价基本一致,套汇项目也就显得较不重要。就马士所提供有关 1818 至 1833 年贸易资料加以统计,金银(treasure)出口值占中国对英出口值的 21.15%,金银进口值占英国对中国进口值的 13.68%(*The International Relations of the Chinese Empire*),pp. 90—91)。每年金银进出口值与该年商品进出口差额并无对应关系。这些进出口金银哪些用于套利,哪些用于支付商品贸易差额,又有哪些商品贸易差额由中国和别的国家的贸易差额抵补并不清楚。但就本书所用贸易收支统计而言,都已包括金银进出口值。

[②]《皇朝经世文编》,卷 26,户政 1,理财,上,页 12a(英和,《开源节流疏》)。
[③] 王庆云,《石渠余纪》,卷 5,页 19a。

图 2.1 鸦片进口到中国的数量(1800—1911)

资料来源:1795—1839 年间的数据,参考 Morse, *International Relations*, vol. 1, pp. 209—210;1840—1860 年间的数据,参考于恩德《中国禁烟法令变迁史》,第 330 页;1861—1866 年间的数据,参考 *British Parliamentary Papers*, vol. 9, p. 217, Report from Hankou;而 1867—1916 年间的数据,则参考 Liang-lin Hsiao, *Foreign Trade Statistics*, pp. 52—53,马士采用的单位是箱(chest),而这个单位已经被换算成担。一箱约 140 磅重,不过这有时依季节与类型而有所减少,见 Hsin-pao Chang, *Commissioner Lin*, p. 19。一担则是 133.3 磅。而 Richards, "The Opium Industry", pp. 62—64。曾以卢比(rupees)表示 1839—1935 年间的印度鸦片出口;不过,这并不必然与出口到中国的量一致,但他的数据也有参考价值。

表 2.7 鸦片每年进口到中国的数量(1799—1916)

单位:1799—1860:箱;1861—1916:担

年 份	数 量	年 份	数 量	年 份	数 量	年 份	数 量
1799	4,113						
1800	—						
1801	4,570	1831	18,956	1861	60,000	1891	77,000
1802	3,947	1832	16,550	1862	75,000	1892	71,000
1803	3,292	1833	21,985	1863	2,000	1893	68,000
1804	2,840	1834	20,486	1864	75,000	1894	63,000
1805	3,159	1835	21,885	1865	77,000	1895	62,000
1806	3,938	1836	30,202	1866	61,000	1896	49,000
1807	4,306	1837	34,776	1867	61,000	1897	49,000
1808	4,358	1838	34,373	1868	54,000	1898	50,000
1809	4,208	1839	40,200	1869	56,000	1899	59,000

续 表

年 份	数 量	年 份	数 量	年 份	数 量	年 份	数 量
1810	4,593	1840	20,619	1870	58,000	1900	49,000
1801—1810 平均	3,921	1831—1840 平均	26,003	1861—1870 平均	63,900	1891—1900 平均	59,700
1811	4,968	1841	34,631	1871	60,000	1901	49,000
1812	5,091	1842	33,688	1872	61,000	1902	51,000
1813	5,066	1843	42,699	1873	65,000	1903	58,000
1814	4,769	1844	28,667	1874	70,000	1904	55,000
1815	3,673	1845	39,010	1875	63,000	1905	52,000
1816	4,321	1846	34,072	1876	70,000	1906	54,000
1817	5,106	1847	40,070	1877	70,000	1907	54,000
1818	4,140	1848	45,998	1878	72,000	1908	48,000
1819	4,359	1849	53,075	1879	83,000	1909	49,000
1820	4,186	1850	52,925	1880	72,000	1910	35,000
1811—1820 平均	4,568	1841—1850 平均	40,484	1871—1880 平均	68,600	1901—1910 平均	50,500
1821	4,244	1851	55,561	1881	79,000	1911	28,000
1822	5,959	1852	59,600	1882	66,000	1912	22,000
1823	7,773	1853	65,574	1883	67,000	1913	18,000
1824	9,035	1854	74,523	1884	67,000	1914	7,000
1825	12,434	1855	78,354	1885	67,000	1915	4,000
1826	9,373	1856	70,606	1886	68,000	1916	1,000
1827	12,231	1857	72,385	1887	74,000	1911—1916 平均	8,000
1828	12,434	1858	74,966	1888	82,000		
1829	13,868	1859	75,822	1889	76,000		

续 表

年 份	数 量	年 份	数 量	年 份	数 量	年 份	数 量
1830	16,257	1860	58,681	1890	77,000		
1821—1830平均	10,361	1851—1860平均	68,607	1881—1890平均	72,300		

资料来源：同图2.1。

  鸦片系昂贵商品，19世纪初其单价与生丝接近，且约等于同重量之白银价格的五分之一。① 除了1820年因前一年(1819年)道光皇帝颁布鸦片进口禁令和鸦片战争期间有所下滑外，鸦片进口总值从1810年代至1850年代快速增长。② 其年均在1814—1823年为310万银元，1824—1833年增长至580万银元，1834—1843年为910万银元，1844—1856年更达2,070万银元（见表2.1）。与此同时，中国年均白银流入值在1814—1823年仍有258万银元，之后则转为外流，年均外流值，1824—1833年为84.8万银元，1834—1843年为925万银元，1844—1856年更达1,814万银元（见表2.5）。在19世纪上半叶，无论是鸦片进口数量和价值的变化与白银外流都在1820年代到1850年代早期呈现增长趋势。

  马士和金恩(Frank H. H. King)都认为鸦片进口主要是沿海地区的现象。③ 张馨保提供的一份地图也显示鸦片主要在长江以南流通。④

---

① 关于丝的价格，见林满红《清末社会流行吸食鸦片研究》第8页。Hsin-pao Chang, *Commissioner Lin* 中曾提及1833年前后纽约丝的价格为每盎司1.30银元。一箱鸦片重约140磅，等同于2,912银元。据 *British Parliamentary Papers*(1850年，页120)的记载，1847年公班土(Patna)鸦片每箱价格在500—630银元之间，白皮土(Malwa)鸦片每箱价格在485—1,100银元之间。以每箱600银元为一均值，则鸦片的价格是等量白银的20.6%。
② 关于1820年代的禁烟，参见于恩德《中国禁烟法令变迁史》，第48页。
③ King, *Money and Monetary Policy*, pp. 142—43; Morse, *The International Relations*, vol. 1, p. 204.
④ Chang Hsin-pao, *Commissioner Lin*, p. 25.

然而,作者根据现存台北故宫博物院的官方报告,重建了19世纪前期鸦片进口的流通状况,发现鸦片市场事实上已经延伸至内陆地区(见地图2.1)。

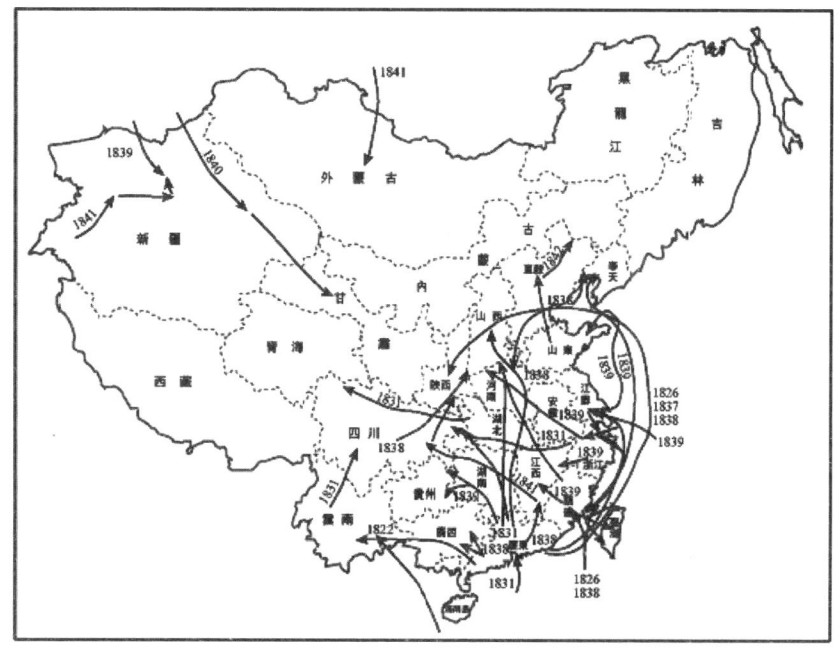

地图 2.1　1840 年代鸦片进口到中国的贸易路线

资料来源:林满红,《清末社会流行吸食鸦片研究》,页 70—79。

　　沿海省份可经由海上贸易或由口岸延伸到内地的贸易路线取得鸦片。① 至于内陆省份,小商贩可以从广东和福建通过陆路挑担运送鸦片。运送到北方沿海省份的鸦片也以手推车运送方式输入内地。资料显示,山西在 1821 年就已有鸦片输入,云南在 1822 年,北方五省(直隶、山东、河南、山西、陕西)与湖北、湖南和广西在 1838 年,奉天和贵州在 1839 年,西藏和新疆在 1840 年,蒙古在 1842 年都已有鸦片输入的记载。② 我们从一份 1829 年的官方报告就可以看到鸦片已遍及全国各省:

---

① 关于鸦片流通之细节,见林满红《银与鸦片的流通》。
② 详见林满红《清末社会流行吸食鸦片研究》,第 70—79 页。

> 鸦片流行内地……皆由番舶装载鸦片,驶到澳门、厦门等处附近关津停泊。或勾通书差,暗中抽税,包庇进关;或巡哨兵役,游奕往来,私为奸夷夹带,代为发贩;或得规容隐,任听奸夷分销各省商船,载往各处售卖。行销之路既多,来者日众。……南北各省情形如出一辙。①

鸦片贸易所带来的利益,创造了一个广大的流通网。光是在广东北部一个交通要道,每天就聚集了数千名鸦片商贩。由于鸦片贸易利润很高,运输成本所占比例相对较小。烟商有足够的利润去贿赂政府关津胥吏,而小贩也有能力向占据山间隘口的土匪缴纳被勒索的费用。由此,鸦片贸易事实上扩大了中国的区间贸易网络。②1838年,河东河道总督就注意到,"从前北五省(山西、陕西、河南和内蒙南部)卖广货者尚少。近来各府州县多有外来奸民,借卖广货为名,开张铺面,私售烟土"③。同年,河南巡抚也指出,"今粤省广货挑担,不下数千人,分出各省。名为零卖呢羽,而实则皆系兴贩鸦片之徒"④。

由于广东与其他省份区间贸易网络扩展,广东从中国的其他省份吸纳白银。福建巡抚1846年写道:"西北之富商大贾,贸迁百货于东南,亦辗转推移,如水趋壑。"⑤当林则徐经过江苏苏州和湖北汉口繁荣的市镇时,向商人询问市场状况,商人回答说:"凡二三十年以前,某货约有万金交易者,今只剩得半之数。"林则徐追问道:"其一半售于何货?"答曰:"一言以蔽之,曰:鸦片烟而已矣。"⑥由是可见,鸦片吸纳白银遍及长江中游的汉口及下游的苏州。

上引林则徐的观察,显示出白银外流和增长的鸦片消费同时存在。

---

① 《清宣宗实录》,道光9年12月16日。
② 详见林满红《清末社会流行吸食鸦片研究》第148—150页。
③ 《筹办夷务始末》,卷4,页24a,道光18年6月。
④ 《筹办夷务始末》,卷3,页17b—18a。
⑤ 《中国近代货币史资料》,页158。
⑥ 林则徐,《林文忠公政书》,乙集,《湖广奏稿》,卷5,页11a—11b。

不过这里却引发一个问题：为什么在白银不断外流时，却又有更多的鸦片消费？事实上，不管是作为药品还是毒品，鸦片的价格都是非常高的。虽然古代中国也存在着奢侈品消费可以创造就业的观念，但这通常被认为是异端邪说。① 有证据表明，鸦片消费确实创造了不少就业。当时的文人蒋湘南(1796—1854)就认为严禁鸦片几乎是不可能的，因为这样将会影响到太多人的经济利益，包括那些因鸦片贸易而获得各种非法收入的官员。穷人借贷、富人变卖家财以从事鸦片贸易，而英美商人也决不会放弃他们因之获得的巨额利润。蒋认为，禁烟将会引起战争或其他灾祸。② 现代学者往往引用林则徐的道德述说，而不用经济原因解释鸦片战争。但是，当我们认真阅读林以及其他人当时的著述，发现林则徐早在1833年就成为第一位提出生产土产鸦片以阻止白银外流的官员。事实上，朝廷主要也由经济考虑而非鸦片对健康的冲击讨论本土鸦片问题。③

表2.8 鸦片每年进口到中国的数值(1868—1906)

单位：百万银元

年　份	价　值	年　份	价　值	年　份	价　值
1868—1869	38.93	1880—1884	42.98	1895—1899	46.43
1870—1874	41.01	1885—1889	43.54	1900—1904	55.55
1875—1879	44.21	1890—1894	46.12	1905—1906	51.10

资料来源：计算自 Liang-lin Hsiao, pp. 52—53。

截止到这里的证据似乎更加证实了鸦片进口是造成中国白银外流的主要因素的传统看法。不过，当我们重新审视表2.7就可以注意到，1852年以前中国年均进口鸦片量不超过6万担，在1853到1895年的43年里，

---

① Lien-sheng Yang, "Economic Justification for Spending".
② 蒋湘南，《七经楼文钞》，卷4，页33a—35b。
③ "史馆档"，传包，号1828，林则徐，道光12年闰8月；亦可参考林则徐《林文忠公政书》，甲集，《江苏奏稿》，卷1，页19a。相关讨论参考 Man-houng Lin, "Late Qing Perceptions of Native Opium"。

除 4 年外,年均输入鸦片量却都在 6 万担以上。其中有 22 年达到 7 万担以上,1879 到 1888 年甚至超过了 8 万担。表 2.8 显示,1868 到 1906 年,每年鸦片进口额都在 3,893 到 5,555 万银元间,39 年中年均 4,562 万银元。这数值约是 1814—1856 年间年均 1,040 万银元的 4.4 倍(见表 2.1)。然而,在 1808—1856 年间白银外流 3.68 亿银元后,在 1857—1886 年间,尽管鸦片进口远远高于前一时期,却流入白银 6.91 亿银元(见表 2.9)。

表 2.9 清朝白银流入与外流估计总值

单位:百万银元

年 份	白银流入中国	中国白银外流
1721—1740	68	
1752—1800	105	
1808—1856		368
1857—1866	187	
1868—1886	504	

资料来源:1721—1740 与 1752—1800 年间的数据,参考余捷琼《中国银货输出入》第 36、83 页;1808—1856 年间的资料,见表 2.5;1857—1866 年间的数据,计算方式为以 1850—1866 年间的 2.2 亿流入的银元(见余捷琼《中国银货输出入》,第 25—27 页)扣掉 1850—1856 年间的 3,300 万银元的估计值,因为余的 1850—1856 年间的数据并未包含中印及中美贸易;而 1868—1886 年间的数据,则是计算自 Liang-lin Hsiao, *China's Foreign Trade Statistics*, pp. 268—269。

清代文人和现代学者都认为整个晚清时期中国白银持续外流。直到郑友揆在詹米森(G. Jamieson)和雷默(C. F. Remer)洞察的基础上,才提出在 1857 年到 1886 年间有大量白银流入中国的看法。[①] 这里必须提到的是,在计算国际贸易收支时,进口应使用到岸价格(FOB, free on board),而出口应使用离岸价格(CIF, cargo, insu-rance, and freight included)。然而,1887 年以前,中国海关使用市场价格计算中国贸易收

[①] Remer, *The Foreign Trade of China*, p. 206; Yu-kwei Cheng, *Foreign Trade*, pp. 12—13;郑友揆,《我国海关贸易统计》。

支。比如说重庆进口的商品,它的市场价格包括从上海到重庆的保险费用和运输费用,这应使得计入中国的收入算入中国支出的进口值;相反地,重庆出口商品的市场价格,并不包括从重庆到上海的保险费用和运输费用,这原应算入中国的出口值。因此,海关原来使用市价的估算,高估了中国的进口额而低估了中国收入的出口额。在经过适当调整后,中国在1856—1886年间的贸易收支明显地由赤字转为盈余。

19世纪晚期鸦片进口的趋势与白银流动的趋势并不相符,这就促使作者追问:鸦片进口是否是造成1814—1856年间白银外流的根本经济原因? 就总值来看,1834至1850年间,鸦片约占大英帝国对中国出口总值的46.9%—69.4%。① 在1850年代,比重稳定地增加至71.1%,1860年之后鸦片仍是进口大宗。在不能只凭鸦片解释在1856年前后从白银外流到白银流入的转变的情况下,要解释上述1856年前后贸易收支的变化,我们必须讨论两项主要出口商品——茶、丝的出口变化。

中国茶叶与生丝的出口(1850—1886)

在英国东印度公司从中国出口的总值中,茶叶出口值所占比例,1780年代至1830年代,约是90%(见表1.4),这在1830年代后期、1840年代初期和1860年代后期也是一样。此一比重,由1840年代后期到1850年代早期,在37.6%—72.2%间波动。② 1872至1887年间,由于丝出口的增加,茶叶所占比重从53%落至35%。③ 而从1872到1895年,丝出口值占总出口值的30%—40%。④

在图2.2—图2.5和表2.10—表2.12中可以看到中国茶叶、生丝出口量的波动。1857—1886年的数据显示中国茶叶、生丝的总出口数值,

---

①② 陈慈玉,《以中印英三角贸易》,页144—45。
③ 林满红,《茶、糖、樟脑业与台湾之社会经济变迁,1860—1895》,页4。
④ Inspector General of the Customs, *Decennial Reports*, *1882—1931*, Fifth issue, Synopsis of External Trade, 1882—1931, pp. 120,190。

然而,1825—1856年间的数值只显示了占中国出口主体的出口到大英帝国的数值。表2.14与图2.6也指出了中国在1857—1886年间鸦片的总进口数值与中国在1825—1856年间从大英帝国进口的鸦片数值。就此基础论,中国对英帝国年均茶叶出口量1857—1886年间是1825—1856年间的4.5倍(见表2.10),而年均生丝出口量则是6倍(见表2.10)。

图 2.2　中国茶叶出口量(1825—1886)

资料来源:1825—1858年间的资料,引用自 John A. Messenger, *India and China*, p. 7;1859—1886年间的数据,参考陈慈玉《近代中国茶业的发展》第324页。

图 2.3　中国生丝出口量(1825—1886)

资料来源:1825—1858年间的资料,引自 Messenger, *India and China*, p. 7;1859—1866年间的数据,参考 Eng, *Economic Imperialism in China*, p. 31;而1867—1886年间的数据,则参考 Liang-lin Hsiao, *China's Foreign Trade Statistics*, p. 102。

表 2.10 中国茶叶出口量(1825—1886)

单位:磅

年　份	数　量	年　份	数　量
1825	29,245,699	1857	60,295,610
1826	29,840,401	1858	73,359,599
1827	39,746,147	1859	110,906,000
1828	32,678,546	1860	101,708,000
1829	30,544,382	1861	133,300,000
1830	31,897,546	1862	173,290,000
1831	31,648,922	1863	170,757,000
1832	31,708,956	1864	156,628,000
1833	32,057,747	1865	161,293,000
1834	32,029,052	1866	158,912,000
1835	42,052,047	1867	177,406,000
1836	48,520,508	1868	196,645,000
1837	36,502,345	1869	203,702,000
1838	38,998,572	1870	184,087,000
1839	37,191,762	1871	223,896,000
1840	22,576,405	1872	236,563,000
1841	27,639,817	1873	245,648,000
1842	37,409,544	1874	231,326,000
1843	42,779,265	1875	242,391,000
1844	51,754,485	1876	234,993,000
1845	50,714,657	1877	254,563,000
1846	54,534,248	1878	253,131,000
1847	55,355,590	1879	264,929,000
1848	47,346,817	1880	279,546,000
1849	53,102,129	1881	284,925,000
1850	49,368,001	1882	268,886,000
1851	69,487,979	1883	264,910,000

续 表

年 份	数 量	年 份	数 量
1852	65,295,202	1884	268,762,000
1853	68,639,727	1885	283,763,000
1854	83,301,550	1886	295,565,000
1855	81,560,207		
1856	84,795,802		
1825—1856年间平均量(A)	45,947,626	1857—1886年间平均量(B)	206,536,206
			B/A=5

资料来源:1825—1856 年间的资料,参见 John A. Messenger, *India and China*, p. 7;1857—1886 年间的数据,参考陈慈玉《近代中国茶业的发展》第 324 页。

表 2.11 中国生丝出口量(1825—1886)

单位:磅

年 份	数 量	年 份	数 量
1825	123,107	1857	7,187,090
1826	169,591	1858	2,521,080
1827	128,431	1859	6,984,920
1828	212,895	1860	8,371,240
1829	120,978	1861	6,851,620
1830	19,200	1862	8,184,620
1831	8,419	1863	4,025,660
1832	28,111	1864	3,172,540
1833	22,186	1865	5,451,970
1834	582,857	1866	4,118,970
1835	737,802	1867	5,332,000
1836	1,281,839	1868	6,798,300
1837	1,807,690	1869	5,865,200
1838	721,517	1870	6,131,800

续 表

年 份	数 量	年 份	数 量
1839	360,882	1871	7,464,800
1840	247,762	1872	8,397,900
1841	277,097	1873	7,198,200
1842	180,148	1874	9,064,400
1843	275,308	1875	9,864,200
1844	353,016	1876	10,130,800
1845	1,175,866	1877	7,464,800
1846	1,836,872	1878	8,397,900
1847	2,021,765	1879	10,130,800
1848	2,241,011	1880	10,397,400
1849	1,861,537	1881	7,998,000
1850	1,812,370	1882	7,998,000
1851	2,099,134	1883	7,864,700
1852	2,470,029	1884	8,131,300
1853	2,996,411	1885	6,665,000
1854	4,952,889	1886	7,598,100
1855	5,048,997		
1856	4,195,849		
1825—1856年间平均量(A)	1,261,611	1857—1886年间平均量(B)	7,192,110
			B/A=6

资料来源:1825—1858年间的资料,引自 Messenger, *India and China*, p. 7;1859—1866年间的数据,参考 Eng, *Economic Imperialism in China*, p. 31;1867—1886年间的数据,参考 Liang-lin Hsiao, *China's Foreign Trade Statistics*, p. 102。

中国对大英帝国年均茶叶出口值,1867—1886年间是1825—1856年间的2.5倍(见表2.12和图2.4),而生丝出口值则是12倍(见表2.13和图2.5)。与之相对的是年均鸦片进口值,1867—1886年间为1825—

1886 年间的 3.5 倍(见表 2.14 和图 2.6)。的确,1857—1886 年的茶叶、生丝出口快速增长,不仅抵消了鸦片和其他进口品的增长,而且也使白银在 1856 年前后回流中国。19 世纪中国士人冯桂芬、《北华捷报》、英国蓝皮书以及其他西方观察者都注意到 1853—1856 年后的白银回流。① 一位海关税务司将中国茶叶、生丝的大量出口与白银回流联系在一起:"由于其他国家对中国茶叶和生丝需求的增加,导致 1838 年使中国政府禁烟的白银外流现象,有了极其有趣的转折。"② 不仅如此,白银外流问题和银贵钱贱危机也同时结束。当咸丰中期,白银回流中国时,银钱比价亦从 1855 年的 2,100 文降至 1864 年的 1,190 文(见图 I.1 和表 2.6)。冯桂芬对此表示惊奇地说:

> 迨咸丰五六年,泰西诸国大水,桑尽仆。中华丝市骤盛,一年中买丝至六七千万两。各货及雅(鸦)片不足抵,则运银偿之。银遂骤贱,以迄于今,是为中外通市一大转关。③

这表明 1814—1856 年间的白银外流和银贵钱贱危机是高度相关的。表 2.3 显示中国对英(不包括印度)的贸易收支在 1852 年起由赤字转为盈余。就如同白银外流和银贵钱贱危机发生之初,白银回流和银贵钱贱危机的缓和,也并非在各区域间同步发生,而是不同时间在不同地区发生。

太平天国运动主要发生在浙江、江苏、广东等出口丝的主要产区,并严重冲击到福建、江西、安徽、湖南以及湖北等茶叶产地。1850 年代茶叶、生丝出口大增引发了一个问题:为何这些经济作物的贸易没有被太平天国运动所摧毁呢? 原因如下:① 只有部分茶叶、生丝产区被破坏;② 由于国内战争,一些原本卖到国内市场的丝转卖到国外市场;③ 生产

---

① 严中平,《中国近代经济史》,第 1 册,页 363—64。
② Banister, "A History of the External Trade of China", p. 22.
③ 冯桂芬,《显志堂稿》,卷 11,页 30。

这些经济作物,是让那些因战争大幅减少人口的区域的人民重回土地后的求生基础;④ 尽管一些城市在太平天国运动中惨遭破坏,但乡村地区仍在种植经济作物;⑤ 以闽北为例,不再将茶叶转运到被战争威胁的上海或广州,转由福州直接出口,并利用新的快速帆船与国际市场联系;⑥ 清朝与太平天国的领导们都鼓励生产这些作物出口,以获得致胜所需的军援。①

表 2.12　中国茶出口值(1825—1886)

单位:银元

年　份	价　值	年　份	价　值
1825	11,738,280	1857	
1826	11,936,160	1858	
1827	15,898,456	1859	
1828	13,071,420	1860	
1829	12,217,752	1861	
1830	12,759,020	1862	
1831	12,659,568	1863	
1832	12,683,584	1864	
1833	12,823,100	1865	
1834	12,811,620	1866	
1835	16,820,820	1867	38,053,800
1836	19,408,204	1868	42,354,500
1837	14,600,936	1869	40,562,300
1838	15,599,428	1870	32,208,850
1839	14,876,704	1871	44,201,800

① Gardella, *Harvesting Mountains*, pp.50—52;严中平,《中国近代经济史》,第1册,页362—63;Lillian Li, *China's Silk Trade*, pp.102—9;郭毅生,《太平天国经济史》,页413,421—423。

续表

年　份	价　值	年　份	价　值
1840	9,030,560	1872	48,640,250
1841	11,055,928	1873	47,127,900
1842	14,963,816	1874	45,231,300
1843	17,111,708	1875	48,039,022
1844	20,701,796	1876	48,717,448
1845	20,285,864	1877	43,850,549
1846	21,813,700	1878	43,826,320
1847	22,142,236	1879	44,454,671
1848	18,938,728	1880	47,326,675
1849	21,240,852	1881	42,322,475
1850	19,747,200	1882	41,800,733
1851	27,795,192	1883	43,176,969
1852	26,118,080	1884	37,387,734
1853	27,455,892	1885	42,850,678
1854	21,519,568	1886	44,734,118
1855	20,475,008		
1856	20,492,320		
1825—1856年间总额	550,793,500	1867—1886年间总额	866,868,092
1825—1856年间平均（A）	17,212,297	1867—1886年间平均（B）	43,343,405
			B/A＝3

资料来源：1825—1856年间的数据，参考John A. Messenger, *India and China*, pp.7—8；1867—1886年间的资料，参见Liang-lin Hsiao, *China's Foreign Trade Statistics*, p.117。原始数据的单位都已换算成银元。

茶叶、生丝出口的增长还有其他一些原因。1847年后，由于缺少白银，一种以茶、丝换取鸦片的"以货易货"贸易模式发展起来，促进茶叶、

93

图 2.4　中国茶叶出口值(1825—1886)

资料来源:1825—1856 年间的资料,引自 John A. Messenger, *India and China*, pp. 7—8;1867—1886 年间数据,参考 Liang-lin Hsiao, *China's Foreign Trade Statistics*, p. 117。原始数据中的单位都已换算成银元。

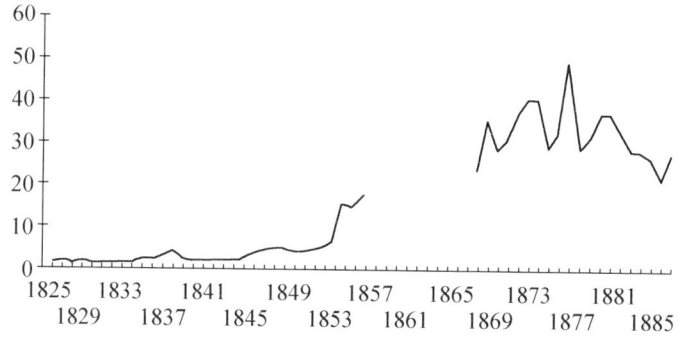

图 2.5　中国生丝出口值(1825—1886)

资料来源:1825—1856 年间的资料,引自 John A. Messenger, *India and China*, pp. 7—8;1867—1886 年间的数据,参考 Liang-lin Hsiao, *China's Foreign Trade Statistics*, p. 102。原始数据中的单位都已换算成银元。

生丝出口的增加。① 1870 年以前,日本现代丝工业尚未发展,中国在世界丝市场中扮演着关键角色。② 在 1871 年日本、印度和锡兰这些国家茶

---

① 严中平,《中国近代经济史》,第 1 册,页 357。
② Shi, "Production and Trade", p. 379.

叶出口崛起以前,中国提供了全球85%的茶叶。① 1873年,中国为了提高生丝的生产,又引进了蒸汽缫丝技术。②

图 2.6　中国每年鸦片进口值(1825—1886)

资料来源:1825—1856 年间的数据,参考 John A. Messenger, *India and China*, p. 11;1867—1886 年间的数据,参考 Liang-lin Hsiao, *China's Foreign Trade Statistics*, p. 52。原始数据中的单位都已换算成银元。

然而,如果没有一个兴旺的国外市场,茶叶、生丝出口也不会大量增长。中国海关报告和英国国会文书进一步举例说明,一个有利的世界市场是19世纪中后期中国茶、丝出口贸易快速扩张的重要因素。一个记载指出:"即使在当下的1843至1858年期间,中国爆发了极其可怕并且有高度破坏性的内战,但对外贸易仍有明显的发展。"③1863、1864年间,当太平天国运动在主要丝产区的江浙所造成的混乱和破坏达到顶点时,丝出口下跌了三分之二。但是,从1865—1873年,这些区域就已恢复了生丝生产的能力。④ 在1860、1870年代,英国领事屡次提及,由于市场非常活跃,即使生产技术没有改进,台湾茶叶也有很好的销路。⑤ 中国主要茶叶产区福建也有类似的情况。⑥

---

① 林满红,《茶、糖、樟脑业与台湾之社会经济变迁,1860—1895》,页20。
② 施敏雄,《清代丝织工业的发展》,页38。
③ Banister, "A History of the External Trade," p. 23.
④ Shi, "Production and Trade", p. 381.
⑤ 林满红,《茶、糖、樟脑业与台湾之社会经济变迁,1860—1895》,页82注65。
⑥ 陈慈玉,《近代中国茶叶的发展与世界市场》,页245。

这些发展提示我们,不能仅仅考虑19世纪前期鸦片进口对中国白银的吸纳,也应注意到何以1814—1856年间中国的茶叶、生丝出口不能如1857—1886年间迅速增长到可以抵消鸦片的增长。

与18、19世纪晚期相比,其实19世纪初期中国的茶叶、生丝出口相对不景气。很明显,19世纪初通过英国东印度公司出口的茶叶价格低于18世纪晚期。① 在英国市场上,每磅茶叶平均价格从1801年的36便士跌至1836年的19便士,又在1847年跌到13便士。② 而通过东印度公司出口的茶叶额,若以银锭计算,在1760—1799年的40年间增长了400%,但在1817到1833年间仅增长了20%。③ 从人均消费量来看,1850—1884年间,英国人均茶叶消费量(2.04—4.71磅)是1835—1849年间(1.43—1.69磅)的2.5倍。④ 如果1820年代到1850年代初茶、丝出口和1850年代后期到1880年代一样有利,出售茶、丝带回的白银将可以抵消用于购买鸦片和其他商品流出的白银。然而,19世纪前期茶、丝出口增长的缓慢,与鸦片以及其他进口商品的快速增长无法相比。

表2.13 中国生丝出口值(1825—1886)

单位:银元

年 份	价 值	年 份	价 值
1825	180,556	1857	
1826	248,732	1858	
1827	189,024	1859	
1828	312,244	1860	
1829	177,536	1861	
1830	28,180	1862	

---

① 陈慈玉,《近代中国茶叶的发展与世界市场》,页10、19。
② Wong, *Deadly Dreams*, pp. 344—45.
③ 据严中平《中国近代经济史统计资料选辑》第14页算出。
④ Gardella, *Harvesting Mountains*, p. 61.

续 表

年　份	价　值	年　份	价　值
1831	12,928	1863	
1832	41,280	1864	
1833	32,604	1865	
1834	855,092	1866	
1835	1,086,156	1867	22,998,450
1836	1,896,352	1868	35,410,450
1837	2,813,932	1869	27,666,000
1838	1,116,416	1870	30,844,400
1839	518,924	1871	36,502,300
1840	363,480	1872	40,192,550
1841	406,456	1873	40,278,100
1842	264,524	1874	28,211,200
1843	440,776	1875	31,480,582
1844	563,152	1876	49,334,493
1845	1,746,032	1877	27,876,847
1846	2,712,224	1878	31,367,511
1847	2,992,988	1879	36,499,319
1848	3,447,820	1880	36,512,241
1849	2,783,796	1881	31,684,110
1850	2,800,404	1882	27,443,947
1851	3,367,924	1883	27,393,873
1852	3,780,812	1884	25,597,659
1853	4,845,740	1885	20,750,144
1854	14,331,344	1886	26,901,206
1855	13,730,956		
1856	16,424,832		

续 表

年　份	价　值	年　份	价　值
1825—1856 年间总额	84,513,216	1867—1886 年间总额	634,945,382
1825—1856 年间平均(A)	2,641,038	1867—1886 年间平均(B)	31,747,269
			B/A＝12

资料来源:1825—1856 年间的资料,见 John A. Messenger, *India and China*, pp. 7—8;1867—1886 年间的资料,见 Liang-lin Hsiao, *China's Foreign Trade Statistics*, p. 102。原始数据中的单位都已换算成银元。

表 2.14　中国鸦片进口值(1825—1886)

单位:银元

年　份	价　值	年　份	价　值
1825	4,785,132	1857	
1826	5,549,520	1858	
1827	7,172,476	1859	
1828	5,051,772	1860	
1829	5,570,468	1861	
1830	5,918,064	1862	
1831	9,305,396	1863	
1832	7,216,044	1864	
1833	9,088,320	1865	
1834	7,638,212	1866	
1835	11,464,100	1867	49,272,300
1836	15,737,836	1868	40,237,120
1837	11,617,136	1869	42,460,880
1838	11,164,528	1870	41,398,280
1839	765,688	1871	45,063,480
1840	5,071,548	1872	42,585,620

续 表

年 份	价 值	年 份	价 值
1841	7,357,604	1873	44,701,580
1842	11,281,408	1874	43,990,100
1843	16,918,168	1875	43,498,024
1844	16,534,364	1876	48,068,276
1845	22,166,940	1877	51,909,414
1846	17,085,280	1878	55,349,112
1847	14,031,216	1879	62,681,416
1848	21,382,876	1880	55,489,788
1849	22,174,352	1881	64,491,332
1850	20,296,312	1882	45,884,368
1851	24,329,228	1883	43,482,584
1852	25,883,664	1884	44,861,894
1853	23,209,876	1885	43,642,131
1854	22,739,912	1886	42,870,129
1855	22,370,128		
1856	26,022,344		
1825—1856年间总额	436,899,912	1867—1886年间总额	951,937,827
1825—1856年间平均(A)	13,653,122	1867—1886年间平均(B)	47,596,891
			B/A＝3

资料来源：1825—1856年间的数据，参考 John A. Messenger, *India and China*, p.11；1867—1886年间的资料，见 Liang-lin Hsiao, *China's Foreign Trade Statistics*, p.52。原始数据中的单位都已换算成银元。

福建作为一个重要的茶叶出口省份，特别是闽北的情况，可以清楚地证明茶叶出口的不景气与白银短缺的关系。由于福建是个多山的省份,加上铜钱笨重不便携带,商人至该省贩运货物皆是易银而归。① 1846年,福建巡抚就注意到茶叶市场所受的冲击与白银外流:"(闽省)本非产银之地。惟茶木客商贸易,兼用纹银,负载而来。然往返推迁,存留于本地者甚少。"② 在18世纪,其他省份尚未使用白银时,福建就已普遍使用白银。然而在道光年间,闽北土地买卖用银的比例显著下降。③

世界白银减产及其与中国的联系

经济史学家佛林和吉拉得指责其他学者过分强调西方国家对中国茶叶、生丝的依赖,而低估了中国对外来白银的依赖——与其他地方相比,中国白银对黄金价格更高。④ 不过据清代文人郑光祖的观察,中国银—金兑换率在嘉道年间与西方国家趋于一致,都是16∶1。⑤ 1849年的英国领事也注意到,广州的金银比价与英国本土几乎相同。⑥ 因此,因中国白银价值高而向中国出口白银套取利益的空间消失了,与此同时,西方国家自身也开始需要白银。19世纪前期全球白银供应减少是造成这一现象的背后因素。

金与银,作为19世纪世界上支持纸币和直接作为货币使用的主要金属,主要产于拉丁美洲和俄国,特别是拉美。1790—1829年,以银元计的白银产值分别如下:墨西哥,559,272,128;智利,7,291,696;阿根廷,

---

① 《中国近代货币史资料》,页76;亦可见"宫中档",道光22年2月27日,闽浙总督怡良、福建巡抚刘鸿翱。
② "宫中档",道光26年6月28日,福建巡抚郑祖琛、闽浙总督刘韵珂。
③ 杨国桢,《明清土地契约文书研究》,页283。虽然19世纪后期闽北的白银使用有所恢复,但仍不能与18世纪相比。由于台湾地区、日本、印度和锡兰的竞争,因此与18世纪相比,19世纪后期茶叶在中国出口中的重要性已低于丝。经汉口出口到俄国市场的湖北、湖南茶叶的增长,及从闽南的厦门出口到美国市场的台湾茶叶的增长,也是闽北茶叶出口减少、银少进口的一个原因,详见林满红《茶、糖、樟脑业与台湾之社会经济变迁,1860—1895》第20页;陈慈玉《近代中国茶叶》第294—303页;Gardella, *Harvesting Mountains*, pp. 63、65、87、113。
④ Flynn and Giraldez, "Cycles of Silver", p. 395.
⑤ 郑光祖,《一斑录》,杂述6,页47a。
⑥ House of Commons, Parliamentary Papers, 1849, Canton.

124,830,272；俄罗斯，6,011,924，墨西哥占了世界总产值的83.9%。同期，以银元计世界出产的金总值分别为：墨西哥，585,017,940；智利，18,365,648；阿根廷，124,830,272；俄罗斯，20,826,896，墨西哥占了世界总产值的78.1%。① 1796—1815年间，由于拿破仑战争和1810—1830年代的拉丁美洲独立运动，使得拉美的地方政府无力维系银矿开采，也就导致其金银生产衰退和全球供应减少(见表2.15和图2.7)。② 因此，1811—1850年间世界白银供应比1781—1810年下跌了1,000万盎司。而世界黄金供应也发生了相似的变化。根据1833年英国外交部的估计，与1790年代相比，19世纪头10年，世界白银产量减少了6.6%，1810—1819年间减少了49.5%，1820年代减少了56.6%。若以1790—1799年间为基点，世界金银总产量在1800—1809年间减少了4.8%，1810—1819年间则减少了49.7%。③

表2.15 世界金、银产量(1741—1910)

单位：1,000盎司

时　　期	金	银
1741—60	791	17,100
1761—80	665	21,000
1781—1800	572	28,300
1801—10	572	28,700

---

① House of Commons, Parliamentary Papers, vol. 37, 1836, p. 427. 原货币单位为英镑，此处换算为银元。
② Vilar, *A History of Gold and Money*, p. 34; Coatsworth, "The Mexican Mining Industry", pp. 278—79 指出：1808—1812年拿破仑对伊比利半岛的围攻，迫使西班牙政府削减了对墨西哥银矿主购买水银的官方贷款，并取消了采矿业享有的免税和其他特权，导致巨大的争论和白银减产。独立运动及其镇压，只是墨西哥白银减产的部分原因。相比之下，秘鲁在1776年以后的白银产出不仅没有下降，还略有发展。这种发展一直到1812年独立运动驱逐了那些倾向对银矿进行短期投资的商人之前，都保持在较高水平(Fisher, "Silver Production", pp. 297—99)。
③ House of Commons, Parliamentary Papers, vol. 37, 1836, p. 427.

续　表

时　期	金	银
1811—20	368	17,400
1821—30	457	14,800
1831—40	652	19,200
1841—50	1,762	25,000
1851—60	6,313	26,500
1861—70	6,108	39,000
1871—80	5,472	66,800
1881—90	5,200	97,200
1891—1900	10,165	161,400
1901—10	18,279	182,600

资料来源：Vilar, *A History of Gold and Money*, p.331；早阪喜一郎,《银价と银为替》, 页53。

虽然在1810至1830年代的独立运动后，拉丁美洲的白银生产逐渐恢复。不过直到1860年，全球白银供应才恢复到1810年以前的水准（见表2.15和图2.7）。而且要等到19世纪下半叶世界金银供应更为充足时，对中国的白银投机才逐渐恢复。[①]

1848年在加利福尼亚、1851年在澳大利亚发现了金矿，而现存矿山增长了约三分之一的产量，使得世界黄金生产增长了大约4倍，从1841—1850年间的1,762,000盎司增至1851—1860年间的6,313,000盎司。[②] 白银生产在1850年后也快速增长，到1900年已增至1820年代的10倍（见表2.15和图2.7）。此外，随着西方国家逐渐将其货币体系改为金—银复本位制或金本位制，更多的白银便从西方流入东方两个主要用银国家——中国和印度，以购买其产品。[③]

[①] Remer, *The Foreign Trade of China*, pp.212、215、222、223、225。
[②] Vilar, *A History of Gold and Money*, pp.324—327。
[③]《北华捷报》, 上海, 1956年4月19日；巴拉诺夫斯基,《周期性工业危机》, 页99、100。

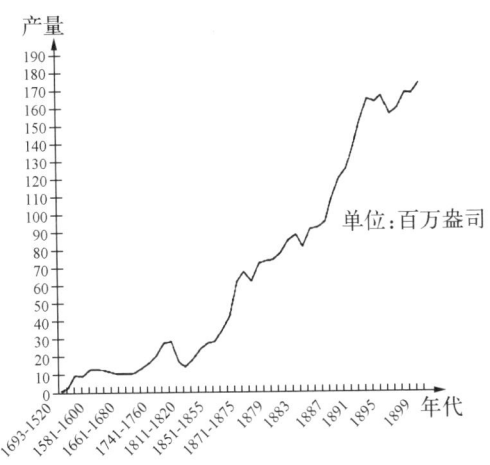

图 2.7 世界每年银产量(1493—1900)

资料来源:Vilar, *A History of Gold and Money*, p.351;早阪喜一郎,《银价と银为替》,页 53—55。

确实,有很多因素影响了茶叶、生丝的出口①,但最终都需要白银来购买。而在 1856—1886 年间,我们看到有更多的白银可以用于这个交易。

19 世纪初世界范围内的金银减产,不仅减少了在中国的白银套汇交易,而且也刺激了鸦片的输入。根据英国蓝皮书记载,1821 年后鸦片的输入开始增长;"获得银元的困难,对于鸦片入口的激增,大有关系。"②换言之,由于英国人没有足够的白银,鸦片被用于交换茶叶与生丝。

渐渐地,拉美白银的短缺也促使更多商人从事对中国的鸦片输入。举例来说,一家自 1565 年就已经在马尼拉以美洲白银换取中国丝或英属东印度棉布的西班牙公司,由于美洲金银的减产,削减了它的贸易。

---

① 见陈慈玉《近代中国茶叶的发展与世界市场》第 327 页;Shi, "Production and Trade", pp. 379—383;而关于茶、丝出口波动原因的详细分析,见林满红《茶、糖、樟脑业与台湾之社会经济变迁,1860—1895》第 23、24、27 页。

② 《中国近代货币史资料》,页 37。Owen, *British Opium Policy in China and India*, p. 62n45 曾例举英属东印度公司大班为了不从欧洲运送金银到亚洲来,因此派遣使者到孟加拉国以增加鸦片产量。

这家西班牙公司的很多股东都在1827年后转向鸦片贸易,其中最出名的就是怡和洋行。① 这些长期垄断中国贸易的西班牙贸易商,在失去亚洲商品在拉美销售的特权后,便协助在中国没有这种特权的英美商人运营鸦片贸易。② 1820年代,在西班牙横跨太平洋的大帆船贸易停止后,拉美便通过大西洋输出更多的白银到欧洲和美国,而中国在广州和香港输出更多的茶叶以换取花费最多的鸦片,并取代了以丝易银为主的大帆船贸易。③

1863年,英国国会关于印度通货状况调查委员会在加尔各答完成了调查,他们注意到白银从西方流向东方,特别是印度。这个调查也有助于我们理解中国的情况:

> 上世纪(18世纪)末本世纪初,(从西向东的)白银流动达至顶峰。此流动在1808年后逐渐减少,在1814年明显下降,并于1832—1833年间平衡。而1833—1849年间,除1843—1844年外,没有太大变化。从1857年起,白银进口又迅速增长并达到相当大的数量。④

值得注意的是,1808与1814年不仅是中国方面的资料记载白银外流的起始年份,也是西方开始减少向印度输入白银的一年。从1814年到1849年,英国政府以棉花交换印度白银。⑤ 1833年,英国完全停止向印度输入白银,直到1850、1860年代贵重金属的新发现才逐渐恢复。⑥ 由于鸦片税约占1789—1839年间英属印度整个税收的6%,此对英国购买印度洋区域、美国和中国产品至关重要,因此当西方减少对印度出口

---

① Cheong, "Trade and Finance in China: 1784—1834", p. 45; Cheong, *Mandarins and Merchants*, p. 27.
② Cheong, *Mandarins and Merchants*, p. 51.
③ Cheong, "The Decline of Manila", pp. 142,150,151.
④ Lees, *The Drain of Silver to the East*, p. 29.
⑤ *Ibid*, pp. 23—24.
⑥ *Ibid*, pp. 2、40.

白银时,便可能刺激了印度鸦片对中国的销售。① 1856 年后的六七年里,超过 5,000 万英镑(2 亿银元)由英政府担保为建设铁路和其他设施的资本和 2,500 万英镑(1 亿银元)的贷款流入印度。②

尽管独立后的墨西哥政府于 1823 年起即铸造墨西哥银元,但这些硬币并未来到中国。相反地,在中国流通的银元仍然是原本的西班牙银元。墨西哥银元在 1854 年首度进入中国前夕,因西班牙银元不复输入,中国各省西班牙银元市价不断上涨。③ 直到 1856 年,以旗昌洋行为首,在上海的 36 家外国公司才开始以墨西哥银元代替西班牙银元作为记账的通货单位。④ 1856 年后银贵钱贱危机也因此得以缓解。⑤

小　结

一位 19 世纪上半叶的中国官员以"势"来描述嘉道年间由于白银外流所造成的难以理解和前所未有的银价腾贵现象。⑥ 从本研究的分析看

---

① Wong, *Deadly Dreams*, pp. 411—12; Richards, "The Opium Industry", pp. 54—55.
② Lees, *The Drain of Silver to the East*, p. 49.
③ 魏建猷,《中国近代货币史》,页 105。
④《中国近代货币史资料》,页 60—61。从《中国近代货币史资料》第 56—63 页,我们可以看到关于这个变化过程的若干历史记载。根据 1846 年 9 月 *Chinese Repository*, p. 15 的记载,上海仍在使用西班牙银元。英国国会文书关于 1847、1848 年中国各口岸贸易报告,见 *British Parliamentary Papers*: *Returns of Trade of the Various Ports of China for the Years 1847, 1848*, p. 13 指出:其实是西班牙银元,而不是墨西哥银元在广东、广西、福建、江西、浙江、江苏、安徽和湖南各省自由流通。而 *Six Essays on the Trade of Shanghai*, pp. 64—65 则注意到中国生丝产量在 1854 年一年内增加了一倍。而且,当中国仍认为墨西哥银元比西班牙银元价值低 20%—30% 时,外国人已经在 1857 年开始广泛地使用墨西哥银元,并将其作为小额交易媒介。*North China Herald*, April 19, 1856, p. 150 则提及银元流入了邻近的产丝区和茶产区。根据 S. W. Wills, *The Chinese Commercial Guide* (1863), pp. 198—199, 先前喜爱西班牙银元的中国人,转而喜爱墨西哥银元。张惠信《中国货币史话》第 30 页也指出:1871 年 6 月 12 日的英国外交部通知恭亲王,根据 1858 年签订的天津条约,英国在华商人现在可用墨西哥银元而非西班牙银元。1870 年代后,墨西哥银元已经取代西班牙银元,成为在华的主要外国货币。
⑤ 白露(David A. Bello)曾提及,英属东印度公司控制以外的印度地区所产鸦片的竞争问题,但却未解释为何中国 1830 年代到 1850 年代初期白银外流,以及其后来停止的原因。
⑥ 王庆云,《石渠余纪》,卷 5,页 11b。

来，"势"应包括从18世纪后期起中国几乎完全依赖于拉丁美洲白银，19世纪初中国茶叶、生丝在全球市场的萧条以及拉美贵重金属的减产。事实上，在1833年英国东印度公司结束其垄断后，直到1868年中国海关开始统计期间，我们缺乏直接研究中国外贸史的统计资料。如果没有伦敦海关的数据和中国海关出版品及英国国会文书中丰富的经济资料，我们将很难理解1808—1856年间中国白银外流背后的全球联系。① 学者戴密微（Louis Dermigny）与张荣洋（W. E. Cheong）曾简短提及，美洲白银的供应减少是中国19世纪初白银外流的原因②，但他们并未估算这个时期的贸易收支，更没有提及19世纪末期的状况。

19世纪初期中国茶叶、生丝出口的不景气减缓了白银的流入。确实，此时如果没有鸦片的流入，也不会有白银的外流。在这个研究中，我们已经从鸦片深入中国内陆和鸦片进口与白银外流时间的关连性两方面，证实了鸦片对中国白银外流的影响。不过，假使输入鸦片这项事实没有和中国茶叶、生丝在全球市场的不景气同时发生，那么结果也许会和19世纪晚期的情况相似。意即19世纪末，中国通过茶叶、生丝的出口所得弥补了鸦片和其他商品的进口损失。不仅如此，世界金银减产，也刺激了1820年以后中国鸦片输入的激增。因此，事实上，并非印度鸦片的输入，而是中国茶叶、生丝在世界市场的萧条和世界金银减产，才是

---

① 直到此书付印前夕，作者才发现理查德（John F. Richards）的"The Opium Industry"。他对于中国1801—1858年间与1866—1915年间白银外流到印度的统计数据，乃是依据印度政府档案。理查德曾提及，英国政府不仅垄断孟加拉国的鸦片，还控制了白皮土鸦片的出口，尤其于1831年更是如此。这或许便能解释为何理查德描绘出的1814—1856年的趋势与根据伦敦海关资料所制成的表2.1如此相近。而理查德也指出，走私可能仍然存在。因此，英国官方的数据所指涉的，应是鸦片出口到中国的"最低可能量"，而非最高数额（详见页48—49、71，79）。本书未采用理查德1866年以后的统计，这是因为，三角贸易中的中印贸易清算机制在1850年代已经消失，于1850年代建立起来，并由中国海关编纂的统计数据，更能如实呈现以后中国的国际贸易收支。于此，亦可参见 Owen, *British Opium Policy in China and India*. p. 211。
② Dermigny, *La Chine et l'occident*, 3: 1340—57; Cheong, "Trade and Finance in China"; Cheong, "The Beginning of Credit Finance on the China Coast"; Cheong, "China Houses and the Bank of England Crisis of 1825"; and Cheong, "The Decline of Manila".

导致白银外流的根本因素。

与此前建立在马士研究基础上的研究不同,本研究认为白银外流的数量大约占当时中国流通白银数量的 16.4%。而每年白银外流量,大约等同于 1808—1856 之 48 年间的每年国家总所得的 0.19%。①本研究重建的白银外流趋势与银贵钱贱危机相联系,两者都是于 1808 至 1820 年代在若干地区零星发生,至 1820 年代到 1850 年代,波及全国,并日益恶化。意即,马士研究未涉及的 1833—1856 年间,实际上才是白银外流与银贵钱贱现象最为严重的时期。约在 1856 年,当白银重新从西方流入印度或整个亚洲时,白银外流与银贵钱贱危机才告结束。

---

① 计算自费凯(Feuerwerker)所粗估的国民所得,1750 年左右是 17.13 亿两;1880 年左右是 33.39 亿两,见"The State and the Economy",p.300。一银两约等同于 1.45 银元。此处取其平均值 36.62 亿元计算。

第三章　社会秩序的紊乱

自 18 世纪晚期以来,中国的政府财政、省际与国际贸易、大多数的大规模交易都依赖白银,犹如人体依赖血液流通一样,任何有关血液供给的显著下降,对整个身体的机能都是有害的。过去很多学者认为,白银危机,包括白银外流、银贵钱贱危机,主要影响长江流域与黄河以南的沿海省份。① 黑田明伸新近的研究强调,在清代经济当中,铜钱与白银分属两个独立的市场。② 本研究将指出白银危机对整个帝国的影响,以及白银与铜钱两个部门间的微妙关系。

尽管"地方商业多用铜钱,省际与国际贸易多用白银"是一个常被提及的事实,但是,很少学者留意银与铜钱使用范围的精确空间界线。正如那个时代的官员所观察的那样,当省级财政官员——布政使在省城用铜钱发放兵饷时,那些须要运往各州县营汛支付士兵薪饷的铜钱就得兑换成比较方便运送的银。③ 因此,在城乡的区划中,铜钱是由省城发放出来的,尤其是在那些水运较为便利的地区,铜钱从省城开始,透过省内长

---

① 太平山人,《道光朝银荒问题》,页 41;Yeh-chien Wang, "Evolution of the Chinese Monetary System", p. 445;王业健,《中国近代货币与银行的演进》,页 29。
② Kuroda, "What Did the Silver Influx Really Do"? pp. 408—409.
③ "宫中档",道光 18 年 4 月 18 日(钱宝琛)。

距离运输满足地方所需。① 此外,正如我们见到的一样,无论是银锭还是银元,各省都使用银币。除了跨省、跨国贸易之外,银币也在各省之内的长途贸易中使用,尤其是西南多山的各省,就如1838年贵州布政使所观察到的:"钱质繁重,难以致远。各处行用,良恶贵贱,又不一致,故民间会兑,止于近城。间有舟车运载,尚不及银百分之一。……银则轻便易赍,所值又多,各处行用,大概相同,数千里外,皆可会兑。"②在空间方面如此分布的铜钱和银币,其兑换比率是由城市商人所设定。③

当发生白银外流时,银锭与银元都有外流现象。边缘地区的人们拥有的银币较少,却依然要用银来支付地租与税收,或者用银从遥远的市场购买生活必需品,他们更会因为高得离谱的银钱比价而受苦。包括城市与乡村地区的很多穷人、商人、地主、学者、官员、政府都陷入贫困。当白银危机渗透到帝国的每个角落时,人民流离失所、社会暴动、政治无能、道德衰退等等问题相继出现。不过,虽然19世纪早期的银贵钱贱危机导致清王朝丧失控制社会的力量,清帝国并没有崩溃。清王朝延续到1911年,是否表明了世界经济与中华帝国晚期的王朝衰弱了无关系?本研究将表明银贵钱贱危机严重威胁了清王朝,但是1850年代开始的白银回流,以及因死亡甚多的国内战争产生的对国家保护的更多期待,挽救了清王朝。

为了阐明白银的"血液流动"功能,为了理解白银问题如何影响19世纪前期的整个中国,有必要更加清楚地描绘,银贵钱贱危机是如何在一个地区的城乡之间以及不同地区之间两个层面造成浩劫。

跨区影响

白银因为价值昂贵,较能承担长距离的运输成本而运送到遥远的市

---

① 郑永昌,《清代乾隆朝钱贵时期之私钱政策》,页9—10。记录流通到其他外省的私铸钱币比官铸的还多,尤其是水路可达的地方。
② "宫中档",道光18年5月20日(贵州巡抚贺长龄)。
③《皇朝经世文续编》,卷58,户政30,钱币上,页17b(丁履恒,《钱币议》)。

场。正如施坚雅(William Skinner)所注意到的:"在各区域的中心城市间的交易行为,因未机械化的交通运输工具与遥远的距离而被减至最低的程度。"①清代诸多的地方经济犹如人体的各个器官。但也有轻便且贵重的东西扮演着"血流"整合这些器官的角色。② 除了权力、知识、技术等等之外,白银是此"血流"中的一个关键成份。血液的流失将危害整个躯体。

白银缺乏当然影响到核心地区。缪梓所言:"而东南州县民之持钱求银而不可得者十八。"③缪梓也指出:"东南民力竭矣,吏治弛矣。民力之竭,科则重而银价昂也。"④1832年,御史孙兰枝(1773—?)指出,江苏浙江遭受银贵钱贱危机的严重影响。⑤ 台湾由繁荣而越来越走入衰退,部分原因在于白银减少,1850年台湾的道台徐宗幹观察到:

> 至今无不以台地之胜于内地,信而有征。履其地而后知十年前之不如二十年前也,五年前之不如十年前也,一、二年内之不如五、六年前也。其故安在?两言以蔽之曰:银日少、谷日多。⑥

核心地区与边陲地区可能有一样的银钱比价。例如,一份1842年福建的官方报告陈述:"现在省城市价每库平纹银一两换钱1,590文,外府钱价约略相同。"⑦另一篇1844年来自江西的奏折指出:"若照各州县市价合银解钱,难免参差。银钱聚会多在省垣,外府之价恒视之以为准。"⑧

但边陲地区的情况可能更加严重,那里的银钱比价可能高于核心地

---

① Skinner, *The City in Late Imperial China*, p.217.
② 就本文作者来说,用血液系流比喻白银有机整合铜钱的货币体系,比岸本美绪在《清代中國の物価と經濟變動》第206—207页的蓄水池的机械功能比喻,更能说明当时的情形。
③《皇朝经世文续编》,卷60,户政32,钱币,下,页3b(缪梓,《银币论》,下)。
④ 同上书,页7b。
⑤"上谕档",道光12年9月12日;《中国近代货币史资料》,页9—14。
⑥ 丁曰健,《治台必告录》,页282、327—329。
⑦"宫中档",道光24年3月11日。
⑧"宫中档",道光22年2月27日。

区,因为这些地区可用来交换白银的产品较少。1846年穆彰阿奏报:"京中纹银每两易制钱几及二千文,外省则每两易制钱二千二三百文不等。"①1844年包世臣报告,"南方银1两皆以2,000为准,北方闻更增于此"②。正如丁履恒指出的,边陲地区更不容易得到白银,商人更倾向于操纵价格:"在通都大邑,出银本多,或可照市价收买,至于僻小州县,境内所存之银止有此数,则市侩故昂其值以乘其急,往往有今日抵解钱粮,而明日银价骤下者。"③

很多暴动倾向于发生在边陲地区。1842年爆发于边陲地区的钟人杰动乱,导火线是银贵增加了漕税负担,是典型的案例。爆发这起动乱的湖北崇阳地区距离省城200里,重山环绕。④1847年从边陲省份广西传来的一份官方报告,由广西"地处边陲,绝无殷商大贾"来带入银贵钱贱危机为该地所造成的困难。⑤

银贵钱贱危机最后也波及远在西北的新疆。白银的使用在新疆并不普遍。1837年全国范围内1两白银兑换1,500文,1840年在浙江是1,570文,同年在伊犁是1,200文(参见表3.1),但是,1844年来自伊犁的一份官方报告指出,每单位白银对普尔铜钱的兑价翻倍。"从前回疆各城,库银一两只换普尔钱200余文,近年以来钱贱银贵,回城库银一两

---

① "议覆档",道光26年2月1日。
② 包世臣,《安吴四种》,卷26,页37a。
③ 《皇朝经世文续编》,卷58,户政30,钱币,上,页17b(丁履恒,《钱币议》)。
④ Kuhn and Fairbank, *Introduction to Qing Documents*, pp.20—24.
⑤ "宫中档",道光27年6月26日(广西巡抚郑祖琛);Wakeman, "China and the Seventeenth-Century Crisis", p.5强调长江下游三角洲地区所受17世纪世界白银供给的影响。相反地,顾炎武观察到同时发生在山东、陕西的萧条,尤其影响到那些不能获得足够的白银来缴税的山区或边陲地区(顾炎武,《亭林文集》,卷1,上,页17—18)。"今来关中,自鄠中以西,至于岐下,则岁甚登,谷甚多,而民且相率卖其妻子,至征粮之日,则村民毕出,谓之人市……何以故?则有谷而无银也,所获非所输也,所求非所出也。夫银非从天降也,人则既停矣,海舶则既撤矣,中国之银在民间者日消日耗,而况山僻之邦,商贾之所绝迹,虽尽鞭挞而求之,亦安所得哉?……若于通都大邑,行商麇集之地,虽尽征之以银而民不告病。至于遐陬僻壤,舟车不至之处,即以什之三征之而犹不可得。"晚明的货币问题与19世纪早期银贵钱贱危机一样,都延伸到中国的内地。

可换普尔钱400余文。"①

几份官方的报告明确地指出,银贵钱贱危机遍及全国。1838年贵州的一份官方报告陈述,各省银价高昂。② 1846年来自浙江的报告认为:"何以从前银价未闻似今日之翔贵,即偶有增长,亦不过一时一处,随长随落,非若近岁之有增无减,甚至各省皆然。"③银贵钱贱危机遍布全国的其他报导,还有来自山东的省级官员、贵州的一位御史以及工部的一位御史。④

各省汇报的银钱比价汇总于表3.1。直接报告或者提及有银贵钱贱危机的地区,包括安徽、福建、浙江、湖北、广东、湖南、江西、直隶、山东、山西等核心地区省份及包括河南、陕西、贵州、甘肃、蒙古南部等边陲地区省份。⑤ 尽管各省的这些数据还不足以算出相关系数,但这些省的报告透露了在银钱兑换比率上有相当一致的倾向。1842年以前,这一比价大致围绕1,400—1,500文盘旋,从1842—1846年,跃升为1,600—2,000文,在1846—1853年间比价则拱顶到2,000—2,750文。

表3.1 中国各地所报银价(1824—1854)

年份	地方	银钱比价	资料来源
1824	河南	1,100	*《中国近代货币史资料》,页79—82。
1824	福建	1,240	同上;《大清历朝实录》卷65,页36,道光4年2月27日。
1826	江苏	1,150—1,260	*《中国近代货币史资料》,页79—82。

① 《中国近代货币史资料》,页88。
② "外纪档",道光18年8月17日(贵州巡抚贺长龄)。
③ "宫中档",道光26年6月22日(梁宝常)。
④ 1822年一篇奏折论道:"近来各省市银价愈昂、钱价愈贱。"(《道咸同光四朝奏议》,页46);1838年湖南一篇奏折说各省的银价均极高昂("外纪档",道光18年8月17日);1838年山东一篇奏折论及:"银价之昂,各省皆同。"("宫中档",道光18年7月7日);1853年一篇奏折说道:"即以道光二十年论,都中银价每两换制钱一千三百文,各省亦大略相同。"("宫中档",咸丰3年11月16日)。
⑤ 有关核心、边缘区分的更多讨论,请参见Yeh-chien Wang, *Land Taxation in Imperial China*, pp. 84—88。

续　表

年份	地方	银钱比价	资料来源
1828	江苏	1,280	同上。
1829	北京	1,400	《大清历朝实录》卷163,页2,道光9年12月17日。
1829	福建	1,300	*《中国近代货币史资料》,页79—82。
1830	陕西	1,350	同上。
1831	陕西	1,300—1,480	《大清历朝实录》卷198,页4,道光11年10月1日。
1831	江苏	1,300	*《中国近代货币史资料》,页79—82。
1832	浙江	1,428	《大清历朝实录》卷221,页16,道光12年润9月12日。
1835	湖北	1,428	"宫中档",道光22年2月25日。
1836	北京	1,200—1,300	*《筹办夷务始末》卷1,页2。
1837	四川	1,500—1,600	*《中国近代货币史资料》,页79—82。
1837	江苏	1,400	*《中国近代货币史资料》,页79—82。
1838	湖南	1,429	"宫中档",道光22年2月20日。
1838	贵州	1,428	《中国近代货币史资料》,页79—82。
1838	全国	1,600	《筹办夷务始末》,卷1,页2。
1840	浙江	1,570	*《中国近代货币史资料》,页79—82。
1840	伊犁	1,200	同上。
1841	江西	1,666—1,695	*《中国近代货币史资料》,页79—82。
1842	全国	1,400—1,500	"外纪档",道光22年12月22日。
1842	全国	1,590	"宫中档",道光22年2月27日。
1842	直隶	1,470	*《中国近代货币史资料》,页79—82。
1842	湖北	1,639	"宫中档",道光22年2月25日。
1842	陕西	1,480	"宫中档",道光22年3月14日。
1842	贵州	1,429	"宫中档",道光22年4月22日。
1842	贵州	1,587	*《中国近代货币史资料》,页79—82。
1842	山东	1,400—1,500	"宫中档",道光22年11月18日。
1843	江西		《大清历朝实录》卷391,页15,道光23年4月12日。

续 表

年份	地方	银钱比价	资料来源
1843	陕西	1,600	"宫中档",道光23年4月12日。
1843	山西	1,540	*《中国近代货币史资料》,页79—82。
1843	江苏	1,620	同上。
1843	湖北	1,666	同上。
1843	福建	1,600	同上。
1843	浙江	1,500—1,600	《道咸同光四朝奏议》,页661。
1844	江西	1,630	包世臣,《安吴四种》,卷26,页15a。
1844	中国南方	2,000	同上,卷26,页37。
	中国北方	多于2,000	
1845	陕西	1,200—1,280	林则徐,《林文忠公政书》,卷1,页8。
1845	北京	2,000	《皇朝政典类纂》,钱币,卷4,页4。
	其它省分	2,200—2,300	
1846	云南	1,580—1,640	*《中国近代货币史资料》,页120。
1846	贵州	1,600	同上。
1846	广西	1,600	同上,页119。
1846	广东	1,500	同上。
1846	甘肃	2,000	同上。
1846	山西	1,700—2,000	同上,页118。
1846	安徽	2,000	同上。
1846	江西	1,900	同上,页119。
1846	全国	2,000	许楣,《钞币论》,页32。
1846(5月)	江苏	1,800—1,900	李星沅,《李文恭公遗集》,卷10,页52,道光23,页2963。
1846(7月)	江苏	2,000	*《中国近代货币史资料》,页118。

续　表

年份	地方	银钱比价	资料来源
1846	北京	2,000	"议覆档",道光26年2月1日。
	其它省分	2,200—2,300	
1846	陕西	1,700—2,000	"宫中档",道光26年9月9日。
1846	湖南	2,200—2,300	"外纪档",道光27年6月24日。
1847	广西	1,900—2,100	"宫中档",道光27年6月26日、27年7月23日。
1847	山西	1,500	*《中国近代货币史资料》,页118—120。
1848	福建	1,900	*《中国近代货币史资料》,页118—120。
1848	江苏	2,000	李星沅,《李文恭公遗集》,卷17,页39,道光28,页4107。
1851	全国	2,000	《皇朝道咸同光奏议》,卷1,页45。
1853	全国	2,600—2,700	"宫中档",咸丰3年11月16日。
1854	全国	2,750	"宫中档",咸丰4年闰7月15日。
1854	全国	2,000	冯桂芬,《显志堂稿》,卷11,页30。

注意:资料来源标注"*"者,表示引自市古尚三,《清朝货币史考》,Ⅱ。

一些地方记录更长时间的银钱比价数列,如表3.2所示,由此也可看出不同地方银钱比价相似的变化:1830—1835年间,四川的比价低于1,500文,1854年达到最大值2,200—2,270文,1856年后剧降,1859年降到1,420文。河北的数据表明1808—1850有上扬趋势,1821—1835年的比价是1,300—1,500,1835—1844年的比价是1,500—1,724,1845—1850年是2,025—2,230,接着从1853年的2,200降到1860年的1,530。安徽产茶区屯溪的兑换比价较低。但是,比价从1840年的1,245上升到1856年的1,698,接着跌到1857年的1,274。浙江(宁波)的数据涵盖的时间较短,但是仍然显示了从1819年的1,227增长到1842年的1,788。

表 3.2　中国若干地区的银钱比价(1808—1860)

年　份	安徽(屯溪)	河北(宁津)	浙江(宁波)	四川(犍为)
1808		1,040		
1809		1,065		
1810		1,133		
1811		1,085		
1812		1,094		
1813		1,090		
1814		1,102		
1815				
1816		1,177		
1817		1,217		
1818		1,245		
1819			1,227—87	
1820		1,226	1,233—300	
1821		1,267	1,211—67	
1822		1,252	973—1,192	
1823		1,249	1,159—87	
1824		1,269	1,093—183	
1825		1,253	1,080—107	
1826		1,271	1,117—48	
1827		1,341	1,131—212	
1828		1,339	1,205—67	
1829	1,380	1,247—81		
1830		1,365	1,267—87	1,330
1831		1,388	1,267—301	1,280
1832		1,387	1,333	1,170
1833		1,363		1,290
1834		1,356	1,353—55	1,350
1835		1,420		1,490

续　表

年　份	安徽(屯溪)	河北(宁津)	浙江(宁波)	四川(犍为)
1836		1,487	1,403	1,420
1837		1,559		
1838		1,637	1,413—500	1,460
1839		1,679		
1940	1,245	1,644		1,400
1841	1,245	1,547		
1842	1,358	1,572	1,786—88	1,440
1843	1,377	1,656		1,610
1844	1,377	1,724		
1845	1,509	2,025		
1846	1,604	2,208		
1847	1,660	2,167		
1848	1,660	2,299		1,610
1849	1,651	2,355		
1850	1,660	2,230		
1851	1,660			
1852	1,660			
1853	1,660	2,220		2,220
1854	1,660	2,270		2,270
1855	1,660	2,100		2,100
1856	1,698	1,810		1,810
1857	1,274	1,720		1,720
1858	1,132	1,420		1,420
1859	1,170	1,610		
1860	1,126	1,530		

资料来源:安徽:郑友揆,《中国近代对外经济关系研究》,页127、147;河北:严中平,《中国近代经济史统计资料选辑》,页37;浙江:Chao-nan Chen, *Essays on Currency*, *Substitution*, p. 36;四川:罗绶香,《犍为县志》,经济·后,页28a—b。

区域内由城到乡所受的影响

在全国性的银贵钱贱危机或者白银外流的影响下,正如同时代人所观察的那样,由乡到城不同的社会群体都受到影响。

铜钱收入者的日趋贫困与流民增加

因为铜钱主要用于零售交易与工资,铜钱贬值就会影响到主要以铜钱方式获得收入的工人、零售商与农民。正如拥有进士身份的翰林院编修吴嘉宾(1803—1864)记述的:"凡布帛菽粟佣工技艺以钱市易者,无不受其亏损。"①即使他们收入的铜钱数量不变,铜钱贬值使得他们购买以白银计价的物品,或缴交以白银计算的租金与赋税时,支出增加。1851年,福建、浙江总督左宗棠(1811—1870)描述劳力者的困苦:银价日昂,银复难得,农者以庸钱粪值为苦。②

包括江苏、浙江、四川、福建、江西等省,佃农卖谷物所得的铜钱须兑换成银币缴租,所以更加穷困。如1849年江西制香工一样,1845年杭州丝绸织工为加薪罢工。手工业者、制炭工、木匠、铁匠、豆腐业者、碾米者、矿工等是最早参加太平天国运动的一些成员。③

从1820年代到1850年代,随着银贵钱贱危机的拓展,无业人数增加,流民问题趋于严重。这些流浪者有时变成暴徒与走私烟贩。④ 包世臣声称这个问题开始于1820年代前夕。⑤ 1850年左右本身是直隶人的安徽巡抚王植(1792—1852)指出:流民数量的增长,并在1830—1850年代恶化。他回忆道:

---

① 吴嘉宾,《求自得之室文钞》,卷4,页15。
② 左宗棠,《左文襄公文集》,书牍,卷1,页35b。
③ 彭泽益,《鸦片战争后十年间银贵钱贱波动下的中国经济与阶级关系》,第58—59页。
④ 冯桂芬,《显志堂稿》,卷11,页13;吴嘉宾,《求自得之室文钞》,卷4,页15—16。
⑤ 包世臣,《安吴四种》,卷26,页1a—b。

> 然今日所患,则莫甚于游食者多。臣青壮年时,闻父老所传,谓往时一乡一集,其游惰无业者,率不过数人,众皆非笑,无所容身。今则数百家之聚,数十人不等,习以为常。乡里如此,城邑可知。此语已逾二十年,今当更甚。①

地主的问题

此时现金短缺,农产品的市场紧缩。包世臣观察到,即使农民的桑叶或棉花丰收,他们仍然承受苦难,这是因为金钱短缺,造成市场萧条。② 左宗棠在1851—1852年给友人的信中写道:

> 但银价日昂,钱复艰得,农者以庸钱粪直为苦,田者以办饷折漕为苦,食易货难,金生谷死,未免如亭林先生所云丰岁之荒耳。③

随着农业收入减少,地主由于需用白银交税而遭受更多痛苦。1840年的一位御史注意到:"夫民之赤贫者自食其力,无地可耕,欲求纳粮而不得。其纳粮者皆殷实户也。"④当时在我国东南以及其他一些地方,存在拥有土地的业户以及从业户租取土地的佃户,甚至将土地的使用权租给次一级的佃农。⑤ 上述的地主指的主要是佃户,他们必须承受这种折磨。清代土地所有权的研究,通常不能明确地区分这两种类型的土地所有者的付税职责。但19世纪前期的证据表明,当白银增值而赋税增加时,是佃户需要支付田赋。一年的耕种之后,佃户并没有获得多少收成。他们还必须卖掉谷物获得铜钱再兑换为银币纳税。当银价增为乾隆时

---

① 王植,《抚皖奏议》,第61—62页,摘自彭泽益,《鸦片战争后十年间银贵钱贱波动下的中国经济与阶级关系》,页63。
② Yeh-chien Wang, "Evolution of the Chinese Monetary System", p. 444.
③ 左宗棠,《左文襄公文集》,书牍,卷1,页35b。
④《中国近代货币史资料》,页32。
⑤ 戴炎辉在《清代台湾之大小租业》第2页说,这一制度流行于江苏、浙江、江西、安徽与福建,他(第7页)引用日本人的研究指出陕西、湖北、河南也有同样的制度。

期两倍以上时,佃户无法支付。① 那些称之为"大户"的家庭得到特别的免税优待,他们利用"卖荒"减少赋税,衙门的胥吏与衙役实际上将赋税豁免的机会出售给最高的竞价者。② 在银贵钱贱危机时期,中小地主领导的抗税抗租活动遍布整个帝国。③ 佃农抵抗向业户纳租。江苏一个这样的抗争破坏了36户业主的房屋。④ 魏源解释道,小土地所有者的生存危机,对政权来说,是一个致命的威胁。⑤

当收入减少而赋税增加时,将导致人们离开土地。1812—1837年,上报官府的耕地数量减少了7.3%。⑥ 1853年的一份官方报告表明尽管地价下降,但很少人能够购买。除了少数人乘机囤积土地,整体上在地价的下落过程中,土地所有者流散,富人聚集了更多的土地,穷人更加贫困,土地的分配加速变得更不平均。⑦

商业萧条与商人的损失

事实上,除了拥有白银并可在银钱比价波动过程中获利的钱庄业者,多数商人,尤其是长途贸易者与盐商,都因白银危机而贫困化。正如冯桂芬叙述1852年长江三角洲地区的情形一样:"富商大贾,倒罢一空。凡百贸易,十减五、六。"1850年代早期,湖南的一名观察者声称:"向之商贾,今变而为穷民,向之小贩,今变而为乞丐。"⑧ 冯桂芬解释为:"银贵以

---

① 彭泽益,《鸦片战争后十年间银贵钱贱波动下的中国经济与阶级关系》,页58。
② Bernhardt, *Rents, Taxes, and Peasant Resistance*, pp. 49—50.
③ 彭泽益,《鸦片战争后十年间银贵钱贱波动下的中国经济与阶级关系》,页67。参见杨国桢《明清土地契约文书研究》,在明清时期土地所有权的三个层次。杨关注的是土地使用与所有权的分殊。杨(页344)仅仅注意到由于白银的增值,税负增加,台湾土地所有权变得更为分化。相关的研究都没有考察税收支付责任归属哪层地主的改变。
④ 彭泽益,《鸦片战争后十年间银贵钱贱波动下的中国经济与阶级关系》,页65。
⑤ Kuhn, *Origins of the Modern Chinese State*, p. 118.
⑥ 太平山人,《道光朝银荒问题》,第46页。
⑦ 彭泽益,《鸦片战争后十年间银贵钱贱波动下的中国经济与阶级关系》,页61—62。
⑧ 骆秉章,《骆秉章奏议》,卷5,页11,引自彭泽益《鸦片战争后》第57页。

来,论银者不加而暗加,论钱者明加而实减。是以商贾利薄,裹足不前。"①

整个长距离贸易衰落,1835年的官方报告表明,因为商人可支配的资金愈加匮乏,从厦门到东南亚的帆船数量减少了40%。十年后的一份官方报告认为,从福建、广东到天津航行的货船数量急剧减少。② 徐宗幹在1850年前后一再指出台湾商业萧条的情况,如"近年台地各口船只稀少,以致配运困难。配运内容之一为台湾各绿营赴口外所买之马,向系到厦后匀交商船,每船配马二匹。从前商郊富庶,帆樯云集,自春及秋,即可配竣。迨后船只稀少……加以各商避差取巧,多改商为渔,配渡更少。以三年之船,尚不敷配一年之马。"③

这一危机使得盐商也贫困化,因为盐税需要以白银支付,食盐却以铜钱出售。此外,由于白银增值,盐的运输与劳动力成本更加昂贵,但是商人不能增加零售价格,因为这将使盐枭快速地扩大地盘。④ 1847年,盐运使命令福州四位领导了61个盐商的商人,要他们确定在一定的期限内将拖欠的盐款付清。⑤ 1837年一份官方报告写道:"溯查道光八年(1838年)以前,每银1两易大制钱1,200—1,300文,商人已苦累不禁,近年则每银1两增至大制钱1,500—1,600文不等。各商卖盐得钱,易银交课,无论东商资本微薄。就令素称殷实,亦难当此亏赔。因而十引五积,十商九乏。"⑥盐照持有者十之其五无法纳税,十之其九的盐商贫困潦倒。也难怪黄爵滋在1838年指出:"昔则争为利薮,今则视为畏途。"⑦

---

① 冯桂芬,《显志堂稿》,卷11,页32。
② Yeh-chien Wang, "Evolution of the Chinese Monetary System", p. 445.
③ 徐宗幹,《斯未信斋存稿》,收在丁曰键《治台必告录》第327—329页。
④ 《道咸同光四朝奏议》,页921,道光30年(陕西巡抚兆那苏图)。
⑤ House of Commons, Parliamentary Papers, 1847, XL, p. 142.
⑥ 《道咸同光四朝奏议》,页403,道光17年(山东巡抚经额布,盐运使宗龄)。
⑦ 《筹办夷务始末》,卷2,页4—6。

士兵与官员收入减少

1838 年与 1851 年的《钦定户部则例》规定官员的薪水依旧。① 1843 年当有人提议稍微减少军人薪水时,皇帝马上拒绝。② 也因此,在银贵钱贱危机时期,官员与士兵的法定薪水继续支付。③ 但是,这并不意味着官员与士兵的收入不受影响。

银贵使士兵更加窘困。在清代,大约有六七十万士兵镇守各省,加上京城的士兵,总量大约八九十万。④ 每个月支付骑兵 2 两白银,步兵 1.5 两,不包括其他的津贴。⑤ 但是,士兵的绝大多数报酬仍以贬值的铜钱支付。1843 年一位御史写道:官方用 1∶1,000 的比价,最初是有利于士兵的,因为当时市场是 1 两白银兑换 700—800 文铜钱,当他们的薪水按照 1∶1,000 的比价从白银转换为铜钱时,可以多获得 200—300 文。⑥ 但当市场的比价移到 1,000,甚至恶化到 2,000 时,这个政策对士兵就相当不利。例如,1843 年陕西的一份官方报告指出:"今则每两换钱一千六百数十文,是兵丁领钱较领银每两少钱六百余文。"⑦ 同样的情形蔓延到新疆。1844 年有报告指出:"查从前回疆各城,库银一两只换普尔钱二百余文,近年以来钱贱银贵,回城库银一两可换普尔钱四百余文。……而在兵之苦累日益增多,似于边地军情大有关系。"⑧

因此,用于支付士兵薪水的铜钱的比例减少。⑨ 但在调整之前,士兵们仍然要面对铜钱相对银币越来越贬值的痛苦。一般军事史研究常常

---

① 《钦定户部则例》(1851 年版),卷 11,令律;卷 74,令律。
② 《中国近代货币史资料》,页 168。
③ 缪梓,《缪武烈公遗集》,卷 1,页 18a。
④ 王庆云,《石渠余记》,卷 2,页 41b—42a。
⑤ 同上书,卷 2,页 39b。
⑥ 《中国近代货币史资料》,页 151。
⑦ "宫中档",道光 23 年 4 月 12 日(李星沅)。
⑧ 《中国近代货币史资料》,页 88。
⑨ "上谕档",道光 2 年 9 月 13 日(邱树棠)。

指出,清代太平天国运动前夕八旗、绿营的衰落,但银贵钱贱危机对于八旗、绿营衰落的影响则值得更多的注意。

这一时段,地方与京城官员的收入都减少了,1814年龚自珍的"明良论"曾描述这个时期官吏因为生活拮据而无心政事、学术的情况:

> 今上都通显之聚,未尝道政事谈文艺也;外吏之宴游,未尝各陈设施谈利弊也;其言曰:地之腴瘠若何?家具之赢不足若何?车马敝而责券至,朋然以为忧。……谓外吏富乎?积逋者又十且八九也。……内外大小之臣,具思全躯保室家,不复有所作为……岂其无心,或者贫累之也。①

很多官员家庭的收入来自土地或商业活动。② 土地与商业经营收入减少,官员的收入跟着减少,尤其是,官员用白银向上级支付赋税时常常不得不贴补因银贵钱贱短收的税入。他们还需支付运输与熔铸白银的费用。当官员不得不向商人购买白银,或者要求他们铸银时,在熔铸过程中会损失一些白银。此外,还有许多其他的行政费用。为了支付这些开销,实际征收赋税的额度比法定额度要高。"现计上库银一两,值钱二千一百文,加耗五分、七分、九分不等,以七分为率,又加部平、饭食、倾工、敲规、歇家等银五分,人夫、拨运、书役、纸张、司书、册费约七分,共加银一钱九分。"③

当白银增值时,税费的兑换比价也跟着上升。增长可能高于、等于或低于市场比价的增长。在一些地方,兑换比价远远高于市价。例如,1829年河南的市场比价是每两1,400文,但是该省几个地方官所用兑换比价高达2,000—2,300文。道光皇帝谴责这是盘剥。④ 然而,它们同样出现在其他地方,在山东,兑换比价从1820年的1,750文,增长到1830

---

① 龚自珍,《龚自珍全集》,卷1,页29—30。
② Chung-li Chang, *The Income of the Chinese Gentry*, pp. 95—125.
③ 缪梓,《缪武烈公遗集》,卷1,页29a。
④ 《清宣宗实录》,卷163,页21,道光9年12月17日(对军机大臣的谕令)。

年的 2,850 文。① 江苏的一位举人与地方教师指出:"夫钱粮之额征犹是也,在国无加赋之名,在民有加赋之实,以予所闻三十年之间,而折价已加至三分之一,更数十年,其加者又不知几何。哀此小民,何堪此重困乎?"②1840—1846年间担任县官的缪梓观察到税费的兑换比价一直随市场比价在调整。③ 有一些地方税费的兑换比价稍低于市场比价。1840年一位御史记录道:1839年他从福建去京城的路上,听到福建与浙江的民众愿意增加 50%—60%,江苏、山东的愿意增加 30%—40%。在这样的情况下,地方官员仍需要在税收上每两贴补 100—600 文。④

不管税费的兑换比价增长得比市场比价高或低或是一样,人民的纳税负担一定是增加的。在税收负担增加的同时,伴随着以铜钱计的稻谷价格的下降,以及铜钱相对银贬值,三个层面都造成税负增加。⑤ 1852年曾国藩悲痛地说:"朝廷自守岁取之常,而小民暗加一倍之赋。"⑥正如缪梓与冯桂芬所说,1849年真实的税额压力已经比道光统治早期加倍,甚至是乾隆前期的三倍。⑦

当民众不再能够承受不断增长的税收压力,运送到官府的税收数量就减少。缪梓写道:"以民间十分之赋,完司中六七分之额。以致清查案内,亏缺巨万。虽其间有别项挪移之款,而银价之不敷,实居其五六。"⑧ 1838年黄爵滋描述,官员们为了弥补因银贵钱贱危机引起的税收不足而

---

① 《中国近代货币史资料》,页 32。
② 《皇朝经世文续编》,卷 60,户政 32,钱币,下,页 10a(陆黻恩,《钱币议》)。
③ 根据缪梓《缪武烈公遗集》卷 1 第 15a 页,其时,市场兑换比价是 2,100 文,额外费用,包括弥补溶化损失、白银称重费用、供给工人的食物,支付给运输人员、文员、差役、购买纸张与其他文具,每两总共 0.19 两,0.19×2,100 文等于 399 文。因此,缪梓的调整为 2,500 文的兑换比价,是反映了市场的比价。
④ 《中国近代货币史资料》,页 31。
⑤ 包世臣,《安吴四种》,卷 26,页 15a—b。
⑥ 曾国藩,《曾国藩全集》,页 29—30,咸丰元年 12 月 18 日。
⑦ 缪梓,《缪武烈公遗集》,卷 1,页 15b。缪梓被引用的这条写于 1849 年(同上,卷 1,页 22a);冯桂芬,《显志堂稿》,卷 11,第 30—35 页"昔之一两今之三两也,是国家之出银也常以三两而供一两之用,而国家之入银也直以一两而竭吾民三两之力,如是而民安得不贫?"
⑧ 缪梓,《缪武烈公遗集》,卷 1,页 16b—17a。

面对越来越大的困难。① 包世臣也根据其担任江西县官的经验,记录了1839年针对每两税收地方官需要贴补大约80文,以弥补税收的不足。由于这一地区的税额是4.3万两,其每年的赤字总计340万文。②

清王朝的危机

税收不足

1750年前后的清朝收入,约等同当时国民所得的4%—8%。在1808—1856这48年中流出的3亿2千7百万银元,意味着每年减少681万银元,或者是田赋的16.1%,是或者1842年清廷整个财政收入的13.31%。③ 众多省份出现白银外流、田赋减少。1841年江苏、浙江、安徽、江西、湖北、湖南省的田赋收入,总合比官方的定额的少了12%,1842年少18%,1845年少13%,1849年少33%。④ 1843年以前各省田赋短缺593.48万两。1843年至1847年的前6个月,再次减少206.48万两,1847年的后半年又减少106.53万两,1848年,尽管豁免了280万的欠税,短缺仍然达770万两。⑤ 正如缪梓1849年的计算那样,"东南为财赋所出,地丁征钱解银,自银价日增,其征足敷解者,十之一二,余则征十解九或解七八"⑥。1840年一位御史发现江苏是支付田赋最多的省份,但

---

① 《筹办夷务始末》,卷2,页5。
② 包世臣,《安吴四种》,卷26,页16a—17b。包计算当前的市场比价是1,630,民众付税的比价是1,885。除去运输铜钱并存放到县库中,工人的食物、劳务费,剩下1,827文。熔化、称重的费用与工资,给官员的礼品,加上1两税收,一共是1.17两。
③ Feuerwerker, "The State and the Economy", p. 300 及本书的表8.1。
④ 作者根据太平山人《道光朝银荒问题》第47页。这些年这些省田赋定额及实收数字,统计了百分比。
⑤ 彭泽益,《鸦片战争后十年间银贵钱贱波动下的中国经济与阶级关系》,页49。冯桂芬(《显志堂稿》,卷11,页30—35)生动描述了民众越穷困,收取田赋越难,田赋赤字逐年增加的整个环环相扣过程。
⑥ 缪梓,《缪武烈公遗集》,卷1,页29a。

125

是欠收也最多。① 此外,河南与山东税额短收三分之一。②

盐税收入也在下降。属于两淮盐区的江西、湖南、湖北、安徽、江苏,其盐税收入占整个国家盐税收入的一半,但在1841、1842、1845、1849年,其收入比规定的数字低37%。此外,浙江、安徽、江苏的两浙盐场是第二大盐场,不足官方定额的一半。其他盐场,例如长卢(直隶、河南)、山东(山东、江苏)、福建广东(广东、广西、贵州、福建)、广西(广西、广东)、四川(四川、湖北)的盐场,在1841、1842、1845、1849年所征收的税比官方的税额少三分之一。③

在整个商业部门,随着贸易减少,海关税收少于定额④,属于非正式岁入的捐输也减少。大部分省级政府的费用要用辖区内的海关税与盐业部门的捐输来弥补。⑤ 由于商业萧条,来自商业部门的非正式收入减少。就非正式岁入的捐输而言,冯桂芬写道:

> 干嘉间一例之开,动赢千万,数商之助,动赢百万。今则开捐助饷,拿者寥寥,此何故也? 中国之银止有此数。不过相流转于上下之间,开捐助饷,无非挹彼注兹之法。今则无可挹,何有注。虽刘晏复生,不能转无为有矣。⑥

1841、1842、1845、1849年,实际征收的土地、杂项、盐、关税等税入,平均比官方的定额少14.28%。⑦ 正如1848年的一位御史所说:"国家岁入有四千余万两之额,近日欠款,每年几及三分之一。"⑧北京户部的税收登记簿也表明了户部盈余的减缩。如果将1842年的户部盈余设定为

---

① 《中国近代货币史资料》,页32。
② 王庆云,《石渠余记》,卷3,页37a—39a。
③ 同上书,卷5,页32b—37a。
④ 冯桂芬,《显志堂稿》,卷11,页32a;《中国近代货币史资料》,页107。
⑤ Zelin, *The Magistrate's Tael*, p.58.
⑥ 冯桂芬,《显志堂稿》,卷11,页32a。
⑦ 计算自王庆云的《石渠余记》卷3第49b—50a页。
⑧ 《道咸同光四朝奏议》,页842,道光28年(御史江鸿升)。

100,1843 年则跌到 73,1845 年为 83,1848 年为 81,1850 年为 66。① 在此困难时期一些税收被豁免,正如户部官员王庆云指出,税收豁免的部分通常是那些被运往中央政府的部分,而非为地方政府存留的部分②,因此中央政府更加受到影响。包世臣认为:"盖银价之于钱漕,如米之于饭。"③银贵钱贱危机是税收不足的关键因素。

政府支出紧缩

由于政府也在钱庄以铜钱换成银两以支付开销,所以当铜钱相对于银两贬值时,以银计算的公共支出就变贵了。漕粮可以作为一个例子。中国东南的好几个省,漕粮作为田赋的一部分支付,漕运总督将运送漕粮或折换而成的白银通过大运河运入北方。④ 漕丁 80% 的费用以银两或银元支付,仅仅 20% 用铜钱支付,当银钱兑价倍增时,即使实际费用并没有增长,但至少要多用成百上千串的铜钱来兑换银币。既然地方政府几乎各种费用都用银币支付,各地区各部门的财源因为倍增的银价而枯竭了。⑤ 这就是为什么冯桂芬说:"昔之一两今之三两也,是国家之出银也,常以三两而供一两之用。"⑥税收减少支出增加,户部的赤字据统计,1843 年为 127.9946 万两,1848 年为 3.721 万两,1849 年为 55.9017 万两,1850 年为 237.5925 万两。⑦ 平均而言,赤字大约达到经常岁收的 4%。

最后,国家还得支付更多处理因为支出短缺而引发的问题。冯桂芬生动地描述了这一恶性循环:

---

① 彭泽益,《鸦片战争后十年间银贵钱贱波动下的中国经济与阶级关系》,页 49。
② 王庆云,《石渠余记》,卷 2,页 41。
③ 包世臣,《安吴四种》,卷 26,页 39a。
④ 缪梓,《缪武烈公遗集》,卷 1,页 21b。
⑤ 同上书,卷 1,页 17a—b。
⑥ 冯桂芬,《显志堂稿》,卷 11,页 30—35。
⑦ 彭泽益,《鸦片战争后十年间银贵钱贱波动下的中国经济与阶级关系》,页 49。

> 钱贱而银贵……国家之出，银也。常以三两而供一两之用。……而撙节之说起。撙节甚，而因循之事成。应修之水利不修，因之宣蓄无资，农田易成旱潦，转以蠲恤捐帑金。应设之巡缉不设，因之养痈贻患，穿窬变为跳梁。转以征调靡军饷。凡地方应办之事，大多以工用支绌，概缓筹议。率之，事后补救，需费更多。歧中有歧，弊益滋弊。如是而国安得不贫，揆厥原本，无非银贵有以致之。①

金钱崇拜与社会腐化

当白银危机使民众更加贫困时，无论是高官还是平民，他们不顾一切地追求金钱。管同（1780—1831）——一位有举人身份的学者，悲叹道："逐利"、"阿谀"成为这个时代的缩影，下属尽可能频繁地拜访其上司。② 冯桂芬注意到这个时代民众毫不迟疑地讨论官位的利润。1850年他告诉他的幕主林则徐一位地方官朋友的天真。当这位朋友听闻一位官员讨论江苏山阳、泰兴职位的获利情况时，他认为官员提到的是名为"三阳"的酱油店和名为"泰兴"的缫丝厂。由于当时常按照收入来评估官位的获利情况，即使林则徐也对此笑话击掌叫好。冯桂芬接着说："大小京官，莫不仰给于外官之别敬、炭敬、冰敬，其廉者，有所择而受之，不廉者，百方罗致，结拜师生兄弟以要之。"总结来说，"大抵大官之廉者仅足，不廉者有余，小官则皆不足。不足则揭债，母十岁三，其子子复为母，十年外简数已巨万，债家相随不去，犹冀其洁清自好乎"③？于是，诸多公共事务更加留给幕僚、胥吏、衙役去执行，这些人建构了一套贿赂体系。

---

① 冯桂芬，《显志堂稿》，卷11，页30—35。《皇朝政典类纂》，钱币4，第6—8页内阁学士朱嶟的官方奏折注意到银钱危机时期，用于平定暴动的费用增加。
② 《皇朝经世文编》，卷7，治体1，页16a(管同，《拟言风俗书》)。
③ 冯桂芬，《校邠庐抗议》，卷上，页7a—b。

幕友,也就是所谓的绍兴师爷,帮助地方官处理钱粮、刑名问题,还有可能为地方职位提出候选人。其拥有店铺的亲戚为贿赂官员提供门路。1836 年的一份谕令指出,甚而有县令、知府要拜布政使衙门中掌权几十年的一位幕友——吴烈门为"耆老",因为他掌有推荐县令、知府的权力。这位幕友的子孙、侄儿女、亲友所开的绍兴酒店、钱庄、货店,也是贿赂的门径。① 绍兴酒店还开在各省,形成了跨省的网络。②

　　清朝前期也存在一定程度的腐败与拜金现象,当和珅掌政的 1775—1795 年间,政治腐败的程度恶化。③ 乾隆时期袁枚(1716—98)的文章提到,钱比其他一切事物更有作用。画家郑燮(1693—1765)在 1759 年提到,比起其他礼物,他偏好以白银交换他的画作。④

　　但是,在银贵钱贱危机时期,腐败进一步恶化。从嘉庆时期到 1854 年,支付幕友的费用上涨 5—10 倍,可见腐败的快速增长。幕友几乎与官员一样多,约 2.7 万人。⑤ 1854 年御史范承典指出:"州县之糜费,以胥吏幕友为最巨。州县之胥吏,原以供奔走而已,今则钱粮税课,事事饱其溪壑,凡所隐匿所侵渔者,若逐一清厘,每岁可得银五六百万两。州县之幕友,原所以资佐理而已。嘉庆年间,刑名钱穀,修脯一二百金,近则逐渐加增,竟敢私设定额,大缺一二千两,小缺亦五六百两。合天下一千四百馀缺之州县计之,此项竟须二三百万两。"⑥两项合计,一年被幕友侵吞的款项多达八百万两,约占政府岁入五分之一,严重影响国家财政收入。

　　19 世纪前期,管账的幕友制度化而称之为账房师爷,也呈现了此时贿赂剧增。从 18 世纪以来,地方官的幕友协助处理刑名、钱谷、奏章、战

---

① "上谕档",道光 16 年 5 月 18 日。
② 郭润涛,《官府、幕友与书生》,页 250—257。
③ Hummel, *Eminent Chinese of the Ch'ing Period, 1644—1912*, p. 288.
④ 关于这两个例子,参见萧清,《中国古代货币思想史》,袁枚:页 330,郑板桥:页 305—306。
⑤ 郭建,《绍兴师爷》,页 2,17。
⑥ 《道咸同光四朝奏议》,页 1159。

役、诉讼。但是到了 19 世纪前期,出现了一种账房师爷负责秘密记录从下级所获得或赠送上级长官的礼物。① 当史无前例的银贵钱贱危机发生时,已经建立的社会价值受到金钱至上的社会风气的致命威胁。管同评论他所处时代所弥漫的逢迎,背后可悲的是既无忠诚,亦无爱心。他接着说道:"上之所行,下所效也。时之所尚,众所趋也。今民间父子兄弟有不相顾者矣。合时牟利者是为能耳。他皆不论也。士大夫且然,彼小民其无足怪。"② 这种发展到最后,官员们倾向于沉默寡言,学者所关注的不是知识,而是获得更高的职位、赚取更多的金钱。他们不再在意执行公共行政事务所需的正直。③

清王朝的统治受到威胁

在一些案例中,税收不足迫使官员强迫民众支付更多的税,这常常引发抗争。1842—1849 年间的 110 次抗争中,有许多就是因为更高的银价增加了税收负担。④ 一些高官将最大的抗争归因于银贵钱贱危机,以及胥吏、衙役滥用刑罚。⑤ 1842—1849 年间的 110 次暴动发生于江苏、浙江、福建者,与秘密社会无关,但是其在 1847 年后于广西、广东、湖南发生者则有关联。当由秘密社会领导的抗争延伸到中国东南地区时,原本参加经济抗争的民众加入了由秘密社会领导的太平天国的行伍。⑥ 1850—1870 年间清廷平定太平天国运动,花费了清廷 4.2 亿两白银(大约 5.8 亿银元)。⑦ 但是,1852 年清朝的年收入减少到 1850 年的 60%。1852 年开始大量卖官鬻爵。都察院左都御史花沙纳(1806—

---

① 郭建,《绍兴师爷》,页 174—176。
② 《皇朝经世文编》,卷 7,治体 1,页 15b(管同,《拟言风俗书》)。
③ "史馆档",传稿,号 4332,管同。
④ 侯厚吉、吴其敬,《中国近代经济思想史稿》,卷 1,页 237。
⑤ 曾国藩,《曾国藩全集》,页 29—30,咸丰元年 12 月 18 日;《皇朝经世文续编》,卷 58,户政 30,钱币,上,页 32b(刘良驹,《请制定银钱划一章程》,1845 年)。
⑥ 陈在正,《19 世纪 40 年代国内阶级矛盾的激化与太平天国革命》,页 10。
⑦ 彭泽益,《19 世纪 50—70 年代清朝财政危机》,页 131。

59)如此描述:

> 富豪竞进,寒士向隅,为乾隆时所未有。然天下士尚踊跃观光者,以科甲一途,非银钱所能为力,犹足贵耳。今乃并此而捐之,胥天下而出于利途,益令垂首丧气口议腹诽,是失士心也。①

到 1853 年清廷失去的不仅是无法获得官位的学者的支持,也丧失了维持自身的能力。每年支付官员与军人的薪金共约 3,000 万两。② 事实上,户部盈余只有 29 万两,需要用来维护国家机器运转的钱项 90% 没有着落。③

但是,1856—1886 年间,通过商业税,政府能够汲取回流中国的白银,以协助化解这个巨大的危机。负责平定太平天国运动的高官,例如曾国藩、胡林翼(1812—1861)等意识到农业税不能增加,而对商业界征收重税。④ 19 世纪后半叶,在整个税收中商业税的份额快速增加。1841—1849 年商业税仅仅构成政府岁入的 11%⑤,到了 1890 年大约达到 65%。⑥ 增加的商业税包括关税(条约口岸开放以后,一种快速扩张的收入)、盐税、厘金(创立于 1853 年的一种新型的国内关税)、鸦片税(1858 年后引入)、常关税。⑦ 1890 年田赋相当于所有税收的 28.2%,关

---

① 《道咸同光四朝奏议》,页 1067,咸丰 2 年。
② 缪梓,《缪武烈公遗集》,卷 1,页 28a。
③ 彭泽益,《19 世纪 50—70 年代清朝财政危机》。
④ 侯厚吉、吴其敬,《中国近代经济思想史稿》,卷 1,页 308—309。
⑤ Jerome'Chen, *State Economic Policies*, table XXI. 1842 年这一数据为 24%(参考本书表 8.1)。
⑥ 林满红,《晚清的鸦片税》,页 444,1885 年 52%、1890 年 56%。相关数据亦参见本书表 8.1。
⑦ 常关税是海关税以外(1842 年南京条约签订以后设置)的一种关税,明代国内关税的开征至少可以追溯到 1429 年,明代关税大多为清代所继承,根据船只与车辆的大小征收关税,由清政府的户部或工部负责。到 1824 年,户部辖下有 24 个内陆关征收国内税。1683—1842 年关于四个沿海省份建立了四个海关。1842 年后,建立越来越多的海关,来向外国征税,相应地,征收国内税的内关也建立起来。1853 年后内关与厘金局征收国内关税,但是内关征收的国内税运缴中央政府,厘金收入留归各省使用。每个省只有几个内关,但是厘金局广泛分布,且常常仅相隔数里之远。见陈国栋《常关》第 225—226 页。

税为24.7%,盐税为15.35%;厘金为14.56%;鸦片税为9.25%,常关税为1.12%。① 尽管仍然面对外国帝国主义者带来的困难,这些商业税使清廷得以处理国内危机而维持到1911年。

小　结

正如牟复礼(Frederick Mote)所道:在传统中国,城市与乡村间的密切关联超过任何其他传统社会。② 在银贵钱贱危机时期,我们看到多半在城市中使用的白银、与多半在乡村中使用的铜钱,是相互连结的。例如,尽管城市官员与商人拥有白银,但他们的白银是以住在乡村的平民所支付铜钱再在钱庄兑换来的。这些交换受制于城市钱庄商人设定的银钱比价,在19世纪前期该比价受到白银外流的影响。因此,是整个国际市场而非单单清帝国把持了中国城乡网络的枢纽。岸本美绪认为连接国际市场的白银部门,是一个较不稳定的市场;而很大程度上供给国内的铜钱市场,是一个较为稳定的市场。③ 这或许只能用在乾隆早中期时代(1736—1775),当时在中国的货币体系中白银还没有取得支配性的地位。但是19世纪前期的银贵钱贱危机明显地表明,白银的价格波动会传递到铜钱部门。铜钱收入者受制于由白银所影响的银钱比价,是这一传输过程的关键环节。

无论银价的增长关系到铜钱收入者,还是货币供给的减少,都增加了政府与纳税人、佃农与业主、雇主与工人、商人与手工业者间的摩擦。无论是边陲省份还是核心省份的边陲地区,都无法逃避这一危机。在同样需要支付税收与购买必需品的情况下,边陲地区事实上比核心地区遭受更多的困难,因为边陲地区更难获得白银。当社会的货币短缺时,诉

---

① 林满红,《晚清的鸦片税》,页444。
② 关于城市与乡村的关联,参见 Mote, "The City in Traditional Chinese Civilization"。
③ 岸本美绪,《清朝とユーラシア》,页34。

诸于腐败以维持个人收入的风气威胁了现存的价值。官员与士兵实际收入减少,政府对财政赤字更加的无能为力,使得国家的权威受到可怕的威胁。随着白银外流、银价对铜钱的价格高涨,从 1820 年代到 1850 年代早期,流民、腐败、贫穷、暴乱都一步步恶化。

这些问题预示着太平天国运动的即将发生,此运动在三年之内几乎颠覆了清王朝。但是白银回流中国,提供了新的也是更多的商业税收,在曾国藩成功的意识形态建构与其他的帮助下,平息了太平天国运动。尽管学者们仍在争论 17 世纪世界白银供给与 1644 年明王朝灭亡之间的关系,由于中国从乾隆晚期转而深度依赖拉美白银,19 世纪前期货币危机的恶化,及最后 19 世纪中期的危机结束,都显示了此时中国与世界白银供给的密切关联。

中 篇
经济论争所凭借的文化资源

19世纪初的中国并没有像在1930年代一样，有凯恩斯或哈耶克可以为经济论争提供指引。尽管19世纪前期货币危机的部分原因在于18世纪中国明显增加拉美白银的使用，但是19世纪的早期标示出这是中国最后一次只凭着传统思想去处理难以捉摸的货币问题。

包括低层与高层学者官员间，出现类似凯恩斯与哈耶克间对于货币短缺时期合适的国家职责的激烈争论。虽然还没有关于中央银行的思考，一群思想者建议国家掌握发行货币的权力，以便获得类似"凯恩斯主义者式"的成效：即增加公共支出以减少失业。除了关闭一些国家铸局、银矿开采民营化、放任若干地方政府铸造银元之外，政府选择维持现状，这实际上是接近哈耶克的经济理想：即让私人银行竞争并提供不会贬值的贵重金属货币，也让市场自行调节。正如我们将要看到的，1853—1861年采用的膨胀性货币政策，就像放任主义者预言的那样失败了。

在洛克(John Locke, 1632—1704)以前的英格兰，并没有反对政府利用货币进行财政搜括的知性讨论。然而，19世纪前期中国的学者官员，却援引了无数的中国历史前例来防止这项行动。即使极端的通胀议案的修正案，例如发行更小面值的纸币，或者允许地方的财税收取较不昂贵的铜钱，都没被采用，理由是纸币将被伪造、银钱比价又如此难以追随。相对于过去大家认为中国有根深蒂固的通货膨胀传统，我们发现，事实上中国拥有比洛克所继承的英国传统更多防止通膨的知识积累。

第四章 货币论争与政策

中国知识分子究竟是如何回应银贵钱贱危机对19世纪前期中国人民财富、价值与国家权威所造成的威胁？他们倡议国家插手消除危机？如果是的，要采用哪些方法？或则，任市场自行运转？

从1814年开始，解决这一问题的主要建议有：① 国家发行纸币或铸造面值大于或等于实际价值的铜钱；② 鼓励多使用铜钱而少使用银币；③ 政府用贵重金属铸造硬币，补充私商所持有银元、银两之不足；④ 维持现状。在不同的提议中，国家干预市场的程度有所不同。发行不能兑银的纸币或铸造面值大于实值的铜钱，是最强烈的干预主义者的建议，因为政府如此一来会以纸币或面值膨胀的铜钱兑换老百姓的商品或服务。维持私商提供银元或银两的现状，是最放任的提议，因为如此一来政府将继续以大部分的货币权力让给商人。发行可以兑银的纸币，或者以贵重金属铸造硬币，或者使用铜钱替代白银，或者铸造面值等于实值的铜钱，所有这些提议都将扩展国家的权力，但政府还提供一些有实在价值的物品交换民众的商品与服务。除了一些使用谷物、布匹、玉石、贝壳作为货币的建议之外①，当时人处理这一危机的想法大抵可以归结为以上四种。

有生员资格的王鎏可以视为理解这些提议的一个焦点。他倡议政府发行不可兑银的纸币。王的理念见于所著《钞币刍言》一书，该书1828年撰写、1831年刊印，1837年以《钱币刍言》为改名再版。在乾隆末年就倡议政府发行纸币的父亲的指导下，王鎏用了近30年的时间撰写此书。② 王父长久以来相信纸币的可行性，1814年翰林院编修蔡之定因为提议政府发行纸币而被处罚，王父即曾就此事阐述己见。王父评论道，尽管蔡讨论纸币发行在引用明代先例，而不是顺治时期(1644—1661)先例方面举例失当，但他认为如果能够去除弊端，纸币其实可行。

王鎏刊印《钱币刍言》献给垂死的父亲。③ 他同时将该书副本呈送高官与知名的学者，引发了无数的回应。④ 包世臣大约于1837年、魏源于1831—1837年间、许楣于1846年(1797—1870)严厉批评王鎏试图为国家掠取民财。很多这些批评刊印于《钱币刍言》正文，或者是其附录《续刻》中，而王鎏则在后续的《再续》中，引用历史中类似的建议，并以更多的注释进行回应。只是，其中并没有王鎏对许楣与魏源批评的回应。

伴随着这些争论，有关王鎏及其批评者的这些货币提议，在宫廷内外继续进行讨论。因此这场发端于王鎏著书的争论，代表了19世纪早期中国知识分子对于银贵钱贱危机的回应。

王鎏的建议

现在大部分国家都有中央银行贷款给商业银行，而商业银行则在中央银行存款。中央银行也是政府的银行，政府透过中央银行买卖公债。

---

① 例如，孙鼎臣《奋塘刍论》，卷1，页15b)建议废除用银，改用谷物与布交易。
②③ 王鎏，《钱币刍言》，《钱钞议》，页1a—2a，44b;《续刻》，页9a。
④ 同上书，《再续》，页5a。

中央银行也根据政府的货币政策管控国家的货币供给。[①]

19 世纪前期的中国没有这样的中央银行，王鎏也不知道这一概念。但是，王曾经建议政府管控货币供给，并以户部负责发行纸币且回收其所发行的旧币。王所关心的是强化国家的货币主权（图 4.1）。王建议发行纸币，并以之换取当时社会流通的所有银币，藉此解决用银所产生的问题。此外，王建议铸造大小面值的铜钱。政府可以用所发行的纸币高价购买民众所用的铜以铸造铜钱。国家所发行的可靠纸币将取代富家发行的纸币。这些较轻便与形式一致的纸币也将用来取代外国银元。[②]正如今日的中央银行，在王的计划中，国家的货币主权将藉由排除其他国内外的经济势力并植基在民众的信赖之上而清楚界定。现存的票号钱庄将代理国家流通货币，而它们将获得所流通的纸币面值的 10%作为回报。民众透过支付面值 2%的佣金，可以在钱庄以各种面值的铜钱兑换纸币。[③]

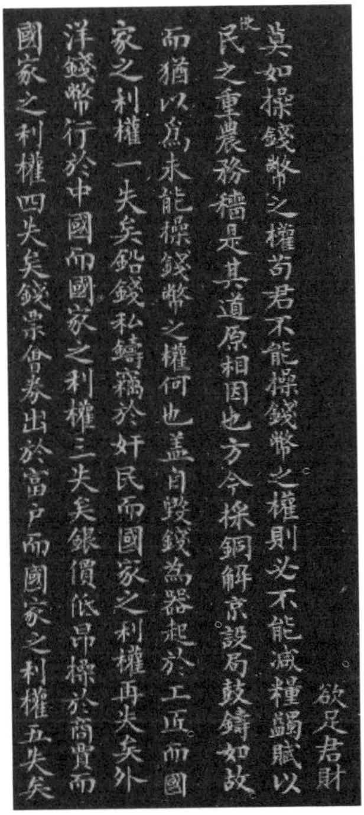
欲足君財莫如操錢幣之權苟君不能操錢幣之權則必不能減糧蠲賦以民之重農務穡是其道原相因也方今操銅解京設局鼓鑄如故而猶以為未能操錢幣之權何也蓋自毀錢為器起於工匠而國家之利權一失矣鉛錢私鑄竊於奸民而國家之利權再失矣外洋錢幣行於中國而國家之利權三失矣銀價低昂操於商賈而國家之利權四失矣錢票會券出於富戶而國家之利權五失矣

图 4.1　王鎏《壑舟园初稿》上的文字

说明：王鎏《壑舟园初稿》的这段文字，写下了他为所处时代缺乏国家货币主权的哀叹。

资料来源：北京图书馆。

王认为清政府有必要采取几个行动以获取货币主权。政府需要没收白银，并在第一次发行纸币后的 5 年或 10 年，仅仅归还原有者该白银

① Lipsey and Chrystal, *Economics*, pp. 657—9.

② 王鎏，《钱币刍言》，《钱钞议》，卷 1，页 2b、5a。

③ 王鎏，《钱币刍言》，《拟钱钞条目》，页 16a。

一半的价值。10—20年后,允许商人使用纸币以一半的价格从政府购买白银用于制造银器。① 所有的国外贸易将以物易物,白银也将被禁止充当货币。② 中、大面值的纸币将代替钱庄中、大额的纸币。为了控制铜的使用,民间的铜店将被关闭,取而代之的是用铜制造器物、锁具、钮扣等的官方铜店。③

王还建议增进信任国家所发行货币的办法。要用最好的纸制造纸币,这种纸不得在市面出售。使用精致的容器来存放纸币。④ 铸造铜钱的成本大约是面值的90%—100%。⑤ 各省的布政使、县官、钱庄对于经手的纸币都将加盖官印。在不同的地方,有官方支薪的人员为公众核对纸币是否真实。伪造者将被斩首,举发者可获得高额奖励。⑥ 负责的官员在神前发誓:纸币的价值将不会变动。⑦

政府税收与官员薪金以纸币支付以表明纸币的可信赖度。除了1,000文以下的税收将用铜钱收取,所有其他的税收都以将纸币升值10%的基础来上税,也就是说,100文的纸币能用来支付110文的税。在支付税收时旧纸币将被回收。当纸币首次发行时,官员的薪金将倍增。原来的薪金将继续用白银支付,增加的部分则付纸币。当纸币流通以后,薪水全用纸币支付,薪水的数量将大大增加。⑧

关于纸币的数量,王说:"造钞约已足天下之用,即当停止。"⑨王强调:"国家行一小钞,可得九倍之利;行一大钞,可得十九倍之利。"⑩对于

---

① 王鎏,《钱币刍言》,《拟钱钞条目》,页17b。
② 同上书,《拟钱钞条目》,页18b。
③ 同上书,《拟钱钞条目》,页14a。
④ 同上书,《拟钱钞条目》,页14b—15a、17a。
⑤ 同上书,《拟钱钞条目》,页15a—b。
⑥ 同上书,《拟钱钞条目》,页16b—18a。
⑦ 同上书,《拟钱钞条目》,页17a。
⑧ 王鎏,《拟钱钞条目》,页18b。
⑨ 同上书,《拟钱钞条目》,页17b—18a。
⑩ 同上书,《拟钱钞条目》,页12a;《续刻》,页16a。

新创造的财富,国家将用于改善银贵钱贱危机所导致的问题,如建设灌溉工程、开垦新地、减轻自然灾害导致的不幸、消除管理河道、盐政、漕运方面的不法行为,停止卖官鬻爵,减轻各种税收。①

王鎏的建议缺少现代中央银行体系的要素,例如将中央银行与负责公共财政的部门分开、区别中央银行与其他银行的活动。王的方案是通过钱庄兑换新旧纸币,以白银兑换国家纸币,并透过政府的财政收入与支出回收和发放纸币。但是,现代中央银行是通过调节利率、管理商业银行或者买卖中央银行发行的公债,来控制货币供给。②

王鎏论著的主要反应

王鎏的书曾分送给在北京、安徽、江苏、湖北的一些学者官员,包括翰林院编纂顾纯(1765—1832)、户部尚书何凌汉(1772—1840)、总督林则徐、县官包世臣、李兆洛(1769—1841),以及一位侍郎、一位道台、一位生员、一位学政。③ 由各种资料看来,王鎏的家境富裕。王是江苏吴县人,是明朝一位内阁大学士的后代。④ 王的祖父是位狱卒,父亲是国子监生,也是书院的教习。王鎏在参加科考失败以后,购买了生员教职资格,专心阅读写作。他说自己很幸运,父母鼓励他从事学术工作。他也提到他运气很好,能够周游全国结识智者,在北京熟识几位学者官员。⑤ 王不仅自己刊印了几百份《钱币刍言》与他的其他书籍,还协助刊印朋友的

---

① 王鎏,《拟钱钞条目》,卷1,页3b;《续刻》,页7a—b。
② Lipsey and Chrystal, *Economics*, pp. 657—9.
③ 王鎏,《钱币刍言》,《前言》,页1a—b;《续刻》,页3a、4b、6a、8b、10a、11b。他们的名字分别是陈用光(1768—1835)、马士芳、吴德旋、汤金钊(1772—1856)。这些人在原文中均用其字号,其正式名字则参考王德毅的《清人别名字号索引》查出。依据字号,道台的名字可能是马士芳或马起升。
④ 张履,《积石文稿》,页25b。
⑤ 同上书,页1a、3a—b。

书籍。①

王书获得正反两面的评价。王给林则徐的信显示出是林要求阅读其著作。②但是,王给顾纯的信则记录了当时的人们质疑他的想法。王请求顾利用他的高位支持王的观点,③王也对其他高官作出同样的请求。在给何凌汉的信中,王甚至提到,即使何氏答应帮助他,但他知道请求何氏写信给官员来支持自己的观点,是有困难的。④王的密友张履(1792—1851)总结对该书的主要反应:"何公(凌汉)深讳之,而不克用。林公(则徐)欲用之,以粤行而止。其余名人达士,如同县顾通政纯、武进李进士兆洛、泾县包大令世臣咸许为可行,自顷英夷扰边,帑藏告匮,中朝言事之臣颇采用君书以进,而外省大吏或执以为不可,故君说之行不行,迄今未有定也。"⑤其中,有关包世臣对王的观点,其实是有保留的。

王鎏与包世臣、陈鳣的对话

陈鳣(1753—1817),字扶雅,最早起而猛烈批评王著。陈特别批判王建议发行空前大额的价值1,000贯纸币,及由国家吸纳民众白银,接着以半价卖出限制用于制作银器的白银。王的回答是大多数民众可以分享发行纸币价值20%的好处,包含以白银兑换纸币时获10%的收益,以及以纸币支付税款时得10%的折扣。⑥

王鎏的《钞币刍言》曾通过王与包世臣共同的朋友张履在北京送给包。王鎏的《钱币刍言》出版时,再寄给在安徽的包世臣。包给张回信一

---

① 王鎏《钱币刍言》,《友朋赠答》,页40b)记录王鎏为他的朋友沈垚印刷一本书,王也雇工人为自己印书(同前书,页44b)。
② 同上书,《续刻》,页6b。
③ 张履,《积石文稿》,页40a—b。
④ 王鎏,《钱币刍言》,《续刻》,页5b。
⑤ 张履,《积石文稿》,卷17,页2b。
⑥ 王鎏,《钱币刍言》,《续刻》,页27b。

封,给王回信两封。① 包世臣表示,他同意由政府发行纸币这一观点。他也说,自己支持发行纸币已有 30 年,其原因与王一样:透过观察钱庄发行纸币的运作,认为没有理由纸币不能由政府发行②,不过包与王的观点在以下几个方面还是不同:

1. 纸币仅用来替代铜钱。对包而言,纸币只用于替代用于长距离运输的笨重铜钱。

2. 纸币应该透过政府机构流通。包建议由户部发行的纸币,应该通过布政使、各州县,而不是通过钱庄流通各地。每个州县应该建立流通纸币的办公处。

3. 白银应该保留作为货币。包强烈反对王废除白银的建议:"轻重相权不相废,为古今之至言。行钞则以虚实相权者也。银钱实而钞虚。"③

4. 政府应该示范使用更多的纸币。除了如王鎏建议的以纸币征收田赋,包提议在要求百姓接受纸币之前,政府以纸币征收关税及科名与官职的捐纳。④

5. 只发行小面值的纸币。在包的意见中,纸币仅仅用于替代铜钱便利流通而不是用以储藏财富;因此,没有必要发行像 1,000 贯(即 1 百万文)这样大额面值的纸币。包建议纸币面值等级在一串(1,000 文)到 50 串(50,000 文)之间即可。⑤

6. 应该发行更小数量的纸币。包认为,王建议的无限数量的纸币发行,在过去的朝代中屡次失败。包建议第一次发行的数量应该等于每年田赋法定收入的一半。其后总发行数量可以增加到等同于每年田赋收

---

① 此外,在 1839 年包写《荒银小补》,包自己说这四篇文章表达了他基本的货币观点,见包世臣《安吴四种》卷 7 下第 3a—b 页。
② 包世臣,《安吴四种》,卷 26,页 7b。
③ 包世臣,《安吴四种》,卷 26,页 10b—11a。
④ 同上书,卷 26,页 7b—9a。
⑤ 王鎏,《钱币刍言》,《续刻》,页 14b—15a。

143

入的两倍数额。

7. 如果国内不再使用白银作为货币，更多的白银将会流到海外。包认为王的建议非常可能导致以更多的白银购买外国鸦片，因为无法用自己发行的中国纸币购买外国鸦片。

8. 不要禁止民众铸造铜器。包也反对王建议禁止民众铸造铜器，而以铜去铸造大面值的铜钱。①

9. 银钱比价应该接近市场比价。包建议最大的比价为1,300文兑换1两。士兵的薪金应该按1,300文的比价计算，而不是1,000文；官员的薪水与支出应该按1两兑1,200文的比价支付。

王鎏对包世臣的回应包括以下几点：

1. 纸币没必要是可兑现的。王不同意包认为纸币是"虚"而白银是"实"的说法。对王来说，"至为钞虚而银实，则甚不然。言乎银有形质，则钞亦有形质。言乎其饥不可食，寒不可衣，则银钞皆同"②。他感觉政府的权威可以支持其所发行的纸币："今之银票钱票，以取银取钱，谓之票虚，而银钱实可也。若行钞则竟以之代银代钱矣，尚得谓之虚乎？"③以政府出售官位的权力为例，包阐明了他的"虚"、"实"概念，以说明他支持可兑现纸币的立场："来书云驭贵之易者，以其有实也，无论拜实官，统计捐班得缺者不过什之二三，然有此实际，则能以实驭虚，而捐生奔走恐后而无怨。行钞能求实，何不行之有。实既至则能驭虚，荩实必损上而能驭虚，则上之受益无穷而下亦不受损，此其所以为妙用也。"④

王的回应是说，包的陈述事实上点出了使用纸币的微妙好处。对王来说，这个了解更说明了纸币可以不用有金属货币的支撑。只要纸币能够被用于纳税，它们将赢得民众的信赖。⑤ 王可以被视为别有洞见，我们

---

① 包世臣，《安吴四种》，卷26，页17a—b。
②③ 王鎏，《钱币刍言》，《续刻》，页14a。
④ 同上书，《续刻》，页20b。
⑤ 同上书，《续刻》，页24b。叶世昌（《鸦片战争前后的货币学说》，页40)注意到包的这项评论出现在王鎏的书中，但却没有出现在包的文集中。这也许表明王在这个观点上取得了胜利。

今天使用的纸币就是不可兑现的,不与"实体"的贵重金属相互连结。正如王觉察到的,使用这些纸币纳税或者购物的可能性可支撑这些纸币的可信度。通过刺激商品与服务在全社会的生产与流通,不可兑现的纸币能够创造财富。为了实现这一功能,货币不一定需要与贵重金属联结。19世纪前期中国的货币危机,透露了贵重金属货币体系的局限,即贵重金属的存量可能不够满足经济交易的需求。

即使以当前我们的知识水平与管理货币的技能,仍然很难评估社会的产出水平与消费需求,而计算出不会带来通货膨胀或紧缩的货币数量。王鎏只能够提出一些模糊的原则。法偿货币的概念是基于对政府的信任。很多王鎏的反对者质疑这一信任的存在,像包世臣这样的学者提出使用可兑现纸币作为构建纸币信心的手段。

2. 应该发行足够使用的纸币数量。"钞虽取之不尽,而国家制钞,但求足用而止,自可为之限量。譬之水火,取之无尽,然民间日用,自有定数也。"①但什么是合理的数量呢?在与包世臣其他的信函中,王鎏给出一个精确的数字:"按造钞之数,当使足以尽易天下百姓家之银而止,为可悬拟。若论国用。则当如王制(《周官》中的一个篇章),以三十年之通制国用。使国家常有三十年之蓄可也。"②如王的提议,发行纸币必须足够帝国30年支出所需,与包所建议的两年田赋岁收额度有显著区别。③这也与现在的管理货币体系所发行的纸币数量必须符合经济发展所需有所差异。

3. 纸币代替银币储藏财富。王认为银贵问题,将随着白银废除作为货币而告消失。之后,纸币将成为储存财富的手段,而不是如包所建议的只为交易媒介。因此,王相信为储存财富应发行大额的纸币。④

---

① 王鎏,《钱币刍言》,《续刻》,页14b。
② 同上书,《续刻》,页16a。
③ 同上书,《续刻》,页15b。
④ 同上书,《续刻》,页15a。

4. 钱庄将扮演不同的角色。在回答包关于发行纸币将剥夺钱庄财富的看法时,王认为发行纸币的收益将是在天地之间另外创造的一种新财富;它不是从钱庄,也不是从富豪剥夺财富。关于包建议设立官方钞局,而不是采用钱庄去流通纸币这一建议,王回答当官员与百姓兑钱时,胥吏与衙役贪污在所难免。因此,通过钱庄发行纸币比设立官方的钞局更能取信于民。①

另外,如在神像面前发誓去赢得民众信任纸币、在纸币上印朱伯庐治家格言等议题的一连串讨论之外②,王对包退让一步:纸币不再分不同的省份发行。③

魏源与许楣的批评

除了《钱币刍言》书中所收入的他人批评,魏源与许楣、许梿(1878—1862)兄弟,也在其他出版物中攻击王的观点。魏源"军储篇"的第三部分提到王鎏的《钞币刍言》。④ 相对王鎏将货币权集中于政府的建议,魏源提议铸造银元,或使用玉石、贝壳作为货币。魏源认为,货币必须有内在价值,不能以政府力量强加在没有价值的物品上而以之充当货币,所有货币"必皆五行百产之精华,山川、阴阳所炉备,决非易朽易伪之物所能刑驱而势迫"⑤。

---

① 王鎏,《钱币刍言》,《续刻》,页16a—b。
② 王鎏想在纸币上印刷朱用纯编撰的朱伯庐治家格言。朱用纯字伯庐,江苏昆山人,是晚明的一名生员,清初归隐。他追随程氏兄弟与朱熹的哲学流派,强调知行合一,他训诫家庭的警句在中国社会广为流传(商务印书馆,《辞源》,页49)。在许楣对王鎏的批评中,许注意到朱伯庐治家格言被印在钱庄发行的纸币上。(论曰:"吾游京师。见钱票,多有取陋室铭、朱柏庐家训作细楷,刻印其上者。尝试举以问车夫,则皆懵然不知何语,至有并钱铺之名号不识者,乌在其识字也。"许楣,《钞币论》,页19b)。1990年,兰州甘肃人民出版社出版的《朱熹家语》,由朱用纯编撰,李慕华注释。
③ 王鎏,《钱币刍言》,《续刻》,页26a—b。
④ 魏源,《圣武记》,卷14,页39a—b。魏写道:"近世银币日穷,银价日贵,于是有议变通行楮币者,推衍于近日吴县诸生王鎏。"
⑤ 同上书,卷14,页42a—42b。

第四章 货币论争与政策

许楣的《钞币论》,逐条讨论王的提议,是一本更严厉更详细批评王鎏观点的书。每一条之后,许楣的长兄许槤加上眉批。许槤为弟弟的书写了序言。他评论当白银流出中国时,不少人急着要"点石成金",王鎏的主张正是如此。许槤认为很多官员与学者重视王的著作,他害怕越来越多的人认为他们能够点"石"成"金,""馈赠""石头"给官员,逐出"金子"给外国。许槤写道,他自己正在思考指出其中的错误。尽管因事耽搁,刚于家中病愈的弟弟许楣寄给他刚刚写成的《钞币论》。由于许槤同意许楣的大部分意见,因此许槤认为该书可以代表许家的观点。①

当时,许楣从户部主事退休,在浙江海昌的家中,许槤在江苏镇江任职。许楣、许槤同样有进士资格、同样精于语源、语音、书法、法律,同有兴趣研究经学。另外,许槤的医药知识丰富,曾出版了咽喉疾病、产科、外科方面的书籍。他们家的古均(韵)阁印刷了《钞币论》(见图 4.2)。②

不像魏源,除了批评王鎏的书,还有自己改变货币体系的提议,许氏兄弟除了建议白银不能用于购买外国鸦片之外,并不建议改变货币体系③,而主要是从以下几方面攻击王:

1. 货币权集中于国家不如开放民间银行竞争。许楣不同意王鎏的观点:由政府发行的纸币,将优于外国银元以

图 4.2 许楣《钞币论》封面

注:许楣《钞币论》于 1846 年 7 月由许楣家的古均阁印刷出版。此时学者乐于印刷自己的著作或者委托朋友印刷以流通观点。

---

① 许楣,《钞币论》,前言,页 1b。
② 缪荃孙,《续碑传集》,卷 79,页 26—27。
③ 许楣,《钞币论》,页 34a。

147

及钱庄发行的纸币。① 钱庄发行的纸币可兑换成白银与铜钱,然而在王的建议下由国家发行的纸币将不可兑换成白银。的确,一些钱庄盗用客户的资金,但是,许楣问道:"国家取百姓百千万亿之银,而起始即化为纸,独非亏空也?"②

2. 贵重金属是较为优越的币材。在许楣看来,王鎏论点最基本的弱点是他认定在作为货币使用上,金、银、铜无法与纸竞争,而提议使用纸币作为货币以替代白银:"夫天生五金各有定品,银且不可以代金,而为纸可以代钱乎,弗思耳矣?"③许楣补充道:"凡以他物为币,皆有轻重变异,为金银独否。"④他解释贵重金属的内在价值与它们的稀缺是有关的。⑤ "多出数百万之钞于天下,则天下轻也。亦可见物之贵贱皆其所自定,而非人所能颠倒矣。"⑥许楣指出:"今江浙盛行洋钱之处,即不用钱票。则以票虚而洋钱实也。"⑦

3. 纸币具有通胀的倾向。王鎏认为纸币的数量将仅敷所需。但是,许楣却警告要预防纸币发行会不断增加的倾向。⑧ 对许楣来说,王鎏的建议发行数量足够整个社会所用的纸币以及所有的税以纸币来征收,将仅能运作于国家正常时期:"使国家而无意外之费则已,有则安所取之?取之于添造,必矣。"⑨在许楣看来,王鎏所提到,当使用的货币是贵重金属而非纸币时,因商品缺乏而通胀的例子,合乎实情。但使用纸币本身就倾向于过度发行而导致通胀。⑩ 如包世臣一样,许楣认为纸币制度不

---

① 许楣,《钞币论》,页 13b。
② 同上书,页 14b。
③ 同上书,页 21a。
④ 同上书,页 12a。
⑤ 同上书,页 11b。
⑥ 同上书,页 25b。
⑦ 同上书,页 13b。
⑧ 同上书,页 25a—b。
⑨ 同上书,页 24b—25a。
⑩ 同上书,页 38b—39a。

断失败的根本原因在于它们"取之不尽,用之不竭"的特性。①

4. 纸币的发行将导致经济损失与政治滋扰。在王鎏的计划中,政府用纸币收取税赋,再用纸币与民众交换白银。换言之,民众只不过是从向税务机构交银,转变为向纸币机构缴纳而已。② 许楣怀疑王鎏计划的可行性。"取民九倍、十九倍之银,而偿以丈尺之纸。国家利矣。其如民之不利何? 民既不利,钞必不行。九倍十九倍之利,必不可得。"③许楣相信人民不会接受政府蛮横发行的纸币,这一行动甚至可能激发动乱。若以纸币发放官员薪金、军事饷费、政府员工工资,当他们将这些纸币带到市场时仍会遭到拒绝。④ 较强有力的省府官员将强迫富家,用官方纸币交换他们的商品、铜钱甚至白银。如果富家拒绝,他们将被指控抵葛新的货币。⑤ 纸币的发行不仅会导致民众经济损失,而且会带给民众诸多政治滋扰。

像包世臣一样,许楣指出王鎏所建议各省发行不同的纸币将会导致省际旅行的不便。任何人从浙江旅行到北京,必须在江苏、山东、直隶兑换纸币。此外,如王鎏所说的,既然只有大城市将设立钞局,旅行者将只能走通过大城市的干道。⑥

许氏兄弟还担心纸币的伪造可能相当有利可图,而使政府无力监控。技工将生产同一种类型的纸张,复制纸币上的印章,并且可以在纸币上书写、更改文字。⑦

此外,像包世臣、魏源一样,许楣认为禁止使用白银作为货币,将会导致更多的白银流向国外,白银流失更多,银价将更上涨。

---

① 许楣,《钞币论》,页 11b—12a。
② 同上书,页 27b—28b。
③ 同上书,页 29a—b。
④ 同上书,页 28a。
⑤ 同上书,页 33b。
⑥ 同上书,页 30a—b。
⑦ 同上书,页 22b—24a。

关于王鎏提到通过强化经济事务的主权提升政府的威严这一最终目的，许楣写道："绝天下之利源而垄断于上，何体统之有？"①许不仅怀疑政府吸收民众财富的能力，还怀疑如此做的依据。关于带来极大威胁的白银外流这一当前的问题，该有何作为呢？根据许楣，"银不为币，但当虑其易鸦片耳，其它货物，何为不许以银"②？仍以银易货，也可能以中国更高值的货易取其他国家更多的银，由此可见许楣对市场机制的深刻信心，而这也确实发生于1856年后的中国。

在王鎏为一方，许楣、陈鳣、包世臣、魏源为另一方的论争中，四位学者担心王鎏的提议将支持君主利用货币获取财政收入。官僚体系内外的其他学者官员对类似于王或王的反对者的货币建议的广泛讨论，呈现了这场论争的巨大影响。

更多的货币讨论

王鎏建议的追随者与批评者

学者杨象济（1825—1878）③、彭翊（生卒不详）④、周悦让（生卒不详）⑤攻击类似王鎏的纸币提议，或是批评其具有财政剥削的本质，或是批评其浪费发行纸币的费用。

---

① 许楣，《钞币论》，页12b。
② 同上注，页34a。
③ 关于杨象济的提议，见《皇朝經世文續編》，卷60，户政32，钱币，下，页16a—18a（《行钞引议》）。该文同意1846年郑祖琛的提议，禁止民众浪费使用黄金；该文发表日期较郑为晚。关于郑的提议，见《中国近代货币史资料》第158页。尽管杨在文章中没有提及王鎏，很明显的王鎏的提议就是他攻击的目标："钞有十不可行。而今国计日绌，议及于此……使民以银买钞，是所重在银。民知上重在银，谁肯以有用之财，易此无用之纸，上既行钞，必禁民之用银，民不乐从。唐宋所云交子会子飞钱，即今之会票，以票可易钱，且有轻赍之乐，故以为便。今所谓钞者，有纸而不能易钱，谁欲得之？"事实上，当时只有王鎏提出这一建议。
④ 齐思和等，《鸦片战争》，册1，页509—510，选自彭翊《武窥民斋文抄》。
⑤ 《皇朝經世文續編》，卷60，户政32，钱币，下，页33a—34b（《驳钞法议》）。

在所有官员中,江苏一位候补道台胡调元大约在 1849—1853 年①,户部侍郎王茂荫(1798—1865)则在 1850 年②,提出较王鎏温和的纸币提议。而前户部侍郎、现任都察使花沙纳,在 1852 年曾经提出一项激进程度与王鎏相近的议案。这些提议在细节方面有些不同。

胡调元是第一位提议发行以白银而非同王鎏所提议以铜钱作为纸币面额单位的学者官员。而对所建议仅仅 1 两的面额,他相信不会太大,也不会太小。胡认为在当时白银短缺的时期,应该发行替代白银使用的纸币。③ 像胡调元一样,王茂荫与花沙纳也提议以白银为面额的纸币。④ 王茂荫提议面值 10、50 两。⑤ 花沙纳建议仿照布政使署小锭、中锭、元宝之分 5、10、50 两的面值。⑥ 所有这些面值都小于王鎏提议的高达 1,000 贯(依照官定银钱比价,等于 1,000 两)的纸币面值。

关于所要发行的纸币数量,王茂荫强调一个原则,纸币发行的数量越多,纸币就越不值钱。最初发行 10 万两,一两年后每年发行的数量将要倍增,直到最大达到 1 千万两纸币。这一数量等于中央政府每年田赋定额的三分之一,远远少于包世臣与王鎏的建议(分别是每年田赋的 2 倍或支出的 30 倍)。比较王茂荫的逐步发行到 1 千万两⑦,花沙纳则建议在几年的一个时段内流通 1 亿两纸币。⑧

胡调元认为纸币应该可以兑现。⑨ 王茂荫建议用帝国财政收入的 4

---

① 《中国近代货币史资料》,页 334。胡的提议于两江总督陆建瀛(1792—1853)、江苏巡抚杨文定(? —1857)留下的档案中发现。原始文件的签注说,当这些成为一个议题时,他们将代表胡调元提出这些建议。既然陆于 1849—1853 年当政,胡的建议日期也应在这段时间(李伯荣,《魏源师友记》,页 34)。
② 陈平民,"王茂荫及其货币理论",页 20;《中国近代货币史资料》,页 318。
③ 《中国近代货币史资料》,页 333。
④ 《道咸同光四朝奏议》,页 1072,咸丰 2 年(监察御史花沙纳)。
⑤⑦ 《中国近代货币史资料》,页 318。
⑥⑧ 《道咸同光四朝奏议》,页 1071,咸丰 2 年(监察御史花沙纳)。
⑨ 《中国近代货币史资料》,页 335。

两支持1两纸币,作为建立纸币信用的手段。① 花沙纳反对纸币可兑换成白银:"至钞行,则钞即可为工本矣。"②不像王鎏用纸币替代白银的所有货币用途的建议,这三位倡议者建议使用以银作为准备的纸币去补充白银。③ 不过,如王鎏一样,王茂荫建议,支付给钱庄少量的佣金,让每个店铺负责在纸币上加盖该店的印章,通过它们将纸币发行给大众。北京将首先使用纸币,吸纳所发行的10%的纸币,其它的90%分发给各省会的钱庄。④

胡调元、王茂荫、花沙纳的建议都比王鎏温和。在王鎏与包世臣的对话中,包认为发行纸币不过是"救弊之善术",而王视之为"理财之大经"⑤。对王茂荫来说,就跟包世臣一样,使用纸币是对当前问题的一种权宜之计,而非管理国家财富的长久大策。胡调元的观点是使用纸币作为另一种货币工具,去对付散布各处的流民与不负责任的管理。⑥ 花沙纳的观点最接近王鎏,他也视纸币为财政工具。对花沙纳而言,纸币能够将民众的财富,尤其是钱庄的财富,转为政府的财富。⑦ 不同于王茂荫每笔交易给予钱庄少量佣金的建议,花沙纳倡议惩罚那些不接受纸币铜钱兑换的钱庄。⑧

王鎏建议发行面额大于一文的大额铜钱,这项建议比他关于纸币的建议获得更广泛的讨论。来自官员与学者的反对者,例如胡调元⑨、王茂荫⑩、冯桂芬⑪的理由是:虽然被政府发现的非法纸币将毫无价值,但非

---

① 《道咸同光四朝奏议》,页971,咸丰元年(陕西道监察御史王茂荫)。
② 同上书,页1079—80,咸丰2年(监察御史花沙纳)。
③ 《中国近代货币史资料》,页318,332。
④ 同上书,页319—320。
⑤ 王鎏,《钱币刍言》,《续刻》,页18a。
⑥ 《中国近代货币史资料》,页334。
⑦ "史馆档",传包,号2051,花沙纳。
⑧ 《道咸同光四朝奏议》,页1073,咸丰2年(监察御史黄仲模)。
⑨ 《中国近代货币史资料》,页332—333。
⑩ 同上书,页318。
⑪ 冯桂芬,《显志堂稿》,卷11,页33a—35a。

法铸造的铜钱仍然可以熔铸为铜,而这一事实将会鼓励更多的伪币。

支持王鎏提议的人在细节的执行上与他有所不同。1838年获得进士资格,后来担任湖南地方学政的成毅,大约在1850年提出铸造一种面值大于其价值的大额铜钱。①丁履恒②、吴嘉宾③、孙鼎臣(1819—1859)④支持面值等于实值的大额铜钱。吴嘉宾、孙鼎臣预想大额铜钱可以部分替代白银,丁履恒认为纸币只是辅助白银之用。意即这些学者都不支持王鎏废除白银的建议。

在官员中,梁章巨(1775—1849)最早支持发行大额铜钱。梁是1826—1832年江苏的布政使,1841年为江苏巡抚。⑤虽然没有直接的证据证明梁已经阅读了王鎏的书,但两人的建议非常相似。⑥

支持大额铜钱的其他官员提出一些修正建议。他们包括了御史雷以諴在1842年、御史张修育在1843年、安徽巡抚王植在1846年、御史江鸿升在1848年、四川学政何绍基在1852年,都提出了发行大额铜钱的建议。⑦现存的一文铜钱重1钱2分,每个标准铜钱内含6.48分铜、5.52分锌与铅。因此,100文铜钱含有648两的铜。雷以諴建议使用1两铜铸造一枚面值100文的铜钱。⑧张修育建议采用新疆穆斯林的例子,铸造重仅1钱5分、面值10文的铜钱。⑨王植建议新铜钱从3文至50文,以5种面额呈现,并且铜的含量少于现存铜钱。⑩江

---

① 成毅,《求在我斋文存》,卷2,页21a、13b。
②《皇朝经世文续编》,卷58,户政30,钱币,上,页18a(丁履恒,《钱币议》)。
③ 齐思和等,《鸦片战争资料》,册1,页501。
④ 孙鼎臣,《奋塘刍论》,卷2,页4a。
⑤ 魏秀梅,《清季职官表》,页843。
⑥ 梁章巨《归田琐记》卷2第4页,存有梁对于铸造大额铜钱的建议。此外,梁建议纸币作为白银的替代物发行(《中国近代货币史资料》,页336)。
⑦《大清历朝实录》,卷75,页12,咸丰2年10月(学政何绍基)。
⑧《中国近代货币史资料》,页145—150,尤其页150;《道咸同光四朝奏议》,页595—601,道光22年(雷以諴)。
⑨《中国近代货币史资料》,页150—154。
⑩ 同上书,页155。

的建议与所有这些大额铜钱建议的不同,在于江希望大额铜钱的面值等于其实在价值。江也反对禁用铜器,因为这对民众很不方便。大额铜钱的铜来自每个铸局已经确立的铜配额。尽管大额铜钱没有增加国家的收入,它们可以弥补白银供给的不足,强化国家的货币主权。① 王庆云接受了江的大部分建议,但是不同意他在所有公共支出中用大额铜钱代替白银。②

包世臣的观点也激起了很多反响。

包世臣及其支持者

除了质疑王鎏的论点,包世臣也极支持在公共支出、省内财政上,以铜钱代替银币。包建议在比其他省有着更多水路联系的江苏、浙江、湖北、湖南、安徽、江西六省,征收、运送赋税尽可能地采用铜钱。他也建议用铜钱代替白银支付地方费用。正式的地方支出包括祭祀、文武官员的薪金、兵饷、衙役的膳食费。非正式的支出包括私人幕僚的薪金、捐献、规费、漕运管理费。

以白银为收入者,在日常使用中必须兑换为铜钱。政府用铜钱购买白银,以及随后接受者卖出白银,使得钱庄得获两重利润。按照市场上的银钱比价,以铜钱支付将不会减少他们的实际收入。包计算出采用这一改变,将节省近1,000万两白银,有利于降低银价。但是,这一替代方案仅能实施于局部地方。需要长距离运输的项目,例如各省上缴户部的税项,资助甘肃、贵州的协饷③,仍然需用白银拨送。1844年江西总督吴文镕(1792—1854)、1845年御史刘良驹、1840与1846年私塾教师成毅、1846年朱嶟(1792—1862)、大约1849年王庆云、1849年前夕缪梓、1850

---

① 《中国近代货币史资料》,页157—158。
② "史馆档",传包,号1675;王庆云,《石渠余纪》,卷5,页8b。
③ 包世臣,《安吴四种》,卷26,页15a—17b。

年曾国藩、1852年冯桂芬等人,都提出类似包世臣的建议。①

缪梓建议在一般交易时,用铜钱替代白银,但其他人建议仅仅税项用铜钱替代。冯桂芬赞成所有的税项都替代,但吴文镕、刘良驹、曾国藩等人建议在税项或者政府支出中只是部分替代。吴文镕还建议省级以下的地方行政单位,采用铜钱支出。新铸造的铜钱将用于支付官方津贴而不是兵饷。刘良驹建议只以铜钱征收盐税、国内关税与捐输,田赋征收则部分采用铜钱,至于支付黄河管理费、地方政府的费用,都使用铜钱。曾国藩认为支付京师八旗与各省绿营的兵饷使用铜钱,但驻防八旗将领则继续支付白银。此外,不需要协济其他省的省份,将用铜钱征收所有的税,并支付所有的支出。

缪梓与刘良驹觉得银钱比价,可以设定在户部建议的1∶1,500。成毅建议根据最初官方的1∶1,000的银钱比价,将白银转化成铜钱支付税收。王庆云相信采用市场的银钱比价将不会对士兵造成伤害或损失。如同包世臣、王庆云一样,冯桂芬、吴文镕建议遵从市场比价。曾国藩则建议银钱比价改为1∶2,000,并由户部每年调整一次。

在铜钱替代白银上,大多数学者官员建议铸造更多的铜钱;仅仅朱嶟希望全部停止铸造。为了解决铜钱的重量问题,包世臣、缪梓、冯桂芬建议以纸币或者山西票号的汇票替代长距离交易中的铜钱。王庆云建议士兵直接由军营所在州县的地方官员,而不是由布政使发放兵饷。

类似魏源的建议

尽管在与王鎏的论战中,许楣倡议使用贵重金属作为货币,但却是

---

① 关于吴文镕,见"宫中档",道光24年3月11日(吴文镕),以及吴文镕《吴文节公遗集》卷11第1a—4b页;关于成毅,见《求在我斋文存》卷2第21a、13b页;关于王庆云,见其《石渠余记》卷2第41a—41b页;关于朱嶟,见《中国近代货币史资料》第109页,以及Jerome Ch'en, *State Economic Policies*, document 1;关于刘良驹,见《中国近代货币史资料》第104—107页;关于缪梓,见《缪武烈公遗集》卷1第22a页;关于冯桂芬,见其《显志堂稿》卷11第34b页。

魏源在1831—1837年间建议使用贵重金属铸币。使用贵重金属铸币也是其他一些官员学者的建议。例如丁履恒在1818年左右、林则徐、陶澍在1833年、贺长龄在1838年、龚自珍在鸦片战争前，都提出类似的看法。1846年郑祖琛（1787—1851）也曾建议铸造金币。① 丁履恒甚至建议政府铸造金元、银元，以及大小面额的铜钱，他认为铸造贵重金属铸币，将阻止商人为市场设定银钱比价。②

1833年江苏巡抚林则徐提到，一些商人相信抵制外国银元的唯一办法，是官方造币厂铸造银元，而非铸造铜钱。费用将比铸造铜钱少10倍。新的银元将优先用于支付士兵，并将因此流通于广大民间。于此将使用市场的比价。③如同魏源与林则徐，龚自珍也建议铸造银元替代外国银币。④ 来自江苏阳湖的学者周腾虎，1854年建议铸造与西方同一纯度、重量的银币。⑤ 贵州巡抚贺长龄认为，使用黄铜、锌、铅所铸造的铜钱是粗糙、低等的，不能被视为国家的财富。相反地，白铜具有良好的品质与高贵的等级。尽管迄今为止白铜仅用于娱乐与装饰，在白银缺乏的时候可以用来替代白银。⑥

1846年福建巡抚郑祖琛建议，拥有黄金的民众可以在钱庄熔化为大小正方形的金片，与白银一起使用。1两黄金将等值于16两白银。在郑的眼中，铜钱笨重不利于使用，而黄金珍贵更适合于补充白银之不足。

---

① 金币将被铸造成面额为1两、5钱，1两价值2万文铜钱，5钱兑换1万文，银币的铸造面值将为8钱（等于1,000文）、4钱（500文）。
② 《皇朝经世文续编》，卷58，户政30，钱币，上，页18a（丁履恒，"钱币议"）。
③ "上谕档"，道光13年4月6日；《清宣宗实录》，卷235，页4，道光13年4月6日（孙兰枝）；《中国近代货币史资料》，页17—18。
④ 侯厚吉、吴其敬，《中国近代经济思想史稿》，卷2，页74—75。
⑤ 《皇朝经世文续编》，卷58，户政30，钱币，上，页64a—66a（周腾虎，"诸银钱说"）。
⑥ "宫中档"，道光18年5月20日（贺长龄）；王瑬《钱币刍言》，《续刻》第22b页，引用了包世臣有关不同类型铜的区分，从矿中所得的为红铜，音乐器材使用红铜与锡，红铜融合锌为青铜，红铜融合铅为黑铜，红铜加铁为白铜。白铜的价格大约是银的八分之一，产地约1斤2两，但很难买到。

金片能被用于支付税项与兵饷。①

为了获得铸造钱币的贵重金属,丁履恒、贺长龄建议以高价格向民众那里购买,并禁止手工艺者使用白铜制作器物,或官员、士兵、民众私用白铜。② 龚自珍也建议将贵重金属集中由政府管控③,相反地,魏源与林则徐则倡议私商开发新矿。④ 对于郑祖琛来说,除了私商所拥有的黄金饰品,另一种黄金的来源是已经在开采的民营矿场。⑤

政府最后采行的货币政策

1853年以前,因为银贵钱贱危机带来的官僚腐败与市场力量澎湃,所有发行纸币及(或)大额钱币的建议都被拒绝,当胡调元的建议被送到两江(江苏、安徽、江西)总督时,回复如下:

> 钞本古法,何不可行?今各省市肆钱票非钞而何?然能行于下而不能行于上者,非民之不信钞,而民之不信官也。亦非民之不信官,而官之不先自信也。⑥

此外,军机大臣穆彰阿及其他人否决王植铸造大钱的建议时指出:"小民至愚而难欺,恐不得以此为不可使知而可使由也。……今日任事者不及于古,而作奸者更甚于前。若谓古人不能行而今人独能行之,实未敢信。"⑦

发行面值远大于实值的钱币极可能刺激制造伪币,也成为内阁学士

---

① 《中国近代货币史资料》,页162—64;"议覆档",道光26年10月14日。
② 《皇朝经世文续编》,卷58,户政30,钱币,上,页18a(丁履恒,《钱币议》);"宫中档",道光18年5月20日(贺长龄)。
③ Whitbeck, "The Historical Vision of Gong Zizhen", p. 124.
④ 贺长龄也建议云南、广东、福建、江苏、浙江调查每年提供白银的概数。这意味着贺也倡议开采,但他在这一方面并没有细说("宫中档",道光18年5月20日[贺长龄])。
⑤ 《中国近代货币史资料》,页162—164;"议覆档",道光26年10月14日。
⑥ 同上书,页336。
⑦ "议覆档",道光26年10月14日。

卓秉恬(1782—1855)不再进一步考虑发行纸币提议的原因。① 曾主张发行大钱的塾师成毅最后承认"然事涉更张,法愈繁密,其事为难"。他甚而下结论说:"大抵讲求利市,宜以商人为师。"②在拒绝监察御史雷以諴铸造大额钱币的建议时,户部认为既然市场不接受官方铸造比实在价值低一半价值的钱币,那么以更小的价值所铸造的钱币也不可能被接受。③

市场力量也证明包世臣用铜钱替代白银的想法不可行。④以钱代银还涉及要用市价或官价折换银两与铜钱的问题,如参与签署《南京条约》的黄恩彤(1801—1881)所指出的,政府无法控制市价,如果遵循官订的银钱比价,由于官订比价较市价为低,政府收入有所亏损,以铜钱搭放的兵饷将"未免暗有减削"。如果按照市价,因其"长落无常",则政府岁入和岁出将极难计算:"出入两有窒碍。"此外,如此做"乃仍听命于银价之长落,以为银价之低昂,则利权在市而不在官。于立法本意,更觉刺缪。"⑤除了市场比价难以跟随,安徽巡抚王植也指出,以低于市价折收铜钱及运解铜钱的困难:"且银价每两约二千,以一千五百收纳计少四分之一,愚民乐于交钱,必悻于交银,串数日增混淆,尤易滑吏奸民弊端将不可穷诘,此收钱之难也。至如解钱领钱每银两计钱一千五百文重,一百八十两较银重百八十倍,即水运费省,所省已不能与此相当。如遇风涛,更虞疏失。陆运费重又不待言。"⑥

相对于发行纸币或大额钱币及以铜钱替代白银的建议之全被拒绝,贵重金属铸币的建议则部分被执行。即使皇帝拒绝林则徐用银铸币,当林任江苏巡抚时仍然铸造了银元。如丁履恒一样,林则徐为钱庄尤其是

---

① "宫中档",咸丰元年11月13日。
② 成毅,《求在我斋文存》,卷2,页22b。
③ 《中国近代货币史资料》,页149—150。
④ 包世臣,《安吴四种》,卷7,下,页3b。
⑤ 《中国近代货币史资料》第122页,没有现代计算机运算与统计系统去收集处理快速变化的信息,在处理市场波动时,清朝官员的无能为力是可以理解的。
⑥ "宫中档",道光26年8月6日(安徽巡抚王植)。

当税收将要上缴时有关银价的盘剥感到气愤。① 这或许是他铸造银币的背景。② 但是因为所铸银元品质较差,这一努力并不持久。③

政府最明显实行的政策是减少或停止铸造铜钱。在1824—1850年的大多数时间,除了云南、广东、四川,其他铸局均曾停止或减少铸钱(见表4.1)。从18世纪早中期政府强化铸局以来,19世纪前期的停铸或减铸现象极为突然。

表 4.1 中国各省铜钱铸局之减铸或停铸(1822—1847)

年 份	省 份	停铸(*)或减铸(—)	资料来源
1822	山西	—	"上谕档",道光2年9月13日。
1824	福建	*	《大清历朝实录》卷52,页1。
1826	江苏	—	《中国近代货币史资料》,页76。
1828	江苏	*	《中国近代货币史资料》,页76。
1829	江苏	*	《中国近代货币史资料》,页76。
1829	直隶	*	"上谕档",道光2年9月16日;《大清历朝实录》卷163,页21a。
1830	福建	*	《中国近代货币史资料》,页76。
1831	直隶	*	"上谕档",道光11年5月23日。
1831	山西	*	"上谕档",道光11年8月7日。
1831	陕西	*	"上谕档",道光11年10月1日。
1835	湖北	*	"上谕档",道光15年6月22日。
1835	江苏	*	"上谕档",道光15年8月23日。
1836	山西	*	"上谕档",道光16年7月6日。
1837	江苏	*	《大清历朝实录》卷302,页8a。

---

① 林则徐,《林文忠公政书》,甲集,《江苏奏稿》,卷1,页20a。
② "上谕档",道光16年11月21日。
③ 冯桂芬,《校邠庐抗议》,卷上,页43a—b。

续　表

年　份	省　份	停铸（＊）或减铸（—）	资料来源
1837	四川	—	《中国近代货币史资料》，页81。
1838	贵州	＊	《中国近代货币史资料》，页82。
1838	湖南	＊	《中国近代货币史资料》，页81。
1838	贵州	＊	《中国近代货币史资料》，页82。
1839	四川	—	"宫中档"，道光19年6月20日。
1839	江苏	＊	《中国近代货币史资料》，页80。
1840	浙江	＊	《中国近代货币史资料》，页80。
1840	新疆（伊犁）	＊	《中国近代货币史资料》，页81。
1842	直隶	＊	《中国近代货币史资料》，页79。
1842	湖南	＊	"上谕档"，道光22年3月11日。
1842	陕西	＊	"上谕档"，道光22年3月26日。
1842	福建	＊	"上谕档"，道光22年4月3日。
1842	湖北	＊	《中国近代货币史资料》，页81。
1843	湖北	＊	"上谕档"，道光23年10月17日。
1843	福建	＊	《中国近代货币史资料》，页80。
1844	直隶	＊	《中国近代货币史资料》，页79。
1845	江西	＊	《中国近代货币史资料》，页80。
1847	广西	＊	《中国近代货币史资料》，页82。

无数的官方报告声称，停铸的原因是银贵钱贱，增加了铸造铜钱的成本。该成本通常以白银支付，此时该成本已经高于铸造出来的铜钱所能兑换的白银数量。[①] 例如，1842年福建铸局每生产1,000文铜钱，从

[①] 例如，1829年直隶的官方报告（"上谕档"，道光9年12月16日，那彦成），1842年陕西的报告（"宫中档"，道光22年3月14日，富尼阳阿）。

云南与湖北运来的铜、铅或锌就需花费 2.64 两白银,而当时的 1 两白银可兑换 1,590 文铜钱。① 1843 年来自湖北的报告指出,如果铸造铜钱按照官方的比价 1,000 文钱对 1 两银,将无人购买铜钱。然而,如果他们按照市价卖出,则每生产 1,000 文铜钱,铸局将损失 0.33 两白银。② 依定额铸造铜钱,全省将损失 2.84 万两的白银。无利可得也是私铸减少的原因。③

士兵减少对铜钱的需求,更是铜钱停铸或减铸的关键。1822 年当山西巡抚首次建议中止铸币时,他曾指出"核计市价以银易钱之数,每两少得钱二百余文,穷苦兵丁未免局枯"④。停止铸造铜钱的类似建议遍及全国。⑤ 不过,由于户部的陈请,皇帝经常命令重新开始铸币,以致铜钱体系不会彻底崩溃。⑥ 但各省继续报告:重开铸局将导致士兵贫困及其他困难。⑦

清朝政府于 1853 年开始发行不可兑现的纸币与大额钱币,是以上政府抽退趋势的急速转变,而这一新的政策前后大约延续 10 年。太平天国运动引发的财政困难(见图 4.3)导致类似王鎏的想法被采用了。⑧ 曾经提议发行可兑现纸币的户部官员王茂荫被撤职;一些亲王们介入并

---

① "宫中档",道光 22 年 2 月 27 日(总督怡良、巡抚刘鸿翱)。
② 《中国近代货币史资料》,页 78。
③ 由于和珅的腐败,导致了官僚体系的深度危机,1796 年在天津没收了大约 1.3 万串私钱("宫中档",嘉庆元年 2 月 2 日)。道光时期在北京发现了最多的私铸,其私币被没收后,总计 1825 年 50 串,1831 年 23 串,1846 年 300 串,1851 年 335 串(《中国近代货币史资料》,页 96—99)。1849 年缪梓评论道:"见行之钱,去铜铅本及炉火工用,赢息甚微,故私铸少。"(缪梓,《缪武烈公遗集》,卷 1,页 24a)
④ "上谕档",道光 2 年 9 月 13 日(邱树棠)。
⑤ "上谕档",道光 9 年 12 月 16 日、11 年 8 月 7 日。
⑥ 《中国近代货币史资料》,页 76。
⑦ "上谕档",道光 13 年 3 月 20 日(吴镕光)、15 年 8 月 23 日(林则徐)、16 年 7 月 6 日(申启贤)、23 年 10 月 17 日(裕泰);"宫中档",道光 21 年 11 月 24 日(山西巡抚杨国桢)、22 年 2 月 27 日(闽浙总督刘鸿翱)、22 年 3 月 14 日(山西巡抚富尼扬阿)、22 年 4 月 22、27 年 6 月 26 日(广西巡抚郑祖琛)、21 年 11 月 29 日(江西巡抚吴文镕)、22 年 1 月 22 日。
⑧ 《中国近代货币史资料》,页 336。

施行纸币以及大额钱币政策。但是,大额钱币继续贬值,纸币越来越缺乏支持。结局是这一政策没有走出京城,在1860—1861年间彻底失败。①

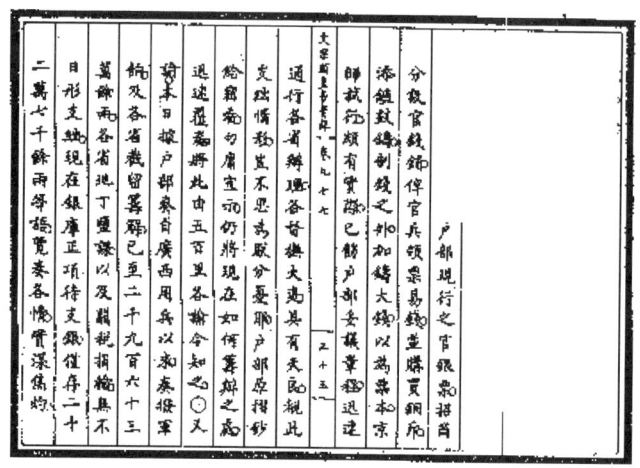

图4.3 咸丰皇帝与枯竭的国库

说明:这份取自《大清历朝实录》的咸丰3年(1853)6月的谕令有两部分。第二部分指出,来自田赋、盐税、关税、捐输的296.3万两正式收入,已被用在军费上,或者预留作为抗击太平天国运动之用,国库中仅存略多于22.7万两的白银。谕令的第一部分命令日行500里的快马,去通知各省官员分担皇帝关于国库枯竭的焦虑。这些省份被期望施行已经在北京某种程度上实践过的纸币制度。商人应该建立钱庄,以户部发行的纸币兑换铜钱。更多的铜将被用于铸造更多铜钱及大额的铜钱以支持纸币。

小 结

19世纪前期具有经世思想的学者,常常被描述为一个同质的流派。但是这个时代的货币论争揭示了在国家与社会关系的意见光谱上,许氏兄弟强烈反对干预,王鎏建议通过发行纸币将货币权力从私人部门转移到政府,这是高度的干预主义者。在这两个极端之间是魏源的想法,建

---

① King,"*Money and Monetary Policy*", pp. 152 – 163.

议使用新开矿产铸造银元。魏源与包世臣建议发行有限数量的可以兑现的纸币,包世臣另外又建议在地方上用铜钱替代白银。

书籍、信件、旅行、学者官员的个人关系、官方报告,都联系着这些不同的想法,并激发全国范围的讨论。有些建议甚至一再修正,试图舒缓迫在眉睫的危机。但是在1853年之前,由于银贵钱贱危机以来政府自身的腐败而对政府失去信心,任何卷入政府干预的政策都没采用。用铜钱替代白银的想法也中止了,因为铜钱比银笨重,而且相对于白银,铜钱不断贬值,市场比价的波动使得政府难以跟随。1853年以前政府唯一采取的行动是停止或放慢许多官方铸局的铜钱铸造,政府不仅没有介入,反而更进一步让市场自行运作。直到1853年,当国库真的受到了威胁,那些像王鎏的想法才成为政策。但是,正如许楣、包世臣、魏源所警告的,普通民众并不接受面值与实值不一致的纸币与大额铜钱。政府请求商人贡献白银来支持这些货币,但是商人自己也日趋贫困化而不可能拿出白银。正如怀疑王鎏的论者所预言,官员盗用了这些新发行的纸币,而一个信用体系所需要的信用是完全不存在的。

第五章　中国传统思想的启示及与西方比较

虽然主要是由于世界银荒导致中国市场低迷不振,才造成19世纪前期中国发生全国性货币危机,但当时的中国学者官员并未能意识到这一点。中国学者官员探讨这场危机的知识,主要取材自汉族王朝本身的历史。只有王瑬、梁章巨、魏源三人稍有不同,王瑬曾简要提及日本使用纸币的情况①,梁章巨指出新疆地区流通一种大钱②,魏源则追溯西藏使用银元和新疆使用普尔钱的历史。③ 除此之外,学者官员们在辩论当中用来支持其观点的论据均取材自中国历史上的相关例证或现实经验。不像之后的中国逐渐引进西方经济思想。19世纪前期的中国可说是最后一次只能凭借传统思想来应对银贵钱贱危机这项难以了解的货币问题。不同的学者官员对这场危机的回应,恰好为我们提供了重要素材,用以理解和考察中国传统政治经济思想的多元面貌,并以之与西方类似

---

① 王瑬(《钱币刍言》,《续刻》,页2b)曾提及东洋长期使用纸币的历史。王瑬(同上,页24a)还指出当时云南铜矿的产量不断减少,品质也趋于下降,以及当时将东洋铜与云南铜混铸的现象。由于这一时期除云南之外,唯有日本能向中国输入铜原料,这里的"东洋"一词必然专指日本。据Pascal Salin研究(*Currency Competition and Monetary Union*, p.69),从16世纪中叶开始,日本的大名和商人就开始发行纸币,但纸币型式直到1882年才开始统一。
② 《中国近代货币史资料》,页143—144。
③ 魏源,《圣武记》,卷14,页42a—b。

思想进行比较。

以对《盐铁论》的传统看法为基础,学者通常都认为从汉朝开始,中国就一直由政府掌控着铜钱的铸造权,而中国的政治经济思想一直带有政府干预的色彩。① 可是19世纪前期的学者官员在争论过程中引以为据的历史素材,却展示出颇具弹性的政治经济思想传统。中国关于如何应对经济衰退、货币短缺之类问题的历史知识,甚至可与西方应对类似问题的理论媲美,西方论述在其对于17世纪英国货币短缺危机、20世纪30年代全球大萧条,以及今日的经济低迷期等现象所提出的解决方案中历历可见。通过比较,我们可以看到:中国长期以来反对财政搜刮的学术传统;中国与18世纪欧洲重视金银的重商主义者有所不同的财富观及货币价值观;中国同时存在集权于中央的货币制度的支持者和反对者;中国对民众与政府双方互动深刻影响经济政策后果的高度关注。

微不足道的外来影响

在19世纪前期的中国,西方经济思想在当时鼎沸的货币危机争论当中发挥的作用几乎微不足道。毋庸讳言,这一时期的确有一批中国学者官员对西方国家充满好奇。以李兆洛为例,他就曾对在广州见到的欧洲人深感兴趣,并以记录中国水手描述西洋国家的《海录》一书为底本,撰写了《海国纪闻》一书。② 以上两书在19世纪40年代广为流传,成为中国官员了解西洋国家的主要信息来源。这两本书的绝大部分篇幅都用来描述西洋地理概貌。虽然马礼逊(Robert Morrison,1782—1834)、郭实腊(Karl F. Gutzlaff,1803—1851)以及其他一些欧洲人出版了若干

---

① 魏建猷,《中国近代货币史》,页48。
② 《海录》一书系吴兰修所著,基本上是一部关于谢清高(1765—1821)的传记,谢清高曾跟随外洋船只浮海泛舟14年,到过好几个西洋国家。1790年,他因双目失明而歇业归养。参见 Hummel, *Eminent Chinese of the Ch'ing Period*, *1644—1912*, p.449。

中文读物介绍西方思想,但以宗教、地理和历史相关的知识为主要内容。①

当时只有一部探讨西洋经济和货币制度的著作——《贸易通志》,该书的主要内容被魏源摘录记入他的名著《海国图志》当中。②《贸易通志》是依照郭实腊所著的《商业志》(Treatise of Commerce)(1840年刊行)一书改编而成,而《商业志》又是根据英国经济学家麦克库洛赫(John Ramsey McCulloch)1832年于伦敦出版的商业词典改编而成。③ 1841年,郭实腊改编而成的《商业志》一书经由林则徐转到魏源手里,但一直拖到1867年修订再版的《海国图志》当中,才将《商业志》的内容用中文刊载行世。④ 魏源曾提到"银票如中国之楮币,国王出之",这显然是他晚年的言论,而且具体时间很可能在1853年清政府开始发行纸币之后。魏源对中西贸易的观察,可能会影响到他对贸易的看法,但在1850年以前,魏源对货币问题的观念几乎未曾受到西方思想的影响。就连魏源这样的"西洋通"都很少接触欧洲经济思想,由此可见西洋经济原理对19世纪前期中国喧嚣一时的货币争议鲜少影响。

王鎏的个案显示19世纪前期中国学者官员的知识背景大多源于中国自身的历史素材。他的重要主张有三项:发行纸币,禁止使用铜器皿,

---

① Hsi-t'ung Chang, "The Earliest Phase", pp. 4 – 10.
② 在《贸易通志》提及欧洲这章时,魏源曾概括说明中国与西方国家的贸易情况,也谈到了不同国家的主要出口物产,贸易的规模,以及商船的数量。在"夷情备采"这部分,魏源介绍了四种西方金融制度。在谈及保险制度时,魏源补充说明:同西洋通行的纸币、银行、会票制度相比,中国也有自身的一套与之相对应的制度。魏源指出,在西洋票号是由商人经营会票和保险业,而商人和政府均可开办银行和发行纸币。魏源接着指出,荷兰、英国、美国是银行业非常发达的西洋国家。荷兰自1609年起就设立了银行;英国从1673年开始开办银行,目前规模最大。在美国,银行一度濒临破产,但近来又逐渐复兴(Hsi-t'ung Chang, "The Earliest Phase", p. 8;魏源,《海国图志》,卷52,页15—16)。
③ Barnett, "Protestant Expansion and Chinese Views of the West"; Hsi-t'ung Chang, "The Earliest Phase", p. 8. McCulloch(1789—1864)是一位李嘉图学派的重要经济学家。
④ 1841年,林则徐遭到贬黜,在前往伊犁的途中,他将已经收集到的包括郭实腊的著作在内的全部西洋文献转交给了魏源。魏源综合这些西洋文献撰写了《海国图志》一书,该书于1842年第一次印行,随即在京师和各省的官员中间广为流传。该书后来曾三次修订再版。

铸造大额铜钱;并坦然宣称这是对历代先辈学者所提对策加以融会贯通后得出的结论。他所提到的先辈学者包括：以首倡纸币说而著称的宋代学者张泳(947—1015)、辛弃疾(1140—1207)、陈子龙(1608—1647)、钱秉镫(1612—1693)等先后提倡发行纸币者、开列禁止使用铜器皿的七大好处而享誉一时的汉代学者贾谊(公元前200—168)、遵循刘巴的计策决定开铸面值100文大钱的蜀汉开国之君刘备、主张铸造面值5文铜钱的韩愈(768—824)。① 从上面列举的这些人物来看，王鎏眼中的先辈学者囊括了汉、唐、宋、明的历代学者官员。

灵活的经济思想传统

如下所示，由19世纪前期清朝学者引以为据的历史素材足以看出中国经济思想传统的灵活发展。

六部与八政的问题

某些学者认为中国历史束缚了学者官员的经济思维。例如晚清时期所编的"经世文编"是依照吏部、户部、礼部、兵部、刑部、工部的六部顺序分类的，而没有参考《尚书·周官》当中八政的原则将"食"与"货"摆在最优先的位置，这就束缚了学者们的经济思想，使他们应对19世纪发生的史无前例危机的能力受到限制。②

可是在经世文编有关银贵钱贱危机的讨论中，历史是灵活多元的参考素材，而非僵化死板的限制框架。在19世纪前期开始陆续印行的经世文集当中，尽管大多数谈及货币问题的文章都被收录到户部项目之下，但这些文章经常征引《周官》中的八政。例如丁履恒收入《皇朝经世文续编》户政部分的《钱币论》，即引"八政"的食货两项来强调货币问题

---

① 王鎏，《钱币刍言》，《钱钞议》，页4b—5a。
② 王尔敏，《经世思想的义界问题》，页37。

的重要性,他说:"洪范八政,一曰食,二曰货,食者农殖嘉谷可食之物,货者,布帛可衣,及金刀龟贝,所以分财布利,通有无者也。"① 吴嘉宾的《钱法议》也引述"八政,一曰食,二曰货。所谓货,即泉也"②。魏源则引用《周官》批判那些贪得无厌的官吏对富户特别是富裕农户的盘剥行为。③ 魏源在大力提倡发行可兑现纸币这一制度时,也曾征引《周官》当中的"质剂"精神充当论据。④

有趣的是,尽管学者们纷纷将"八政"作为支撑自己观点的论据,但他们对于如何解决现实的经济难题却提出了不同的策略。例如丁履恒建议采用金、银、铜三种贵重金属来铸币;而魏源只主张用银充当铸币原料;缪梓建议用铜铸钱;吴嘉宾则鼓吹发行大额的铜钱。

单穆公的货币观

中国灵活多样经济思想传统也可以从对周朝(公元前 1134—256)单穆公(生卒年代不详,原名单旗)这位历史权威人物货币观的不同阐释来进行分析。《国语》一书里对单穆公的言论有如下记载:"民患轻则作重币以行之。"⑤ 在 19 世纪前期,户部、梁章巨和丁履恒对这句话有着不同的解释。丁履恒将"轻币"解释为不值钱的货币,"重币"解释为比较值钱的货币,因此他建议采用贵重金属铸币。⑥ 梁章巨则将"重币"解释为面额较大但内在价值含量未必与之对应的货币。户部以单穆公反对铸造大钱为由拒绝了梁章巨所提出类似周景王(公元前 544—520)曾提过的

---

① 缪梓,《缪武烈公遗集》,卷 1,页 22a。
② 《皇朝经世文续编》,卷 58,户政 30,钱币,上,页 51b(吴嘉宾,《拟上银钱并用议》)。
③ 魏源,《古微堂内外集》,卷 3,页 43a—44a。
④ 同上书,卷 14,页 39a。
⑤ 关于单穆公上述思想的原文及议论,可参见胡寄窗《中国经济思想史》卷 1 第 166 页。《国语》是一部春秋时期的历史记录,记述了公元前 440—110 年中国境内不同诸侯国关于政治与经济问题的议论。
⑥ 《皇朝经世文续编》,卷 58,户政 30,钱币,上,页 17b(丁履恒,《钱币议》)。

建议。①

单穆公是中国货币史上第一位主张"母子相权"(即协调主币与辅币的发行额)的政治领袖。王鎏本人在《钱币刍言》一书中却以不同于单穆公的观点对这条原则加以发挥。他曾提到"母子相权"指的是:纸币和铜钱两种货币自由兑换的制度。如果铜钱的供应量充足有保障,就可以充当"母",纸币用来充当"子"。王鎏另外认为,面额较大的纸币被广泛用于大宗商业交易活动,而面值较小的铜钱只用来进行小额交易,在这种情况下纸币就成为"母",铜钱就成为"子"。"相权"在第一种情况是"货币准备"的意思,在第二种情况是"相辅相成"的意思。②

法家与儒家之别

中国经世思想的灵活传统也可以从学者们自由择取法儒两家的言论来加以体现。中国经世思想的研究,常用截然的二分法来区分历史人物。法家人物多数被列入干预派行列,儒家人物则多持放任主义观点。然而从魏源的言论来看,他对法家思想兼采一种既赞成又反对的态度。一方面,他引述《管子》这本通常被视为法家著作的观点论证中国历史上曾长期使用黄金③,另一方面,他大肆诋毁王鎏,认为王鎏比古时恶名昭著的商鞅(公元前?—338)和李斯(公元前?—208)这两位法家弟子更加残忍恶毒。④ 尽管魏源将王鎏描述成比古代法家成员更强调干预措施的人,但王鎏本人是"好儒家言"。他曾就《论语》和《诗经》的相关篇章分别成书进行阐释。他还就"四书"当中涉及地理的内容有所著述。⑤ 在乡

---

① 《中国近代货币史资料》,页143—144。
② 王鎏,《钱币刍言》,《先正名言》,页22b—23b。
③ 魏源,《圣武记》,卷14,页35b。《管子》一书并非管仲(公元前730—645)所著,而是由战国时期(公元前475—221)的一些其他学者编纂而成。参见胡寄窗《中国经济思想史简编》第15—18页。
④ 同上书,页43a。
⑤ 张履,《积石文稿》,卷17,页2a。

塾教授儒学的成毅认为,以谷物和布匹纳税符合《管子》一书倡导的重农思想。① 包世臣开列过他精通的书籍目录,其中既有《诗经》、《礼记》、《孟子》、《荀子》等儒家著作,也有《韩非子》等法家著作。② 因此,不太适合用法儒两家来区别中华帝国晚期的学者,对于19世纪早期的学者而言,法儒两种学术内涵皆可作为知识的来源。

历史上各种货币政策利弊得失的不同看法

中国传统政治经济思想的灵活多变从19世纪前期的学者,有关历史上各种货币政策利弊得失的对立观点也可看出。19世纪前期的学者倾向于宣扬那些同他们此时的主张相类似的观点在以前的朝代曾取得成功。以王鎏为例,他曾旁征博引纸币使用的漫长历史,以证明他所提方案的可行性。他回顾了中国历史上使用纸币的过程,一直追溯到郑玄(127—200)所记录周朝(公元前1134—256)曾采用布匹作为交易媒介这一先例。王鎏断言,假如能克服宋、金(1115—1234)、元、明四朝500年在使用纸币过程中发现的弊端,那么纸币制度一定会比明代中叶以来仅沿用了二三百年的白银货币制度更为可取。③ 王鎏还将明朝的覆灭归结为废除纸币制度的结果。由于采用白银充当货币导致政府财政拮据,增加百姓的税赋负担,民众的财富被掏空,下情上达的制度遭到阻隔,导致了李自成(1606—1645)为首的运动爆发。④

相对地,许楣认为王鎏的主张类似明朝初年推行的纸币制度,而明初的纸币制度比此前所有实行过的纸币制度可兑现率差。宋金两朝的纸币最初开始发行时,只能算是一种可用来兑换铜钱的汇票⑤;但到了元

---

① 成毅,《求在我斋文存》,卷2,页16b。
② 包世臣,《安吴四种》,卷1(总目序),页3b。
③ 王鎏,《钱币刍言》,《钱钞议》,页10a—b。
④ 同上书,页30a—b。
⑤ 许楣,《钞币论》,页1a。

朝,纸币就发展成为不能兑现的"孤钞"。许楣认为之所以会发生这种变化,乃是因为政府推行欺骗之道与民众愚昧无知所使然。① 但元朝发行的纸币毕竟还以丝绸作为发行货币的准备,可是到了明朝以后,政府发行纸币根本就没有以任何具体的实物作为准备,可见后者更具欺骗性。元在各"路"设立官库交换金银用以稳定钞币。② 而明朝前期政府发行不可兑现纸币,并同时使用铜钱的政策,与王鎏的主张非常相似。③

许楣认为使用白银充当货币具有很大优越性,因为这样可以防止君王利用货币搜刮民财。他指出,从中国长期使用贵重金属充当货币的历史来看,白银充当货币的优越性的确是显而易见的。从周朝末年到汉朝,黄金的流通非常普遍。魏(220—265)晋(266—420)以降,黄金日渐稀少,但白银的流通开始扩大,可以弥补铜钱笨重不便的劣势。尽管白银使用直到明朝才渐增加,但在此前的很长时期里白银在货币制度中早就发挥着一定功能。顾炎武(1613—1682)曾指出早在南北朝时期的南梁政权(503—549)就开始使用白银作为货币。但许楣发现早在晋代就已经采用白银支付公共开支,在唐代,白银已被用来发拨军费;到了宋代,平民百姓已开始用白银来作交易货币。王鎏援引著名学者顾炎武的言论为依据,提议废除以白银充当货币。许楣则反唇相讥,称顾炎武虽然反对使用白银交税,但顾同时认为白银在日常生活中发挥的功能无可厚非。④ 王鎏指出纸币的发行量应不低于30年政府开支的总额,他所引以为据的权威历史素材便是《礼记》卷12当中的原文。但这段原文提出应积储相当于国家9年消耗量的谷物备荒⑤,也可见历史经典引述的高度选择性。

魏源找到历史教训反驳王鎏提倡的通货膨胀政策:① 汉武帝(公元

---

① 许楣,《钞币论》,页 3b。
② 同上书,页 4b—5a。
③ 同上书,页 6a。
④ 同上书,页 7a—8b。
⑤ 叶世昌,《鸦片战争前后的货币学说》,页 8。

前140—88)一度曾以白银和鹿皮作为货币,结果引发通货膨胀,民众避之唯恐不及;② 宋朝和明朝初年都曾在局部地区发行不可兑现的纸币,结果遭到民众的抵制;③ 对于水运比较便利的地区,如南宋统治区和19世纪前期的东南一带,社会并没有特别偏好较为方便的纸币。④ 金元两朝以丝织品和银箔加工而成纸币,同样无法避免不断贬值的现象;⑤ 明代在洪武(1368—1397)和永乐(1402—1424)两朝实行的税收政策大致失败,原因在于政府规定的比价大大低于百姓交税时市场通行的比价。

魏源引用的另外一条历史教训带有跨国色彩。1215年,金朝政府在发行纸币的同时,下令禁止继续使用铜钱进行交易。这样一来,那些家中囤积了巨额铜钱的富商大户叫苦连连,他们一方面苦于囤积的大笔钱财无处可用;另一方面又苦于政府发行纸币的市价频繁波动,最终他们被迫将囤积的大笔铜钱运往淮河以南地区出售,毫无疑问,这些铜钱将间接流入南宋统治区。魏源因此得出如下结论:假如政府采纳王鎏的建议发行纸币,废除金属货币的流通,那么国内所有的金属货币必将流往外洋。①

从上述争论可以发现,学者们大多依据对历史素材的解析来论证某种货币政策是否具有合理性。奉行不同思想路线的人当然持有不同的主张,他们都声称自己对历史素材的解析在确凿可信度方面远远优于对手,有时为了"争一时之胜",他们不惜歪曲历史事实的真相,以达到压服对手的目的。

中西比较

如果我们将西方的经济思想,特别是那些阐释货币短缺问题及经济

---

① 魏源《圣武记》卷14第40b页记载:"金宣宗贞佑三年,河东宣抚使胥鼎上言,民间市易,多用见钱,而钞每贯仅值一钱,曾不及工墨之费。请权禁见钱,自是钱货不通,富家内困藏镪之限,外弊交钞屡变,窘乏坐化,商舟皆运钱,贸易于淮南,钱多入宋。识者谓其弃货财以资敌国。"

低迷问题的经济思想,同中国的思想进行比较,就会发现中国灵活多变的传统政治经济思想另外具有独到的特征。

与 17 世纪以前英国经济思想传统的比较

洛克时期的经济学家认为,直到洛克对君主滥用货币权提出异议之前,一直没有人从理论角度对此类问题展开批驳。① 在 17 世纪晚期英国发生的硬币短缺危机当中,洛克坚决反对实行降低铸币含银量和控制信贷利率的政策。同样也是在洛克的推动下,英国开始实施延续了长达两到三个世纪的贵重金属货币政策。洛克坚持认为货币的面值不应高于原料贵重金属本身的价值,因为货币能够获得社会认可的前提,完全在于自然赋予原料金属黄金和白银的价值。洛克辩称,利息和硬币的价值都是自然形成的,绝非立法者和君主所能随意改变。②

张嘉璈在谈及第二次世界大战期间中国为何出现了恶性通货膨胀问题时,曾指出中国具有通货膨胀的传统倾向。③ 但是我们从 19 世纪前期政治经济学者之间的争论来看,可以发现中国历史上存在大量驳斥政府利用货币政策实现其财政目的的说法。这里只需略举两例,一例是魏源对蔡京(1047—1126)的猛烈批判,后者曾任户部尚书,一度厉行王安石(1021—1086)变法期间实施过的通货膨胀政策④;另一例体现在对单穆公思想的各种不同阐释当中,有一种阐释强调其驳斥国家借着发行货币搜刮民财的主张。

使用贵重金属铸造货币当然也是一种限制国家利用货币控制权

---

① Appleby, *Economic Thought and Ideology*, p. 239.
② 同上书,p. 221-22.
③ Chang Kia-Ngau, *The Inflationary Spiral*, Chapter 1, "Historical background".
④ 魏源后来意识到王鎏主张发行的纸币,在性质上类似于宋朝蔡京发行的纸钞。魏源接着引述了宋朝官员叶适(1150—1223)对蔡京所发纸钞的评论:"宋臣叶适有言,王安石青苗手实诸法,桑弘羊所不为,何者,唐之飞钱,宋之交会,皆以官钱为本,使商民得操券以取货,特以轻易重,以母权子,其意一主于便民,而不在于罔利。"(魏源,《圣武记》,卷 14,页 39a。)王鎏(《壑舟园初稿》,《变法论》)认为王安石乃是一个无力对症下药的庸医。

搜刮民财的方法。在中国历史上,采用贵重金属铸币的方案比较少见,而这恰恰是丁履恒、贺长龄、魏源和林则徐等人建议实施的货币政策。他们援引的例证仅有三个:汉武帝曾采用贵重金属铸币、金朝也曾用贵重金属铸币、西藏流通银币。当然,龚自珍曾提到南朝的齐(479—501)梁政权也曾铸造过饼形金属硬币;魏源也留意到周朝曾流通过金币;这些也可以被视为贵重金属货币在中国历史上流通过的例证。

19世纪前期的中国承继了历史上延续下来的货币传统,从整体来看似乎仍以政府不插手干预这一特征较为突出,相比之下,近代早期的英国所承继的封建传统带有相对浓厚的政府干预色彩。尽管王鎏曾大声疾呼推行纸币政策,但从主张国家较少干预货币制度的建议相对居于上风这种情况来看,中国自古以来的传统还是延续了下来。

与"重视金银的重商主义者"比较

从洛克的时代到18世纪,"重视金银的重商主义者"(bullionist)的论调支配着欧洲的货币政策;"重视金银的重商主义者"力主国家大力发展出口贸易以赚取尽可能多的贵重金属货币,因为他们认为仅有贵重金属货币能够增加国家的财富。[①] 19世纪前期中国的学者强调使用贵重金属铸币的理由,是要防止君王利用货币控制权进行财政剥削,而与"重视金银的重商主义者"的动机不同。在世界的两端,人们对财富的概念和货币的价值也出现了不同的理解。

"重视金银的重商主义者"认定只有贵重金属才算财富,而中国社会则认为财富还包括开发自然资源所得到的产品。1844年一道上谕命令军机大臣解除开矿禁令,并允许平民自行开采。其基本理由为:"……是

---

① Blaug, *The Early Mercantilists*, pp. ix - xi.

亦藏富于民之一道……亦不得抑勒从事。"①王鎏曾将金元两朝末年发生的通货膨胀现象归结于物资缺乏,这足以表明在他看来物资也是一种财富。② 另外,这也反映出他已经认识到货物和货币都能对市场价格产生影响。

19世纪前期的中国学者在如何看待出口贸易这一问题上意见也不统一。有些人主张禁止和取缔大部分的对外贸易。吴嘉宾在写给林则徐的一封信中,建议将查禁对外贸易的权力加以扩展,不仅沿海地区海关应当严禁,内陆地区的管理机构也该如此。③ 相比之下,魏源则认为对外贸易可以给中国带来诸多好处,既可以借此来学习西洋的先进技术,还能增加国家的税收,也可使民众购买到有用的进口商品。④ 他进而指出,假如鸦片贸易能够彻底根除,中国将会出现贸易盈余并累积巨额财富。⑤ 对外贸易将有助于中国的"自足与自强"⑥。英国重视金银的重商主义者一致认为贵重金属是唯一的财富,贸易是获得财富的唯一途径;相比之下,魏源只将对外贸易看成是获得财富的一条途径,而非唯一的途径。⑦ 与某些重商主义者奉行的损人利己型的贸易政策相比,魏源认为对外贸易有助于推动中国与其他贸易伙伴国结盟,以共同牵制英国。⑧

---

① 《大清历朝实录》,卷404,页9—10,道光朝24年4月(谕军机大臣)。"史馆档",传包,号971(贺长龄),记载了贺长龄有下述指令,只要私商有采矿的意图,则允许他们开采贵州境内所有的银矿。
② 王鎏,《钱币刍言》,《钱钞议》,页6a—b。
③ 吴嘉宾,《求自得之室文钞》,卷6,页13b—14b。
④ 侯厚吉、吴其敬,《中国近代经济思想史稿》,卷1,页134—35。也可参见魏源《筹海篇》Ⅲ,载《海国图志》,卷2第4、11页。
⑤ 魏源,《明代食兵二政录叙》,转引自巫宝三等编《中国近代经济思想与经济政策资料选辑》,页144。
⑥ 侯厚吉、吴其敬,《中国近代经济思想史稿》,卷1,页141、187。根据巫宝三等编《中国近代经济思想与经济政策资料选辑》第127页记述,魏源的这篇文章作于咸丰年间,但该文第一稿的具体成文日期难以确定。
⑦ 巫宝三等编,《中国近代经济思想与经济政策资料选辑》,页137。
⑧ 侯厚吉、吴其敬,《中国近代经济思想史稿》,卷1,页141。

与 20 世纪经济理论比较

　　19 世纪前期中国发生的银贵钱贱危机在当时的人看来具有如下特征：货币短缺导致没有钱可用来购买商品，各类资源闲置，失业者大量涌现；20 世纪 30 年代发生的全球经济大萧条同样也具有上述特征。凯恩斯主义者认为，经济循环周期，既有货币面的原因，也有非货币面的原因，如私营部门的投资意愿等。没有哪一种经济体能够依靠自我调节来实现均衡发展。大多数凯恩斯主义者都认为，从货币政策面精心而且慎重地进行调整以刺激总体需求增长，能够起到稳定经济发展的作用；当然这一学派当中也有不少成员认为经济发展能够消弭或缓和经济中的难题。早期的凯恩斯主义者针对经济衰退现象提出的应对方案如下：发行政府公债来支持公共基础设施，这样就会刺激原先因货币供应减少而萎缩的总体需求。后期的凯恩斯主义者则强调经济发展的重要性。总体而言，凯恩斯主义者倾向于实行干预政策。① 20 世纪 30 年代全球经济大萧条结束后的几十年间，凯恩斯主义主导了西方的经济思想。②

　　从 20 世纪 30 年代到 70 年代的 40 年间，经济学家哈耶克与凯恩斯主义者卷入一场旷日持久的辩论当中。在哈耶克看来，市场机制有其自发的秩序，这种秩序"非常繁冗复杂，不能指望就凭'精心且慎重地调整以实现个人活动间的协调'之类的话语来进行解释"③。A 时期的生产过剩可以被 B 时期的生产不足所抵消，这就是跨时段协调的典型例子，这种协调方式往往被用来调节经济繁荣期和低迷期的不同产能。但是采用总体经济政策对跨时段的短期经济不协调现象实施干预，只能造成一

---

① 关于凯恩斯的对策，可参见 Heilbroner, *The Worldly Philosophers*, p. 271；关于凯恩斯主义者的基本主张，可参见 Lipsey and Chrystal, *Economics*, p. 607。
② J. Eatwell et al. eds., *The New Palgrave: A Dictionary of Economics*（以下简称 *New Palgrave Dictionary*），"Hayek", p. 613.
③ Hayek, *The Counter-Revolution of Science*, p. 39.

种经济表面繁荣的假象,随之而来的注定将是一次经济大崩盘。哈耶克不光反对政府强行干预经济发展的自然周期,而且不赞成将货币供应权收归国有。他质疑政府是否有意愿和能力为了公众的最大利益去调控货币供应。在他看来,发行货币的职能最好交由私营机构来承担。他同时也探讨了不同货币相互展开竞争的可能性。①

哈耶克的追随者再三批判凯恩斯主义者解决经济衰退问题的对策当中存在的缺陷,以及他们无视中央集权货币体制的弊端。他们指出20世纪的民众已经逐渐认可了政府在制订法律、维持军备、提倡道德、统一语言等诸多方面无所不在的权力,他们理所当然地认为政府应当垄断货币发行权。实际上,这种现象乃是过去几个世纪人类历史发展过程的产物。集权中央的货币体制的发展能够节省不同货币之间大笔的兑换费用,也有助于巩固政府的权威。但人类从未像在20世纪这样面临通货膨胀的严重威胁,特别是在金本位制度结束之后。当统一货币的目标实现之后,原先不同货币杂处时期币值特有的稳定性便消失了。更严重的是政府倾向于通过发行货币来满足自身的需要,这无疑等同于变相征税。尽管政府一再宣称货币的发行量仅限于满足公众的需要,但是政府最理想的货币发行量与民众实际需要的货币发行量间总是存有落差。

从上述观点出发,在使用贵重金属充当货币的时期,或者由多家相互竞争的银行发行纸币的时期,货币价值相对稳定。尽管也会有银行破产,但是自由竞争的体制能够保障最可靠的银行一定能够生存下来,只有一小部分人会因银行破产遭受损失。但是今日各国的中央银行在国内根本没有竞争对手,这样人人都可能蒙受损失。用意良好的官员当然会多为民众谋福祉,但他们推行的措施不一定能收到良好的效果,甚至还可能付出意外的代价。②

---

① *New Palgrave Dictionary*, "Hayek", pp. 609 – 14.
② Salin, *Currency Competition and Monetary Union*, pp. 8、14、31、43 – 43、47、51、53、70、77、127、279.

此外，货币主义者和新古典学派也各有自己的主张。在货币主义者看来，货币供应对于经济运作极端重要。他们认为民间经济有趋稳的特性，而政府货币政策失当往往会引发经济波动。政府的责任只要维持货币供给量的稳定成长即可。在新古典学派的经济学家看来，自古以来经济发展必然趋于均衡。经济发展周期通常是货币供应短缺、油价上涨、技术变革等大的震撼所造成。货币政策和财政政策均无力扭转这种震撼，因为私营部门都有自身的理性预期。新古典学派因此支持不干预政策。凯恩斯主义者和货币主义者设想政府在经济发展过程中制订政策时未涉及民间态度。但在新古典学派的理论框架当中，私营部门往往会和政府暗中较劲，双方都试图揣测对方的实际意图。这样一来，决策过程就有些类似一场比赛，民间的策略和看法能对政府政策的成效产生很大影响。①

在中国发生银贵钱贱危机期间，学者们提出的一系列货币政策走向了两种极端。一部分学者建议政府更多地干预经济活动，而另一部分学者则主张政府对经济活动的干预越少越好。许楣、许梿兄弟对王鎏的责难非常类似20世纪上演的哈耶克学派对凯恩斯经济学派的批判。许楣和许梿兄弟对下列观点的看法也与哈耶克学派如出一辙：① 由政府出面集中发行货币，常常使发纸币的发行量超出社会的实际需求量②；② 相对于以纸币为基础的货币制度而言贵重金属货币制度更能够保护民众的私人财产；③ 允许多家相互竞争的钱庄共存比中央集权的货币制度好；④ 市场本身能够克服倒闭破产带来的危机。

相比之下，王鎏和凯恩斯学派都赞同将民众的钱财从用来满足个人

---

① Lipsey and Chrysta, *Economics*, pp. 607—608.
② 许楣警惕纸币发行量不断增长可能引发的雪球效应："自古开国之君，量天下土地山泽之所入以制用。其始常宽然有余。至其后嗣非甚不肖也。然水旱耗之，兵革耗之。宗禄庆典及诸意外冗费耗之，用度稍不足矣。势不得不于常赋之外，诛求于民。而行钞之世，则诛求之外，为以增钞为事。然不增则国用不足，增则天下之钞，固己足用。而多出则钞轻，而国用仍不足。宋金元之末流，毙皆坐此。"（许楣，《钞币论》，页25a—b）。

消费转移到投资领域。凯恩斯大力倡导民众购买政府发行的公债,以便增加政府在电信业务、电力行业、土地排涝等领域的投资,这些领域将吸纳大量人口就业。王鎏则建议政府发行纸币用来修筑堤防、开垦土地、赈济水灾和凶荒,此外还可收到减少腐败及附加税的功效:

> 又思近年来每遇水旱,小民转于沟壑,散于四方。其流离颠沛之状,哀号痛哭之声,目不忍见,耳不忍闻,将何以赈之乎?州县办公之竭蹶,胥吏舞文之情伪,不加其俸厚其禄,何以舒其困止其奸乎?河工海塘之经费,何以无绌于度支乎?……又试思舍钞而别求理财之策,田赋可以加乎?关税可以增乎?开矿可以兴乎?捐例可以恃乎?行西北之水利可以不费工本乎?用东南之海运可以不为后虑乎?①

王鎏和凯恩斯两人建议的建设公共工程这种策略具有掠夺民众财富的潜在风险,假如这些政府发行的公共债券或政府发行的货币日后不能用来购买有用的商品,那么这种潜在的风险就会变成现实。但是两人的建议都能缓解失业问题,也都没有干扰现有的产权制度。②

20 世纪 30 年代,全世界有数以百万计的人处于失业的状态,西方的民主制度受到严重威胁,意大利和德国转向了法西斯主义。③ 面对此情此景,凯恩斯力图从消费倾向与诱导投资两者进行调节,以便缓解当时的严峻局势。④ 在这类问题上,王鎏和凯恩斯都力主不触动现行建立在私人产权和广泛的自由交易基础上的产权制度。

需要指出的是,凯恩斯和王鎏分别处于两种截然不同的货币制度当中。王鎏的建议包含如下内容:对货币制度实行中央集权化的统一管

---

① 王鎏,《壑舟园初稿》,《与陈扶雅论钞书》,页 52a。
② Keynes, *The Collected Writings of John Maynard Keyes*, vol. 9, *Essays in Persuasion*, p. 99;王鎏,《壑舟园初稿》,《富教论》,《海运议》,《与友人论钞币书》。
③ *New Palgrave Dictionary*, "Keynes", p. 30.
④ Keynes, *The General Theory of Employment, Interest, and Money*, pp. 378–79.

理,根据社会的实际需求量发行不完全可兑现的纸币,在小额交易当中可以并用政府发行的铜钱,纸币透过钱庄发放,也可在交税以及公共支出时使用。这些设计在20世纪的国家看来都属司空见惯,包括凯恩斯所面临的货币制度也不外如此。但在王鎏身处的时代,要想将这些建议付诸实施,就得对原有的货币制度进行极为激进的改变,因为在当时的货币制度当中,钱庄掌控着主要货币的流通。

王鎏的建议当中提及政府应当将货币的供应量控制在不超出社会需要的限度之内,而晚近的货币主义者同样也非常关注政府投入到市场上的货币数量,两者的观点颇为相似。马克思辩称,货币的发行量同货币的价值之间的联系绝非一成不变,不同种类的货币分别对应于不同联系方式。象征性货币(纸币及面额高于实际价值含量的贵重金属货币)的价值受其实际流通数量的影响。足额贵重金属货币(面额等同于实际价值含量的贵重金属货币)的价值虽然也受其实际流通数量的影响,但这类货币具有一种自我调节的机制,能够调整其相对于市场需求量的供应量或实际价值。① 由许楣指出市场机制最终一定能矫正当时的白银外流问题,后来的发展显示出他敏锐地把握住了足额贵重金属货币运行的内在机制。

凯恩斯主义者和货币主义者都认为政府对于经济发展政策的制定不需涉及民间反应,晚近的新古典学派则强调政府和民众间竞赛者的关系,而19世纪前期中国出现的经济论争倾向于承认政府与民众之间存在互动关系。下列言论足以反映出19世纪前期中国的学者官员对民情的了解,他们很清楚民众对国家推行的货币政策抱有怎样的看法以及准备采取何种对策。

魏源:货币"必皆五行百产之精华,山川、阴阳所炉备,决非易朽易伪之物所能刑驱而势迫"。

---

① Marx, *Grundrisse*, p.196;叶世昌,《中国货币理论史》,页22。

许楣:"取民九倍、十九倍之银,而偿以丈尺之纸,国家利矣,其如民之不利何?民既不利,钞必不行。九倍十九倍之利,必不可得。"

穆彰阿:"小民至愚而难欺,恐不得以此为不可使知而可使由也。……今日任事者不及于古,而作奸者更甚于前。若谓古人不能行而今人独能行之,实未敢信。"

卓秉恬:"行止之权操之自上,而贵贱之价定之自民,非民之能自定之,因时势之低昂以为低昂,而民并不能以自主也。……用伪之人不必即造伪之人……其假冒于民间者,又孰从而追咎之。"①

小 结

19世纪前期介绍到中国的西方知识主要集中在宗教、地理和历史等方面,鲜少涉及经济问题。19世纪前期的学者官员只好从中国自身的历史素材当中寻找类似的先例,或者从古代的经典著作当中探求解决现实经济问题的方案。他们之间发生的诸多争议主要是围绕着各自的解决方案所依据的历史先例究竟有没有取得成效,或者是对类似于单穆公的"重币"概念等古代经典著作当中一些说法提出不同的阐释。

显而易见,19世纪前期学者的思想在处理经济问题上,不能用"六部"的思想架构或"八政"的思想架构,还是法儒两家来加以限定。学者们不仅可从特定时期的历史素材中自由择取所需要的内容,比如针对顾炎武对白银应当如何使用的看法可以作出不同的解释;也可以从中国历史上不同时期的相关事件当中任意提取所需的依据,比如王鎏就从贾谊、刘备、辛弃疾以及诸多其他学者关于货币问题的讨论当中获得启示。诚如孔飞力1977年夏天在台湾的一次讲座中所指出的那样,"传统就像一个装满了各种物品的大篮子,后代人可以从中择取他们需要的任何

---

① "宫中档",咸丰元年11月13日。

东西"。

一般认为《盐铁论》一文留给后世一套铁板钉钉的政治经济思想。虽然19世纪前期的货币争议涉及政府在货币发行中的角色,但无人提及《盐铁论》这篇名作。下面的两个例子同样偏离了《盐铁论》一文垂训后世的那种货币控制权必须由政府掌管的老观点。在王瑬看来,汉文帝(公元前179—157年在位)和唐代著名诗人张九龄(673—740)两人均支持私人铸币,以便缓解货币短缺的局面。① 此外,魏源论及:从1133年以来,私营矿场与官营矿场是各居一半。②

也有人指出中国传统学者倾向从货币供给数量的角度分析价格。③ 实际上,中国货币思想史最常被提到的由货币供给数量的角度分析价格理论的《管子》,并没有出现在19世纪前期的货币争论当中。④ 当然,白银外流的确对中国市场上流通的货币量造成很大影响,但是商业化进程的推进和白银使用的不断扩大,也被视为导致白银越来越贵的原因。

同17世纪英国发生的情况相仿,中国在19世纪前期也出现了货币短缺现象。从中国学者就此问题展开的争论,以及他们所引述的历史权威素材来看,恰好进一步显示中国具有反对君王利用货币控制权进行财政搜刮的鲜活传统;这一点同近古时期英国所承继的货币观念形成鲜明对照。

同西方关于类似问题的争论相比,中国19世纪前期发生的这场涉及货币问题的经世思想论争,还反映出中国的传统具有非常丰富的内涵。19世纪前期中国发生的这场货币论争使放任派和干预派两种势力同时登场,与20世纪西方发生的情况非常相似。19世纪前期中国的王瑬及其追随者以及20世纪西方奉行凯恩斯主义者和货币主义的经济学

---

① 王瑬,《钱币刍言》,《再续》,页12b—14a。
② 魏源,《圣武记》,卷14,页36a—b。
③ 王宏斌,《晚清货币比价研究》,页164—165、183—184。
④ 关于《管子》一书中的货币数量理论,可参见叶世昌《中国货币理论史》第15—23页。

家,都认为政策制定不需涉及民间反应,凭政府本身就可以设法解决货币问题。虽然19世纪前期中国的学者官员对于贸易收支的平衡问题非常关注,他们在这一问题上的态度同18世纪欧洲的"重视金银的重商主义者"相近,但是中国的学者官员从未将贵重金属视为唯一的财富;他们也很看重普通民众对自然资源的开发和利用。并非如学者王宏斌所指出的那样,19世纪前期中国的学者在思考货币的价值问题时,只从货币供应量的角度着眼来加以考察。[1] 他们同时还很重视社会对货币的需求量,以及对其他商品的需求量和供应量。王鎏就像后期凯恩斯主义者一样,非常关注经济发展这一因素对货币问题产生的影响,这就与18世纪欧洲"重视金银的重商主义者"以及20世纪货币主义者的观点大异其趣。19世纪前期中国的放任派就像20世纪的新古典学派经济学家一样,强调政府推行某种经济政策所能收到的效果取决于政府与民众在相关问题上的互动,也就是说政府的政策不能不考虑到民众的反应。在中外这些参与货币争论的学者当中,许楣和哈耶克两人的观点出奇地相似,他们两人一致认为由多家民营而相互竞争的银行并存的货币制度对社会最为有利。

19世纪前期的中国学者,缺乏精确的计量经济学推论,也没有设立20世纪学者所遭逢的中央银行体制的观念。在这方面,中国干预派的代表人物王鎏和西方自由经济学派的主要倡导者哈耶克,都在各自所处的时代产生了革命性的影响。上文提到的那些20世纪的学者大多数都是专业的经济学家,中国传统学者却非如此,他们虽然也热烈地谈论货币问题,但同时也是著名的诗人、医生或者经学宗师。尽管19世纪前期的中国学者在思维领域并没有受到太多传统框架的约束,也没有获得多少可以激发灵感的西方思想,他们所提出的带有干预主义或者放任主义色彩的"药方"都有背后的思维模式,值得在下章进一步予以探究。

---

[1] 王宏斌,《晚清货币比价研究》,页183—184。

下 篇
不同学术观点的竞争

19世纪前期中国的经世思想经常以对人性的体悟作为立论基础，这种情形在学者官员们关于货币问题的争论当中表现得非常明显。由于不同的学者对人性的体悟不同，他们对国家与市场间的关系分别持有不同的见解，对社会只存在绝对权威或有多元权力并存也各有主张。随着对经世思想日趋浓厚的学术兴趣，知识界的主流文体也发生改变，可以拿来改造社会的浅显易懂的文体渐趋流行。但在19世纪前期，经世风格的文体可以分成两种类别：一种强调拟古，重视文章的结构；另一种则主张创新，着重音韵。后一种类别的学者更倾向于追随今文经学派的治经方法，将孔子抬高到"素王"的尊位，以约束世俗的君王。

重视行文讲求创新的那一批学者，倾向认为市场发生危机时，其本身力量沛然莫之能御；而喜好拟古的那批学者则倾向主张政府出面干预。后一批学者衍然形成干预派，前一批学者则形成放任自由派。19世纪前期，当货币问题日益威胁到国家的安危之际，也正是强调多元力量的自由放任学派占上风的时期。后来到了50—80年代，持干预主张的学派一跃成为经济思想领域的主导，因为这一时期为了应对内战的严峻威胁亟需一个强有力的政府出面领导，恰好这一时期白银回流中国，政府手中也掌握了更多的商业税收，提供平息动乱的财政基础。但是19世纪后期经世思想的偏重实行干预政策，被视为中国历史传统的体现，这就曲解了传统的真相，因为实际上这种程度的干预政策在中国历史上并不多见。

第六章　两种经世流派的不同社会理论

在清政府于 1853 年正式推行通货膨胀政策之前,社会上围绕王鎏的著述展开的争论彰显出两种不同的社会理论,这些理论涵盖了"自我"、"社会"及"历史变革"等诸多概念。在两大对立阵营各自对银贵钱贱危机提出的应对方案当中,都充斥着对上述概念的诠释。在应对商业化、失业(流民)增加、腐败加剧、贫富差距日益悬殊等一系列同银贵钱贱危机存在关联的社会问题时,上述两派提出了各自的社会理论。虽然某些经世学者所持的观点随着时间的推移发生了一些转变,但他们的建议和主张当中蕴含的社会理论一般都保持了连贯性。在霍布斯(Thomas Hobbes,1588—1679)所著的《利维坦》(*Leviathan*)及洛克所著的《政府论两篇》(*Two Treatises of Government*)等近古欧洲社会理论名著当中,"性说"都被作为一种立论的前提,并从"性说"这一命题出发层层推导出与之相对应的政府组织论。相比之下,清代经世学者们所持的社会理论则显得零散而不成体系。然而他们在争辩当中所采用的比喻、根本论据以及对具体细节问题的阐释,无不体现出他们基本的思想范式。研究学术思想史的历史学家常常只研究学者们关于"性说"和"社会关系"等的抽象理论,本书则侧重于从学者们就银贵钱贱危机产生的各种具体讨论来辨析其各自所持的社会理论。

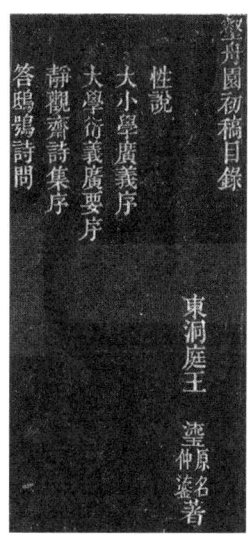

图 6.1　经世学者探讨人性的著述

注：王垚的文集《弢舟园初稿》当中的这篇目录表现出经世学者对"人性"的探讨是何等重视，该书的木刻版原藏于加州大学东亚图书馆。与王垚同时代的经世学者吴嘉宾也认为"人性"乃是人生的根本。

资料来源：徐世昌，《清儒学案小传》，卷18，吴嘉宾。

为方便起见，本书中的"干预派"一词专指那些倾向于谴责人性自私自利及鼓吹政府应实行更多干预政策的学者；而"放任派"一词则专指另外一类学者，他们认为人性自私乃天经地义之事，至少也不必因此而受到责难，政府对社会的干预越少越好。表6.1开列了两大对立阵营的主要代表人物。包世臣和魏源隶属于放任派阵营，吴嘉宾和王垚则名列干预派旗下。

这一章将集中探讨两派各自的社会理论，特别是他们分别对"人性"的体悟，对政府这一概念的界定，以及在上天旨意、古圣先贤的规范乃至市场力量的影响下，政府究竟拥有多大的权力；此外还涉及他们对商业、贸易、商人、消费行为所持的态度，和对处理私人财产奉行的基本信条。

另一重要内容是剖析他们对时代巨变提出的对策,这些对策体现在他们对如何运用上古三代时期的众多隐喻来指导现实的变革,如果这种变革势所难免,那么应择取"渐变"还是"剧变",以及在推行社会改革的过程中对于技术进步和教育改革又应如何强调。

表 6.1 两类经世学派的主要学者

派别	姓名	籍贯	职位
放任派	包世臣(1775—1855)	安徽	举人,幕友,县令
	丁履恒(1770—1833)	江苏	县令,进士
	冯桂芬(1809—1874)	江苏	翰林院编修,幕友,书院教师,进士
	龚自珍(1792—1841)	浙江	礼部主事,内阁中书,进士
	贺长龄(1785—1848)	湖南	学政,道台,督抚,进士
	林则徐(1785—1850)	福建	翰林院编修,督抚,进士
	魏源(1794—1856)	湖南	幕友,县令,知府,进士
	许梿(1787—1862)	浙江	知府,粮道,进士
	许楣(1797—1870)	浙江	户部主事,进士
干预派	成毅(约1850在世)	湖南	塾师
	管同(1780—1831)	江苏	举人
	梁章巨(1775—1849)	福建	督抚,进士
	沈垚(1798—1855)	浙江	幕友
	孙鼎臣(1819—1859)	湖南	翰林院编修,侍读学士,进士
	王鎏(1786—1843)	江苏	生员
	吴嘉宾(1803—1864)	江西	翰林院编修,进士
	谢阶树(?—1826)	浙江	翰林院侍讲学士,进士
	徐鼒(1810—1862)	江苏	翰林院编修,进士

对人性的体悟

在放任派看来,中国19世纪前期发生的银贵钱贱危机很大程度上是由白银短缺造成的。白银外流问题在嘉庆一朝曾被数次提及。1820年,包世臣首次将白银外流问题同鸦片进口联系起来。① 林则徐、魏源、许楣、冯桂芬等也提出与包世臣相似的观点。② 某些干预派的成员也赞成从中国外部的因素出发来解释引发这场危机的根源,例如王鎏就曾指出鸦片进口是重要原因。③ 相比之下,管同、梁章巨、吴嘉宾则笼统地将中国财源枯竭的原因归结为各类洋货充斥的结果。④ 另外一些干预派成员也从中国自身内部的因素出发来分析这场危机,比如他们认为国内白银的产量不足乃是引发银荒的缘由。⑤ 然而更多的干预派成员则从"人性自私自利"以及"在全国范围内肆意纵容滥用白银"着眼,认为这才是关键原因。

比如吴嘉宾就曾强调指出由于白银的单位价值很高,驱使了那些利欲熏心的自私者将大量白银囤积起来作为私财,认定这是引发银贵钱贱危机的根本原因。⑥ 相比之下,大多数放任派的成员则一致认为由于白银(不分银两、银元)比铜钱更加便于携带和运输,因此理所当然地受到民众的青睐,若从道德层面对此加以评判则有失公允。⑦ 在放任派看来,民众喜爱银元乃是人情的自然流露,无须非难。⑧ 吴嘉宾认为,将白银短

---

① Peterson, "Early Nineteenth Century Monetary Ideas", p. 40.
② 关于林则徐的观点,可参见《林文忠公政书》,甲集,《江苏奏稿》,卷1,页18a—b;关于魏源的观点,可参见《圣武记》,卷14,页42a;关于许楣的观点,可参见《钞币论》,跋;关于冯桂芬的观点,可参见《显志堂稿》,卷31,页30—35。
③ 参见王鎏,《钱币刍言》,《续刻》,页1a。
④ 例如梁章巨就曾说过:"夫居处之雕镂,服御之文绣,器用之华美,古之所谓奢也,今则视为平庸无奇,而以外洋之物是尚……内地出其布帛,菽粟民间至不可少之物,与之交易,有识者方惜其为远方所欺,无如世风见异思迁,一人非之不敌众人慕之。其始达官贵人尚之,浸假而至于仆隶舆儓,浸假而至于倡优婢娛。外洋奇巧之物日多,民间布帛、菽粟日少,以致积储空虚,民穷财尽,可胜叹哉!"(《退庵随笔》,卷7,页7—8)。类似的言论还可参见管同《因寄轩文初二集》(1830)卷2第6—8页,以及侯厚吉、吴其敬《中国近代经济思想史稿》卷1第169页。
⑤ 成毅,《求在我斋文存》,卷2,页19a;缪梓,《缪武烈公遗集》,卷1,页1a。
⑥ 《皇朝经世文续编》,卷58,户政30,钱币,上,页45a(吴嘉宾,《拟上银钱并用议》)。
⑦ "宫中档",道光18年5月20日(贺长龄);林则徐,《林文忠公政书》,甲集,《江苏奏稿》,卷1,页17a。
⑧ 林则徐,《林文忠公政书》,甲集,《江苏奏稿》,卷5,页15a。

缺作为引发这场危机原因来加以责难"此犹饮水者,忧天旱水涸"①。若从这种观点出发,白银由于能满足人们的私心,只需凭借此种特质即可不断升值。② 而放任派则认为,银贵钱贱危机根源于白银短缺带来的后果③;"假如这种枯竭之势不加以扭转,仅指望小修小补是不能保证罐子能装满美酒的 "。"弊在漏卮,卮之漏而徒治其瓶,则固无救于酒之尽也"④这些相映成趣的比喻彰显出两派学者对这一危机所持的不同看法:一派认为这场危机就好像贪婪的酒鬼将一壶美酒吮吸殆尽,另一派则认为一个原本满盈的罐子被某种非人力所能驾驭的力量掏空了。

梁章巨和其他一些学者认为,伴随着白银的使用,肆意挥霍的个人恶习也在蔓延。⑤ 就徐鼒(1810—1862)而言,由于奢侈的风气日渐流行,从海外流入的新奇洋货越来越成为民众搜求的对象,而农产品反倒被置于无足轻重之地。⑥ 这种消费习惯若任其蔓延,不仅会浪费掉大量自然资源,而且会破坏现有的社会秩序,导致各色人等不再恪守与其自身社会地位相适应的消费模式,从而引发混乱。⑦ 管同和沈垚(1798—1840)对当时社会道德的沦丧痛诋之声不绝于口。⑧

---

① 尽管吴嘉宾曾经声言社会上流通的白银并没有减少(《皇朝经世文续编》,卷 58,户政 30,钱币,上,页 45a[吴嘉宾,《拟上银钱并用议》]),但在致林则徐的一封信函当中,他还是指出中国之所以日渐贫困,就是因为很多货币都流到广东去了(吴嘉宾,《求自得之室文钞》,卷 6,页 13b—14b)。
② 《皇朝经世文续编》,卷 58,户政 30,钱币,上,页 45a(吴嘉宾,《拟上银钱并用议》)。
③ 冯桂芬,《显志堂稿》,卷 11,页 30。
④ 许楣,《钞币论》,跋,页 1a。
⑤ 徐鼒,《未灰斋文集》,卷 1,页 2a—2b;侯厚吉、吴其敬,《中国近代经济思想史稿》,卷 1,页 152—58。例如梁章巨(《归田琐记》,卷 2,页 7)为中低阶层的家庭,冬天都用好几个"暖手足之炉",以及拥有"闺阁之镜"、"盥盆"、"炭盆"和通常富人演奏才有的鼓与其他乐器而感到不满。
⑥ 徐鼒,《未灰斋文集》,卷 1,页 7a—b;卷 3,页 5a—b。
⑦ 同上书,卷 3,页 12b—13a。
⑧ 沈垚指出:"昔(乾隆嘉庆年间)之公卿,虽兼取富人,而所任用,究在有才学之人。故于事尚无所害。今(沈垚生于1798,卒于1840)之公卿,所任用者专在多献宝之人,则于天下事,不知胡所底止矣。"《落帆楼文集》,帆 10,页 20a)。沈垚,《落帆楼文集》,前言写于 1858 年,帆 8,页 18a;帆 10,页 4a。

与干预派发出的责难与嗟叹不同,放任派并不从道德层面评判这种现象。正如前面所提到的那样,当林则徐得知一名缺乏经验的县令竟然不知道官职的高低是以其所能获得的"肥水"分等时,忍不住抚掌大笑。包世臣也认为那些负责监管矿山开采的官吏在背地里侵吞原本应上缴国库的资财,是势所难免的。① 冯桂芬和龚自珍则将官僚机构的腐败归因于收入减少,与官吏自身的道德堕落关系不大。龚自珍指出:"得财则勤于服役,失财则怫然愠,此诚厮仆之所为,不可以概我士大夫。然而卒无以大异此者,殆势然也……夫士辞乡里,以科名通籍于朝,人情皆愿娱乐其亲,赡其家室;廪告无粟,厩告无刍,索屋租者且至相逐,家人嗷嗷然乎。当是时,犹有如贾谊所言'国忘家,公忘私者',则非特立独行以忠诚之士不能……今久资尚书、侍郎,或无千金之产,其下可知也。"②他赞成孟子主张的爱有等差,也就是对至亲要给于最多的爱的观点,而反对墨子(公元前468—376)鼓吹的兼爱之说。在龚自珍看来,人之所以有别于禽兽,在于人具有利己的本性,人首先考虑的是如何最大程度地保护自我和自己家庭的利益。他曾直接声称:"私利当位居公心之上。"③冯桂芬的观点与龚自珍如出一辙:"非本性之贪,国家迫之使不得不贪也。"④当许楣就纸币发行失控可能造成的滚雪球效应提出警告时,他对贪官污吏可能造成的后果倒不大重视。⑤ 这再次反映出许楣最关注的仍在制度安排层面,而不在于道德堕落这类个人操守。

这些学者对"人性"的不同体悟与他们对下列诸多事物的看法密切相关,包括:他们对政府与社会之间的关系应如何安排,贸易在社会中应当发挥哪种功能,商人应扮演哪类角色,应采取哪些措施来推行教育,教育的内容应涵盖哪些范围,以及应以什么方式来进行历史变革。

---

① 包世臣,《安吴四种》,卷26,页37b。
② 龚自珍,《龚自珍全集》,卷1,页29—30。
③ 同上书,页91—92。
④ 冯桂芬,《校邠庐抗议》,卷上,页9b。
⑤ 许楣,《钞币论》,页25a—b。

尽管存在诸多分歧，但是作为奉行经世思想的学者，他们也有一致的观点。

国家观

清代的学者官员通常是用"国家"、"国"、"上"来表达"国家"的意涵。①"国家"或"上"的意涵不同于用"天下"或"下"所表达的社会。②"国家"自有其法定的权力和疆域范围。那些处于中央政府有效统辖范围之外的区域曾被称为"国家化外之地"③。在上古东周时期，列国并存；宋、辽（907—1125）、金时期也有多个国家并存；这些前代的范例是19世纪前期的学者官员们，思考清王朝与其他国家关系的重要参考依据。④

尽管"主权"一词及其与民族国家所必需的政府、领土、人民等要素如何关联的想法在当时的国家观念中尚未触及，但是无论放任派还是干预派此时都流露出一股民族主义思想。⑤两派都感叹政府因白银外流而

---

① 1852年，曾国藩曾说："盖银价太昂，不独官民交困，国家亦受其害也。"（《曾国藩全集》，页29—30）。杨象济也坦言："道光初年，抚臣梁章巨请铸大钱，时未能行。然此行之而利实大。当五之钱，不过三钱之费……国家常有一倍之利。"（《皇朝经世文续编》，卷60，户政32，钱币，下，页18a[行钞刍议]）。缪梓推测："酌照若干贯以当课税，复酌照若干贯以充贸易，可为国家赢一二岁之储。"（缪梓，《缪武烈公遗集》，卷1，页27a—b）。孙鼎臣也承认："上贱而独欲下贵之，是不恕也。"（《畚塘刍论》，卷2，页5a）
② 孙鼎臣声称："论钱法曰，言者谓铸一费一，无补于国。不知费一钱可得一钱，利在天下，即国家无穷之利也。"（《畚塘刍论》，卷2，页5a）
③ 聂雨润、李泰《大荔县新志存稿》卷4第7b页指出："咸丰时洪劫扰乱，南数省已非国家所有。"
④ 在谈及白银外流时，包世臣使用了"楚人亡弓，楚人得之"这样一个比喻来形容除鸦片以外的其他奢侈品的消费，将不会导致白银外流（包世臣，《安吴四种》，卷26，页5a）。魏源针对王鎏提出的那种以纸币取代白银作为货币的建议发出警告时，引述了金朝历史上发生过的一个先例。当时金朝政府决定发行纸币，同时下令禁止继续使用铜钱进行交易，这样一来铜钱大多流入南宋统治区（魏源，《圣武记》，卷14，页40b）。
⑤《中国近代货币史资料》，页143。例如梁章巨主张铸造"大钱"的理由之一，便是试图以"大钱"来取代洋钱。

丧失货币控制权。① 成毅指出："又银之产于中土者绝少,况闻近时煎银之业多在交南,又番舶银元市易闽粤,是皆以域外无用之物而耗中国日用之资……夫银之多寡有无,既专操之商贾豪滑,于国与民已属大病,而况并操之域外之黠侩也,则凡所以糜中国之民者更无烦他术矣。"② 龚自珍也曾写道："麟趾袅蹄式可寻,何须番舶献其琛？汉家平准书难续,且仿齐梁铸饼金。"又言："近世行用番钱,以为携挟便也,不知中国自有饼金(见《南史褚彦回传》,又见唐韩偓诗)。"③ 龚自珍、林则徐、魏源三人皆一致主张用中国自铸的银元来取代外洋银元,这些主张显示出民族主义思想的抬头。④ 此前历朝历代所铸造的铜钱混杂流通,大宗商业交易及纳税则盛行采用外国银元结算,相比之下,龚自珍等人的上述主张显示出他们开始重视将货币作为国家主权的象征。

当时学者官员从民族主义动机出发,提出中国自己铸造银元的主张,并不含有大汉族中心主义的思想成份。某些学者官员主张中国自己铸造的银元外观应当模仿标准的"圆形方孔"铜钱进行设计,并在一面用满文铸上铸局的名称,在另一面用汉文压印"道光通宝"或"咸丰宝货"之类的文字。⑤ 还有一些学者官员建议无须在中国自铸银元的中央留一个"方孔",只消模仿西藏银币或新疆铜钱的样式即可。这可以从历史上找到各种先例作为依据："《唐书》记载当时的尼泊尔钱币中央并无方孔,

---

① 可以将朱嶟视为另一个例子,他认为"[使用白银作为货币使得]富商市侩,得以乘人之乏,相时之急,操奇赢而窃行其轻重之权,骤欲立一定价,使上下遵行"(《中国近代货币史资料》,页109；Jerome Ch'en, *State Economic Policies*, document 11)。丁履恒同样也评论道："若不堪重,则多作轻而行之,亦不废重,于是有子权母而行,小大利之。"(《皇朝经世文续编》,卷58,户政30,钱币,上,页16a—18b[丁履恒,"钱币议"])

② 成毅,《求在我斋文存》,卷2,页19a—b。

③ 龚自珍,《龚自珍全集》,卷1,页520。

④ 龚自珍,《龚自珍全集》,卷1,页520；林则徐：《林文忠公政书》,甲集,《江苏奏稿》,卷1,页17b；魏源,《圣武记》,卷14,页42a—b。虽然许楣不曾主张中国自己铸造货币,但他也曾提及自己会对这种自铸货币的思想点头称许(《钞币论》,页13a—b)。

⑤ "上谕档",道光13年4月6日；《清宣宗实录》,卷235,页4；道光13年4月6日(孙兰枝)；《皇朝经世文续编》,卷58,户政30,钱币,上,页64b(周腾虎,"铸银钱说")；《中国近代货币史资料》,页17—18。

《三国志》记载当时的天竺钱中央也没有方孔。[唐书谓泥婆罗国钱不穿孔,三朝国史谓天竺钱实其中不穿贯,今西北之钱犹其遗制也]"①据此可以进行如下推理:既然西藏与新疆地区仿造外国样式铸造的货币已被认可作为天朝通行的货币自由流通,那么中央政府为了方便民生,就不该反对自铸银元。魏源鼓吹的那种"仿番制以抑番饼"是他极力倡导的"师夷长技以制夷"思想的一种表达。②

尽管两派学者都具有一定程度的民族主义思想,但从他们对银贵钱贱危机这一顽症所开出的不同药方来看,他们对国家权力大小所持观点并不相同。

国家、上天与古圣先贤之间

放任派倾向于从"小政府"的角度来审视国家权力,相比之下,干预派则更乐于从"大政府"的角度着眼来理解国家权力的意涵。这些学者官员对国家与上天、古圣先贤、市场力量之间的关系持有不同看法,彰显出他们对国家权力的不同理解。一派认为国家的权力是有限的,而另一派则认为国家是万能的。

在干预派看来,国家拥有可以支配一切的无上权力,这种观点体现在他们对有关国家力量运作的种种构想当中。当有人以铜钱沉重不便远途运送为理由,反对用铜钱来完全取代白银作为货币时,吴嘉宾振振有辞:"国家鼓铸以供天下之用,乌有不便之理?欲银不贵,吾不贵银而可矣。欲钱不贱,吾不贱钱而可矣,是在上者一转移间。银者天之所出,钱者上之所制。不用则废,专用则绌。"③王鎏在谈及纸币问题时也表达了类似的观点,其中也涉及到对国家权力的看法,"且国家之行钞,与富

---

① 王庆云,《石渠余记》,卷5,页18a。
② 魏源,《圣武记》,卷14,页42b;魏源,《海国图志》,序言。
③ 《皇朝经世文续编》,卷58,户政30,钱币,上,页45a(吴嘉宾,《拟上银钱并用议》)。

家之出钱票亦异。国家有权势以行之,而富家无权势。故钱票有亏空,而行钞无亏空也。百姓信国家之钱钞必万倍于信富家之钱票矣。"①这几段话透露出干预派对国家权力的理解,他们认为国家的权力远大于天。

相比之下,放任派则坚持认为上天的权力远在世俗的君王之上。龚自珍指出:"天且不得而限之,王者乌得而限之?"②贺长龄声称:"盈虚消息,物理之常。"③魏源更进一步评论道:"天道恶积而喜散。"因为富人的奢侈消费能够为穷人创造更多的就业机会。④

在择取货币材料的问题上,干预派主张以铜钱或纸币等面值由国家决定的材料作为币材;放任派的主张则与此针锋相对,他们认为应当采取贵重金属、玉石、贝壳等本身"自然"含有价值或"上天赋予"价值的材料作为币材。他们还一口咬定"转输挹注必藉五金,除金为上币……惟白铜质良而品贵,实锺德产之精华"⑤。因为这些币材为自然力量——"阴阳"所创造,它们的价值"非人之所能颠倒"⑥。除了上天与自然之外,放任派还搬出古圣先贤来作"外援",以便同世俗的权力相抗衡,"货币者,圣人所以权衡万物之轻重,而时为之制"⑦。

国家权力与市场力量之间

在因为市场而发生诸多问题之后,放任派的学者仍旧倾向于鼓吹市

---

① 王鎏,《钱币刍言》,《续刻》,页25a。其他干预派成员也有类似的评论。梁章巨曾这样论证:"当王者贵,其贵贱之权亦操之自上耳。上之权可以顷刻变人之贵贱,独不可以顷刻变物之贵贱乎?"(《中国近代货币史资料》,页143)。御史张修育也建言:"银钱之贵贱操之自上,偏于用银则银贵,偏于用钱则钱贵。"(《中国近代货币史资料》,页151)花沙纳也写道:"王者操富贵之柄以御天下。其御贵之权,能使人立致卿相,而于御富之权,独未能操之自我。"(《道咸同光四朝奏议》,咸丰朝,卷2,页1077,花沙纳)
② 龚自珍,《龚自珍全集》,卷1,页54。
③ 《皇朝经世文续编》,卷42,页3b。
④ 魏源,《古微堂内外集》,《内集》3,页44a—b。
⑤ "宫中档",道光18年5月20日(贺长龄)。
⑥ 许楣,《钞币论》,页25b。
⑦ 魏源,《圣武记》,卷14,页42a—b。

场在调控下列经济活动时较有效率,或有其他诸多好处,这些经济活动包括大宗货物的运输(如漕米运输制度)、重要商品的供给(如食盐买卖)及矿冶类大型企业的运营和管理等等。①

魏源认为,清代前期政府允许私营船只沿海航行所取得的成绩就是一个极好的范例。这一时期不仅航海技术大有改进,诚信的商业氛围也有所确立,相比之下,元代(1279—1367)由官方经营的沿海漕粮运输不仅在船只的配备和维护方面浪费了大笔钱财,而且还衍生出一群冗杂的人事体系。最终导致人员闲置,技术停滞,根本无法满足漕粮运输的需要。这足以证明私营企业远比官营企业优越。② 放任派成员有关采矿业的经营也有类似的观点,他们认为依靠市场的力量进行调控收效更好,而官方若直接插手经营则业绩不佳。1849 年,林则徐已经意识到政府既没有足够的财力经营采矿业,也缺乏充分的业务能力去监管矿山的日常开采活动,而有待民间在尝试错误中找出最佳矿床:"办厂先须备齐油米柴炭,资本甚巨,原非一人之力所能独开。官办呼应虽灵,而在任久暂无常,恐交代葛藤滋甚。倘或因之亏空,参办则有所借口,筹补则益启效尤。况地方官经管事多,安能亲驻厂中胼胝手足,势必假手于幕丁胥役,弊窦愈多。似仍招集商民,听其朋资伙办。成则加奖,歇亦不追,则官有督率之权,而无着赔之累,似可常行无弊。"③他认为矿工自己凭借不断的探勘,其实更能够找到较多矿苗的采银地点:"若辈(滇人以采矿为生者)

---

① 侯厚吉、吴其敬,《中国近代经济思想史稿》,卷 1,页 134—35。也可参见《筹海篇》Ⅲ,魏源,《海国图志》,卷 2,页 4、11;《复魏制府询海运书》,见《古微堂内外集》,《外集》7,页 35a—b。
② 魏源,《复魏制府询海运书》,见《古微堂内外集》,《外集》7,页 35a—b。"元代创行海运,十年而道三变,明王宗沐力主海运,亦以海道不熟,失风鸢游门而罢。今则海禁大开百三十余年,辽海东吴若咫尺,朝洋暮岛如内地。……元初造平底海船六十艘,运四万六千石,其后船岁增运费且无算,今上海沙船及浙江蛋船三不像船并天津卫船,自千石以至三千石者,不下二千号,皆坚完可用。……元初以开河卫军及水手数万供海运,并招海盗以长其群,若今江浙船商,皆上海崇明等处土著富民,出入重洋,无由侵漏,每岁关货往来,曾无估客监载,从未欺爽。"
③ 林则徐,《林文忠公政书》,丙集,《云贵奏稿》,卷 9,页 21b。这份奏折的具体日期幸由林崇墉所著《林则徐传》第 599 页考证获知。

行山望气,日以为常,于地力之衰旺盈处大都能知梗概。……据本地人所言,开而能成,成而能久者,向实不可多得,然第就目前而论,如其地可聚千人者,必有能活千人之利,聚至数百人者,亦必有能活数百人之利,无利之处,人乃裹足。"①

放任派也反复引述市场具有自我调控的机制,反对从外部强加各种不合时宜的管理措施。有人曾对钱庄的诚信提出质疑,并建议由政府出面监管,贺长龄一语道破此举纯属画蛇添足:"小民虽愚,谋利则智,不待法令之程督也。"②企图对市场的力量施加人为控制只会引发更多政治困扰。针对王鎏提出的将白银器皿严厉限制用为家常用品的建议,许楣奋起反驳道:"天下之情伪何可胜防?有物于此,值银一两。有银杯于此,其重一两,因以杯市,推而至于十两百两皆然。将以其为器皿而舍之乎?抑以其为币而没入之乎?而其真以银为器皿者,吾恐蠹役地棍之伺其后而执之也。"③

只有在私人恶习严重泛滥,危及公共利益时,放任派才主张由政府出面采取措施加以遏制。例如魏源就曾建议由征收重税或其他惩罚性措施来矫正这些不法行为。④林则徐在为自己关于鸦片吸食问题的立场进行辩白时,同样也阐述了这样一种观念,他认为如果鸦片吸食之风没有传开,个别的吸食者只是"害及其身",他并不认为需予严厉制裁,但是当此一恶习扩展开来时,他认为"法当从严"⑤。许楣也指出:"且天下事有不便于民者,则当易之。民便用票,何以易为?"⑥

相比之下,干预派对于国家特有的控制力,包括对市场的控制,充满信心。在议及调控货币比价问题时,徐鼒认为假如户部与藩司设官肆以

---

① 林则徐,《林文忠公政书》,丙集,《云贵奏稿》,第15b—16页。
②《中国近代货币史资料》,页133,道光18年7月16日(贺长龄)。
③ 许楣,《钞币论》,页31a。
④ 刘广京,《19世纪初叶中国知识分子——包世臣与魏源》,页1020。
⑤ 林则徐,《林文忠公政书》,乙集,《湖广奏稿》,卷5,页14b。
⑥ 许楣,《钞币论》,页15b。

出入谷帛与银,则"奸商无居奇之权矣"①。如果国家为了铸造大钱而试图积累铜料,只需采取如下简单措施即可:设立相关衙门机构,用米谷或制钱来买卖铜料,"数月之后"便可采购到足够的数量。② 在敦促国家发行大钱这一问题上,雷以諴、王植和张修育纷纷抬出孔子的话来作支撑,扬言"民可使由之,不可使知之"③。1843 年,张修育在一封奏折中写道:"臣愚以为银钱之贵贱操之自上,偏用银则银贵,偏于用钱则钱贵。"④

商业、贸易和消费

对于商业、贸易、消费等活动,及移民、商人等在经济生活中可以发挥的功能,干预派和放任派双方也各执一词。有若干干预派学者认为全社会的财富总量是固定的,商业的功能不过是将财富从一个人手里转移到另一个人手里。管同即说:"天下之财统此数,今上不在国,下不在民,此县贫而彼州不闻其富,若是者何与?曰生齿日繁,淫侈愈甚,积于官吏而兼并于大商,此国与民所以并困也,虽然是固然矣,而犹有未尽。"⑤吴嘉宾、梁章巨以及其他一些干预派的成员也齐声反对贸易,无论内贸还是外贸。⑥ 管同对纺织由家庭生产转为市肆生产,乃至华北之只产棉布,丝绸尽取诸江浙均感愤慨。⑦ 徐鼐对于平民百姓和学者官员都从市场上

---

① 徐鼐,《未灰斋文集》,卷 3,页 12b—13a。
② 梁章巨,《归田琐记》,卷 2,页 7b。
③ 《中国近代货币史资料》,页 149、155;《道咸同光四朝奏议》,道光 22 年(浙江道御史张修育),页 660—64;《论语》,篇 8,章 9。
④ 《中国近代货币史资料》,页 151。
⑤ 管同,《因寄轩文初二集》,卷 2,页 6—8。
⑥ 侯厚吉、吴其敬,《中国近代经济思想史稿》,卷 1,页 169;也可参见梁章巨,《退庵随笔》,卷 7,页 7—8。
⑦ 《皇朝经世文续编》,卷 42,户政 14,农政,下,页 3(管同,《劝民蚕桑诗说序》):"古之时……天下无不织之女。……自战国以后,井田堕坏,而树桑之制随之。不桑则不蚕,不蚕则不织,由是机杼别为一工,而妇织移于男子。士庶之家,布帛必购于市肆,而富贵者,披丝罗,曳锦绣,亦无一取诸宫中也。是民安得不穷?……或曰蚕桑宜东南,不宜西北,是大不然。……今则青齐惟产茧布,其一切纨绫之属,皆由吴越而来,而丝缕不能自办也。"

购买男性专业织工生产的丝织品这种现象感到苦恼,他认为平民百姓应让妻女动手养蚕抽丝,而学者官员应向官方开办的工场购买丝织品及丝袍。①

干预派进而指出商业的发展会损害农业。从松江和苏州两地的情况来看,随着商业收益的日趋丰厚,越来越多的百姓不再从事农业生产,转而从事商业经营活动。然而,商业的根基其实非常脆弱,从松江土布被苏州土布淘汰,继而洋布又将土布淘汰,可以反映出商业的脆弱性。在徐鼐看来,应付这些问题的根本策略在于重视农业。② 通过大力开发新的土地,建设灌溉系统,推广先进的农业技术,抑制铺张浪费,就会生产出更多的米谷和布匹。③ 由于白银是商人从事交易的货币媒介,因此如果能取缔白银充当货币媒介的功能,就会鼓励民众更努力地从事农业生产,而不再那么热衷于经商了。④ 王鎏虽大力号召通过钱庄发行纸币,但他还是非常关注农业;他曾坚称发行纸币能够使国家增加收入,进而有利于农业发展。⑤ 王鎏建议各省单独发行只在本省内流通的纸币,仅在少数大城市设立钞局;这套方案立即遭到包世臣和许楣的猛烈抨击,反映出干预派根本就没有将长途跨区贸易,特别是那些并不途经大城市的长途贸易纳入考虑范围。⑥

鉴于商业与移民两个问题原本相互联系,和对商业的看法分歧相对应,干预派和放任派双方在流民问题上也持有不同的观点。干预派成员谢阶树(?—1826)主张政府应当制定相关的法令,将百姓牢牢地束缚在他们的原籍地。⑦ 放任派成员贺长龄则依据自己治理汉族移民与苗族土

---

① 徐鼐,《未灰斋文集》,卷3,页4a。
② 同上书,卷3,页7a—11a。
③ 孙鼎臣,《畚塘刍论》,卷1,页17b—18a。
④ 同上书,卷2,页1a—3b。
⑤ 王鎏,《钱币刍言》,《钱钞议》,页1a—b。
⑥ 同上书,页30a—b。
⑦ 转引自赵靖、易梦虹,《中国近代经济思想史》,页126。

著杂处的经验,指出贸易和移民活动能够增加社会财富的总量。当有御史请求政府派员查核汉族移民如何酷虐地役使和剥削苗族土著时,道光皇帝便责令时任贵州巡抚的贺长龄给予答复。在贺长龄看来,尽管汉族移民和苗族土著之间的确发生了不少种族冲突,来自远方发达地区的汉族移民也的确将他们在原籍地奢侈的消费习惯传播给落后地区的少数民族,但总体而言长途跨区移民和贸易使双方均能获益。贺长龄坚决反对若干干预派人士鼓吹的那套"社会财富总量固定"的论调,坚信商业活动可以创造出新的财富:

> 黔不产盐布帛,又贵类皆挹注于他省,苗民借居岩洞,所饶者杂粮材木耳,非得客民与之交易,则日用无资,所有之莫之售脱,且苗民务耕作而不知贸易,客民耐劳而俭用,多就谷贱之地为家,是未尝不两相资益,若谓纷华靡丽,皆由客民导之,以至穷乏,则汉人中昔称富户,今为贫民者又将谁咎?盈虚消息,物理之常,即无客民,固不能保苗民之常富也。①

干预派和放任派双方都注意到,中国与外洋开展贸易造成进口货淘汰部分国产商品。面对此情此景,干预派只是一味地谴责,而放任派却意识到通过对外贸易可以学习外洋的先进技术,进而造福国内百姓。

其实放任派同干预派在强调重视农业方面并没有太多分歧。龚自珍在1823年脱稿的名篇《农宗》当中,阐述了他对理想中的农业社会的构想。在这样一个社会当中,土地所有权将由每一代中的长房继承,长房之外的其他房系将从政府那里获得土地,面积相当于长房所继承土地的四分之一,然后雇用佃农耕作,佃农的数量也只有长房所雇佃农数量的五分之一。长房将负责全族的祭祀活动,无论长房还是其他房系都须

---

① "史馆档",传包,号971,贺长龄。贺长龄的这份年谱并未记下呈递这份奏折的具体日期,但是可以确定这份奏折的呈递时间介于1838年他就白银外流问题上奏和1840年他就在贵州引种木棉问题上奏之时。因此,作者推测这份奏折定稿的具体时间应在1838—1840年之间。

将农产品收获量的十分之一上缴政府纳税。① 魏源的确对务农致富表现出更大的关注,但他不赞成剥削商人财富。② 总体上,放任派仍比干预派更关注商业活动。以包世臣为例,他曾明确声言:"夫无农则无食,无工则无用,无商则不给,三者缺一,则人莫能生也。"③

放任派清楚地意识到消费的增长是推动商业发展的力量。为了驳斥社会对奢侈行为的批评,魏源坚持认为消费是带动财富由积聚转为扩散的关键环节,"俭,美德也,禁奢崇俭,美政也,然可以励上,不可以律下,可以训贫,不可以规富,周礼保富,保之,使任恤其乡,非保之使吝啬于一己也。车马之驰驱、衣裳之曳娄、酒食鼓瑟之愉乐,皆巨室与贫民之所以通"④。17世纪英国经济学家巴蓬(Nicholas Barbon)(约1640—1698)曾就当时英国社会的情况作出如下评论:"除了用来购买生活必需品和进行娱乐之外,财富很难找到其他用途。对于依赖贸易生存的国家而言,假使富豪施展阴谋,不从事消费活动,其恶果无异于打一场对外战争。"⑤巴蓬提出的这种富豪消费可以促进公共利益的论点,同魏源主张的鼓励富豪挥霍浪费的观点如出一辙。

私　产

在19世纪前期,除了少数人提议限制私人广占田产之外⑥,干预派

---

① 龚自珍,《龚自珍全集》,卷1,页49。
② 侯厚吉、吴其敬,《中国近代经济思想史稿》,卷1,页156。
③ 同上书,页134—35。也可参见魏源,《筹海篇》Ⅲ,载《海国图志》,卷2,页4、11;《复魏制府询海运书》,见《古微堂内外集》,《外集》7,页35a—b。
④ 魏源,《古微堂内外集》,《内集》3,页43a—44a。
⑤ Appleby, *Economic Thought and Ideology*, p. 173.
⑥ 汤鹏坚持认为如果土地没有集中在少数人手里,就不会有这么多流民。(《浮邱子》,卷10,页6)吴铤主张在中心地区每一位地主占有的土地不应超过50亩,在边陲地区也不应超过300亩。他认为在井田制已无法恢复的当今时代,对土地占用量加以限制是非常有益的(《皇朝经世文续编》,卷35,户政7,赋役2,页3—4[吴铤,《因时论Ⅱ,均田限田》])。

和放任派的大多数成员都不主张改变现行的私人所有权制度①,但是放任派提出更为深刻的捍卫私人财产权的理论。1817年,龚自珍声言个人所拥有的财产应当与其身份地位相称。卑贱的下层民众固然可以累积钱财,但不应超过上流权贵所应拥有的财富。(三代之极其犹水。君取盂焉,臣取勺焉,民取卮焉。降是,则勺者下侵矣,卮者上侵矣。又降,则君取一石,民亦欲得一石。)②可是到了1823年,他却转变成一名彻头彻尾的私产卫士,《农宗》一文恰恰表达他的这种态度。这篇文章将私有财产制度追溯到远古时期当人类开始摆脱采集野生谷物维生,转而通过自身的智慧和劳动来自行种植谷物之时。龚自珍认为,从那时起,凡是有能力在一尺地上种植谷物的人,自然就会成为这尺地的主人,有能力在10尺或100尺地上种植谷物的人,当然也就会成为这10尺或100尺地的主人。("天谷没,地谷茁,始贵智贵力,有能以尺土出谷者,以为尺土主;有能以倍尺若十尺、伯尺出谷者,以为倍尺、十尺、伯尺主。")这样一来,君王自然而然地成为所有这些人当中最大的地主。③龚自珍还补充说道:"有德此有人,有人此有土矣。"④

龚自珍的观点与洛克提出的"努力者自享其福"的观点颇为神似。⑤谈及佃农的雇佣问题,龚自珍表示:"从根本上讲,并不是佃农在依靠农宗维持生计,反而是整个社会需要他们所生产的农产品。"(以食有力者,佃非仰食吾宗也,以为天下出谷。)⑥从这种观点出发,龚自珍针对如何解

---

① 胡培翚(1782—1849)指出,将土地所有权从富人手中转移到穷人手中将会在社会上引发浩劫。只能劝说富人捐赠财产来减轻饥饿民众的困顿状况,或者鼓励他们向寡妇和孤儿提供慈善性的帮助,但绝不可强制他们必须这样做(《皇朝经世文续编》,卷41,户政13,农政,上,页5[胡培翚,《井田论》])。梁章巨重视农业的观点在干预派成员当中很有代表性。虽然他们反对经商致富,但对经营农业取得的财富持一种放任主义的态度(见梁章巨,《退庵随笔》,卷7,页3、5)。
② 龚自珍,《龚自珍全集》,卷1,页78。
③ 同上书,卷1,页48。
④ 同上书,页54。
⑤ John Lock, *Two Treatises of Government*, pp. 288-299.
⑥ 龚自珍,《龚自珍全集》,卷1,页50。

决流民问题提出了人人皆无需舍己助人的设想。其具体内容就是让每一个人都发挥自己的能力,共同造福社会。此外,农宗成员担任六品以上官员者,有资格以取得"官俸田"土地所有权的方式获得部分收入。这类"官俸田"的经营管理不同于那些农宗下的田地。这些官员的后人若想继承此类"官俸田",就必须通晓相关的农业生产知识和技能。① 在这里,"能力原则"再次受到强调。《农宗》一文刊行之后,有人曾向龚自珍提出质询,请他解释 100 亩田地是否应成为个人占有土地的上限;龚自珍明确答复道:"贫富之不齐,众寡之不齐,或十佰,或千万,上古而然。"②龚自珍不仅鼓吹继续维护和健全私人土地所有权,而且在 1820 年还进一步提出化军屯田为私田的主张,因为他认为军屯田的经营效率经常是太低了。③

在议及农宗与政府关系时,有些学者猜测龚自珍可能会指望政府出面干预和分配土地。④ 但是经过仔细审读龚自珍文稿的意涵可以发现,他只同意在以下两种情况政府才介入土地分配:一种情况是缺少足够的土地分配给同一姓氏的民众;另一种情况是地主名下不同姓氏的佃农因土地问题引发纠纷。而唯有在大型自然灾害引发大规模的移民潮时,高级官员才应出面进行协调和控制。在龚自珍看来,农宗能够培育讲求仁义、孝道、礼仪、诚实的社会风气,因为在这里,民众的基本生活需求能够得到满足,宗族内部不同成员间密切的交流往来也会促进道德。假如全社会的每一个家族都按照这种方式来组织管理,那么留给君王办理的事务也就不多了,他只需使农田水利等国家基础设施正常运转就行了。这样一来,君王就好像一个车轮的轴心,尽管辐条在飞速旋转,轴心却可安

---

① 龚自珍,《龚自珍全集》,卷 1,页 51。
② 同上书,页 54。
③ 巫宝三等编,《中国近代经济思想与经济政策资料选辑》,页 11。
④ Whitbeck, "The Historical Vision of Gong Zizhen", p. 159.

然不动。①

　　还有另外一种保护私产的办法,那就是推行轻徭薄赋的政策。放任派坚决主张对农业和商业收入实行低税政策。② 龚自珍在一篇文章中曾用"妖"这个词来比喻那些野心勃勃的商人。③ 侯厚吉等将此解释为龚自珍强烈要求政府出面钳制商业兼并活动。④ 可是在这篇文章的末尾,龚自珍写道:"这种现象绝非拥有政治权力官员的行政命令所能逆转。若能熟练运用符合自然的各种策略,统治者就可以……轻松地实现天下大治。"[然而有天下者更之,则非号令也。有四挹四注:挹之天,挹之地,注之民;挹之民,注之天,注之地;挹之天,注之地;挹之地,注之天。……统之以至澹之心。龚子曰:有天下者,不十年几于平矣。]⑤轻徭薄赋和少施干预的政策是维护私产的良方。

历史变革

　　干预派和放任派双方都认为需要实行某种变革来解决其所面临的时代危机,但是双方用来描述变革的词汇却显示出干预派更倾向于实行比较激进的改革方案。王瑬本人和他同时代的人将他所提出的方案称为"变法",这一词汇后来曾再度流行,1898 年被康有为(1858—1927)用

---

① 龚自珍,《龚自珍全集》,卷 1,页 51。"幅"这个字在这里应解作《老子》当中的"辐"。感谢陆宝千教授的指教。
② 龚自珍关于"农宗"的理论当中提到赋税只应占农业收获量的 10%。他认为如果没有这笔税收来源,就无法维持君王和官僚机构的日常开支(《龚自珍全集》,卷 1,页 50)。汤鹏坚持认为税收越轻越好(《浮邱子》,卷 10,页 8b—9a)。魏源则极力反对盘剥富人的财富(《古微堂内外集》,《内集》3,页 43a—b)。
③ 龚自珍,《龚自珍全集》,卷 1,页 78。
④ 侯厚吉、吴其敬,《中国近代经济思想史稿》,卷 2,页 70—71。
⑤ 龚自珍,《龚自珍全集》,卷 1,页 80。

来描述他推行的那套激进的改革方案。① 相比之下,放任派则更倾向于使用"更"②、"更法"、"改图"③、"改法"④等相对比较缓和的词汇来描述他们所倡导的变革。魏源在描述他所主张的通盘社会改革时采用了"变法"一词,但他对这种措辞持极为谨慎的态度。⑤ 魏源同时也指出选择高瞻远瞩之士确切地推行制度改革非常重要,若用人不当,制度改革必将带来恶劣的后果。⑥ 从 1898 年发生的事情来看,或至少从梁启超(1873—1929)的著述观察,魏源和龚自珍两人作为今文经学派的信徒,可能被归入主张实行激进改革的派别。⑦ 但是若就两人在银贵钱贱时期货币改革的观点来看,则上述归类就不太恰当了。

不同派别的成员对于历史变革所持的观点同他们对三代的看法有很大关系。龚自珍和吴嘉宾两人都将远古时代称颂为完美的社会典型,但是两人对远古社会的具体蕴含则各执一词。吴嘉宾认为,在三代时期,民众只需从事简单的谷物种植和纺织即可满足生活所需,不需要进行商业活动,货币是多余之物。而龚自珍则在《农宗》一文中,说明那一

---

① 在拒绝使用海贝充当货币一事中,王鎏提到使用海贝并不能提升王权,所以何需"变法",隐射王鎏自己所提议的是可以伸张王权的"变法"。在王鎏的《鋻舟园初稿》之中有一篇《变法论》叙述他的货币建言。在许楣《钞币论》的跋中,也用"变法"来描述王的建议:"自银价昂贵,而官民交困……盖法本无弊,弊在漏扈。扈之漏……纷纷之议至,欲以钞币从事,愈疏阔矣。其说倡于洞庭王氏……夫法弊,则当变法,弊不在法,何法可变?"(许楣,《钞币论》,跋,页 1a—b)。当《皇朝经世文续编》收录了部分的《钱币刍言》时,编者加上按语:"王君亮生所著《钱币刍言》,繁征博引……后之筹国计者,勿轻言变法焉可矣。"(《皇朝经世文续编》,卷60,户政 32,钱币,下,20b[王鎏,"拟富国阜民策"])
② 当魏源建议仿照外洋银元铸造中国自己的银元之时,他声言:"此币之宜更者一。"(魏源,《圣武记》,卷 14,页 42a—b)
③ 龚自珍长期以来一直被视为"更法"和"改图"之说的倡导者。(胡寄窗,《中国经济思想史》,卷 3,页 659)
④ 在提出"用钱不废银议"时,冯桂芬也提出其有关社会变革的基本原则:"政本改造而不离旧惯,道在自然而不假勉强",彰显出一种赞成"渐变"的思想倾向。(《显志堂稿》,卷 11,页 33a—34b)
⑤ 刘广京,《经世思想与新兴企业》,页 66、160、166。
⑥ 方淑妃《魏源史学研究》第 192 页征引了《魏源集》中《默觚》下。
⑦ 梁启超,《清代学术概论》。

时期随着人们开发土地的能力参差不齐,社会分化已经开始出现,宗法制度给人们提供了谋生的基础,也通过宗族世系内部成员间的互相扶持帮助维系社会秩序;政府只需征收微薄的赋税即可维持官僚机构的开销,并将主要精力花在建设和维护基础设施上。① 尽管龚自珍的社会改革方案涉及宗族世系方面的内容,但他主张将现行的诸子平分父辈产业的继承制度改造为长子独揽父辈产业的新制度,这不能不说是一种相当激进的改革方案,但是若同吴嘉宾提出的更为前卫的方案相比,只能算"小巫见大巫"。吴嘉宾痴心要取缔商业活动,废除各类货币。魏源和许楣都指出王鎏设计的那套货币制度过于强调政府介入,堪称"古之所无,今亦罕有"。王鎏宣称要同古代的那些制度彻底决裂,这无疑是一种更加激进的言论。王鎏一语道破了他的时代与上古时期的区别:"三代以上……必民足而后君足。三代以下……且必君足,而后民足。"②

由于不同的学者对技术改良的重要性持有不同的看法,他们对历史变革也产生了不同的观点。放任派对于个人与天道、古圣先贤、宇宙的终极之间的联系抱持模拟两可的态度。一方面,在龚自珍看来,人是世界的主人。"天地,人所造,众人自造,非圣人所造。……众人之宰,非道非极,自名曰我。"龚自珍甚至坚信"我理造文字言语,我气造天地……,天神,人也;地祇,人也;人鬼,人也。"③在议及如何利用自然资源方面,放任派主张应更加积极地发挥人的主动性去开发这些资源,而干预派则对这种观点反应冷淡。在谈及开矿问题时,吏部尚书英和直截了当地声言:"天地生财,原以供人之用。"④相比之下,干预派则对此横加反对,他

---

① 龚自珍,《龚自珍全集》,卷1,页49—50。
② 王鎏,《钱币刍言》,《钱钞议》,页1a—b。若考察一下黄宗羲(1610—1695)对三代的观点,可以发现龚自珍与黄宗羲的观点非常接近,而王鎏的主张则大异其趣。黄宗羲认为,三代之世就已为全社会建立起学校制度、婚姻制度、求生之道和军事制度,可叹的是后世的帝王只为自己的家族着想,所设立的制度都是为了满足一己之私(De Bary, *Waiting for the dawn*, p.97)。
③ 龚自珍,《龚自珍全集》,卷1,页12—13。
④ 《皇朝经世文编》,卷26,户政1,理财,上,页11a(英和,《开源节流疏》,1814)。

们抨击开采矿产会破坏自然生态环境。① 在这样一个社会为灾荒频仍、流民遍地所苦的时代，许多学者官员都在探讨现有土地的产量已不能养活不断增长的人口这样一个重大问题，而包世臣却仍坚信世上有足够的资源能养活全部人口，特别是通过改进农业生产技术增加粮食产量。②

在如何对待社会财富分配不均及选择哪种材料铸币这两个问题上，放任派经常打着上天和古圣先贤的权威旗号，捍卫财富分配不均的合理性。由于放任派主张每一个人都应享有自己的努力成果，因此他们以天道的名义来捍卫个人的经济利益，这一点与他们改良生产技术以便更好地利用自然资源的观点间又有其协调之处。

相比之下，干预派眼中的当务之急乃是让国家透过教育担负起塑造社会的职能。王鎏提议在钞币上印制《程子四箴》或《朱伯庐治家格言》以教导百姓，这反映出他对公众教化格外关注。③ 王鎏还撰写了《小学大学广义》这样一部论述个人修养的著作，也能体现他力图推行教化的思想。王鎏注意到官场通行的两本讲授为官之道的重要著作——真德秀（1178—1235）所著的《大学衍义》和丘浚（1420—1495）所著的《大学衍义补》——都有不足之处，两书只从经世思想——"大学"入手进行阐发，但却忽略了可用来加强个人修养的"小学"的重要意涵。王鎏的上述著作从"大学"、"小学"两方面着手，向人们灌输一种理解和领会古圣先贤思想体系的门径。④ 如他一位生平挚友所评价的，王鎏一生都在坚守着经世致用的雄心壮志。此外，王鎏所著讨论修身的书也将"天性"比作"禾"，将"善"比做"米"。人性的良善不是天生的，而需透过教育，就像"禾"要加上人为的努力才能转成"米"一样。⑤

王茂荫赞成王鎏主张发行纸币的观点，他认为只要政府能够任命适

---

① 徐鼒，《未灰斋文集》，卷1，页1a—8a。
② 包世臣，《安吴四种》，卷26，页2a—b。
③ 以许楣《钞币论》第19b。
④ 王鎏，《壑舟园初稿》，《小学大学广义续》。
⑤ 同上，《性说》。

当的人选来负责推行纸币发行制度,这套制度就一定能够有效推展。①当有人以官僚机构日趋腐败为借口指斥发行纸币的政策必将一败涂地时,王茂荫反唇相讥道:

> 保甲、社仓良法具在,苟非良吏亦终不行,是岂法之过欤?州县得人,则商民奉法,督抚得人,则官吏奉法。是在圣明洞鉴之中,又不独钞为然矣。②

当然,尽管放任派对在纸币表面印上古人的哲言警句这种做法并不热心,但这绝不意味着他们并不关注教化的功能。例如魏源就曾在宋代(960—1279)以来培植中国学者官员所用的基本教材——"四书"之外,另外提出四部补充性读物。③ 这些言论反映出魏源所希望的教科书范围已超出了二程兄弟和朱熹提供的标准框架。

由于官员是通过科举考试制度选拔出来的,考试内容集中于测试他们对二程兄弟和朱熹的思想体系是否能够融会贯通,因此干预派深信这些科举出身的官员一定能引导社会朝着正确的方向前进。不论是吴嘉宾鼓吹的所谓复兴"三代",还是王鎏大力倡导的推行一套全新的货币制度,都反映出干预派认为不论变革的形式有多么复杂,力度有多么激进,都是可以实行的。相比之下,放任派则力图摸索一种"渐变"的途径,他们非常警觉到个人出于自发行为可能会引起的意外后果,诸如:个人的

---

① 王鎏声称如果县令能够对胥吏和衙役的行为加以规范,民众就可免受其害。(《钱币刍言》,〈先正名言〉,页36b)
② 《中国近代货币史资料》,页321—22。
③ 所谓"四书"是指《论语》、《孟子》、《中庸》、《大学》。《论语》一书记载了孔子的言论,在《汉书·经籍志》和《隋书·经籍志》当中,排序位居"六经"之后。直到宋代,《论语》才成为研究孔子思想的首要著作。《孟子》也是研究儒家传统的重要著作,到南宋始被列入"十二经"之一。《大学》讲述了"修身"与"平天下"的基本道理。《中庸》暗示了天道的内涵,这两本著述原本是《礼记》当中的篇章,南宋学者将其单列出来之后,其学术地位有所提高。朱熹在构建新儒学的过程中,对上述"四书"学术地位的提升发挥了重要作用。元代学者崇尚朱熹,开始将"四书"的内容列入入仕考试的科目(参见周予同,《中国经学讲义》,页111—14)。张舜徽(《清人文集别录》,页438)提及魏源曾将《小学古经》、《大学古本发微》、《孝经集传》、《曾子发微》合编为《古微堂四书》。

奢侈浪费行为对社会公共利益产生的促进效应，个人对自身利益的追求对改良生产技术和增进商业诚信带来的推动效应，以及政府动用国家权力约束市场的力量薄弱。

小　结

19世纪前期不同派别学者官员的经世思想同他们各自对人性的不同体悟关系很大。尽管儒家常被以为主张人性本善，但是19世纪前期的经世学者对于人的利己本性以及对物质利益的追求了然于胸。干预派曾激烈抨击这种利己的本性和追逐物质利益的世风，而放任派则倾向于认为这种现象的客观存在无可厚非。这样一来，两派就从各自的立场出发，对政府与社会的关系和历史变革问题提出了不同的应对方案。

随着当时商业化的推进，各种各样的问题层出不穷，干预派坚决主张对商业、贸易、移民活动及商人输入洋银和发行钞币的行为实行严格限制。而放任派则对这些问题持有不同的看法，他们认为经济和市场的力量极其强大，远非政治权力所能控制，政治权力只能服从和借用经济和市场的力量来因势利导，而不可能对其实行压制；只有在个人的恶行对社会公义造成严重损害时国家才应插手。

由海外在国内引发的这场空前严重的货币危机，也在社会上激起了强化货币主权观念的风潮。放任派曾建议中国应当铸造自己的银元，而且中国银元在外观设计上应不同于洋银，这就反映出他们试图将货币作为国家主权的一种象征。他们还主张模仿标准铜钱的样式，将满汉两种文字印铸在新造银元的表面。虽然同外国相对应的民族主义开始抬头，但至少在涉及货币问题的争议当中，满汉对立的种族主义却不明显。

虽然干预派和放任派双方都主张强化国家在货币领域的权力，但放任派反对国家通过无限量发行纸币来窃取民众的财产，并建议国家以贵重金属为原料铸币，他们坚持在这一前提下强化国家的货币主权。因此他们看重贵重金属本身内含的价值,也认为这样能够提高交易效率。强化国家权力固然是放任派梦寐以求的目标,但他们认为国家权力要保持一定的限度。

19世纪前期的经世学者常常被描绘成一种改革主义者,与之相对的是那些坚决抵制变革的顽固之徒。魏源这类放任派阵营的学者也被视为奉行经世思想的代表人物。上述研究表明干预派的经世学者所倡导的改革方案远比魏源之流的改革思想激进。干预派极其卖力地鼓吹激进改革,有时甚至不惜与三代理想的放任主义断裂;相比之下,放任派远远没有达到这种程度。先前的研究常常将19世纪前期经世学派的复兴与这一时期的今文经学联系起来加以探讨。① 下一章将阐述今文经学并不是对所有经世思想都产生了启发作用。

---

① Elman,*From Philosophy to Philology*,p. 237.

第七章　经学、古文与经世

经世思想除了受今文经学影响以外,也受古文经学影响。本章将指出为今文经学所启发的经世思想较为要求渐变,而为古文经学所驱策的经世思潮则较要求骤变。古文经学的支持者有时也不求政府干预,今文经学的拥护者有时也支持政府干预。然而,在围绕有关银贵钱贱问题的讨论中,古文经学者比今文经学者更倾向于干预主义。

经世学者之推动古文体,是因此种文体有助于经世思想的实践。经世学者政治经济观点的分殊,在某种程度上与其所选择的经学流派、文派在核心思想上有互通之处。相对地,因年龄、阶层、种族或官位而划定的特定利益对政治经济观点不同所起的作用并不明显。

某些马克思主义学者坚持认为,那些持相似观点的人们是在认可这些观点之前已有结盟关系,而不是相反。① 本章将指出思想在结集人群过程中的关键地位。

---

① Appleby, *Economic Thought and Ideology*, p. 11.

经世学者们的现实利益

官 位

讨论银贵钱贱问题较多的学者并不总是官员。他们的官位情况见表6.1。某些人仅仅通过乡试并担任幕僚或教职,也有的是通过了会试并在朝中担任低级官僚。

清政府没有专门制定经济政策的官员。所有职位够高的官员都可以为货币政策建言,因为无论户部还是其他任何机构都无法独揽货币问题的建言权。① 许多有关银贵钱贱问题的奏报来自总督、巡抚或是藩司等省级官员,也来自各种层次的御史和朝官,包括那些掌管礼部、工部、刑部的官员。

看来那些支持不同经济主张的学者的官位没有什么特别的不同。许多讨论银贵钱贱问题的官员都在翰林院供职,这是为那些在科举考试中考得最好的人在其被任命为正式官员之前所授予的一个职位。但他们却分别提出放任派和干预派的主张,例如,干预派的吴嘉宾、谢阶树和徐鼒以及放任派的林则徐(图7.1)和冯桂芬(图7.2)都曾供职于翰林院。

只是,19世纪前期的经济主张也确实揭示了朝官和地方官间的某些不同之处。那些在京供职的官员支持如包世臣(图7.3)所建议的用制钱代替白银作为单位来计算地方政府的税收,而省级官员则加以反对。② 根据包世臣所说,省级官员的建议受幕僚们的影响。幕僚们不愿此一可

---

① King, *Money and Monetary Policy*, pp.129—34.
② 根据张履所撰写的王鎏传记(《积石文稿》,卷17,页2),许多朝官都附议王鎏的观点,而一些省级官员则提出反对。因此,直到1843年王鎏去世的时候,他的观点是否会落实为政策还不得而知。包世臣(《安吴四种》,卷26,页38b)曾经提及,军机大臣穆彰阿极力支持包的建议,但省级官僚们却极力反对。1846年的一则帝国法令记录了省级官员们对吴文镕、刘良驹和朱嶟所提建议的反应:"乃该督抚之已经议覆者,率皆无可通变,即所请按成搭放之处,为数亦属无几,于银贵钱贱,殊未足以资补救。"(《清宣宗实录》,道光26年6月10日)

能降低白银货币价值的政策会减少其用白银支付的收入。① 考虑到幕僚们可能与钱庄有所往来,而钱庄又能通过操纵银价以获取既得利益,这或许使得他们拒绝这种变更。然而,包本人就是一个幕僚,其他像王瑬和吴嘉宾等幕僚也都建议降低白银的货币价值,但他们的建议透露出不同的理论基础。另外,刘良驹和朱嶟等御史所提出的建议与包世臣而不是王瑬相似。因此,官位不能解释经世思想的不同。

图 7.1　林则徐

说明:在清朝宫中的紫光阁存有高级官员的画像,但却没有学者的。康有为的同乡叶衍兰,用了大约 30 年的时间收集各种资料为从顾炎武到魏源的有清一代 170 位学者画了像,他的孙子又补充了清后期学者的画像并将之出版,名为《清代学者象传》,此处及本文其他所有清代经世学者的画像均取材于此。

图 7.2　冯桂芬　　　　　　　图 7.3　包世臣

① 包世臣,《安吴四种》,卷 26,页 39a。

年龄和地区差别

代沟也无法解释学者官员是支持干预派或是放任派的经世思想。年纪大致相当的学者官员却持有不同的观点。这种不同存在于同生于1770年代的丁履恒、包世臣和梁章巨(图7.4)之间;同生于1780年代的林则徐、贺长龄、许梿、管同和王鎏之间;同生于1790年代的龚自珍、魏源(图7.5)和沈垚之间;同生于1800年代的头一二十年间的冯桂芬、吴嘉宾、徐鼒和孙鼎臣之间(参见表6.1)。

图7.4 梁章巨

图7.5 魏源

地区差别与经世建议的不同也无关联。某些学者声称,19世纪前期的政治经济主张,反映了满清统治者与东南沿海重赋地区地主和大商人们间的冲突,而后者的不满和抗议通过政治上代表他们的高官表达出来。① 然而,那些在银贵钱贱问题上发表言论的学者官员并非都来自东南省份。从目前可资利用的传记资料中,我们可以看到有来自满族的穆彰阿和英和,来自蒙古的花沙纳,来自四川的卓秉恬,来自云南的朱嶟,来自直隶的申启贤、张修育和王植。② 他们也并非都对现实政治不满。

---

① 赵靖、易梦虹,《中国近代经济思想史》,页24。
② 关于穆彰阿请参见 Hummel, *Eminent Chinese of the Ch'ing Period, 1644—1912*, p.582;关于英和请参见同书,页931;关于花沙纳,参见"史馆档",传包,号2051,页1;关于朱嶟,参见《清史稿》,卷421,列传208,页12157;关于张修育,参见李柏荣,《魏源师友记》,页58;关于申启贤、卓秉恬和王植,分见《清秘述闻》,页611、630、637。

尽管卷入这场争论的学者官员大多来自长江以南的省份(无论如何大多数的官僚都来自本区)是一不争的事实,但是有些人是干预主义者,而有些人是放任主义者。①

艾尔曼有关江南考据学派的研究指出,在19世纪前期经世学派兴起过程中,起主要作用的是湖南人和广东人,而不是江南人。② 然而,那些在银贵钱贱问题上大胆直言的学者官员的地区分布却表明,江南在数量和重要性方面均居于首位。即使出身于同一地区,他们的意见并不一致。王鎏和许楣虽然均出自江南,但彼此却针锋相对。因此,地域背景无法解释政治经济主张的差异。

在19世纪前期的中国,学者们能够将文章寄送给在其他地区的支持者或反对者以寻求回应。③ 学者们通过长距离通信的方式对货币问题发表彼此的看法,比如在云南的林则徐与陕西的李星沅(1791—1851年)、江苏的王鎏与湖北的林则徐、江苏的许楣与浙江的许梿、江苏的王鎏与北京和安徽的包世臣,以及江西的吴文镕与北京的户部官员之间都是如此。④ 邮件传递和印刷业的便利,再加上官员和幕僚们在全国的游历,都使得清朝的学者官员能够与来自其他地区的人交流意见。⑤

---

① 从内地各省到沿海省份的江南地区,意见相左的大致情况如下:在湖南,孙鼎臣和何绍基与贺长龄、魏源、陶澍和李星沅相对;在浙江,杨象济和沈垚与龚自珍、许楣和许梿相对;在江苏,王鎏、管同和徐鼒与冯桂芬和丁履恒相对;在福建,梁章巨和林则徐相对。
② Elman, *From Philosophy to Philology*, pp. 241—42.
③ Ying-wan Cheng, *Postal Communication*, 1860—1896, p. 37 指出,直到19世纪时,私人信件通常委托给朋友、熟人、特使、旅行者、轿夫、车夫或马夫来递送。在大城市中,信件则由固定的驿使或民信局来递送。
④ 关于林则徐和李星沅的通信,参见林崇墉《林则徐传》第13、572—573页;关于许楣和许梿的通信,参见许梿为许楣的《钞币论》所写的序言。
⑤ 学者们在全国各地移动的一个例子是:方东树(1772—1851年)在1798年时在江西,然后去了安徽。1819年时他在广东。1822—1823年则在南京。然后他再次回到安徽。1832年时他在苏州。在1840年,他先在苏州然后又去了广东。最后,在经历了40多年的游历后最终返回安徽桐城(Hummel, p. 238)。

种族利益

尽管主要是汉人在论述这场银贵钱贱危机,但某些证据也表明,卷入到这场争论中的某些学者官员——比如包世臣、林则徐及其他东南地区的人们——与满洲官员关系良好。除了在硬币上书写满、汉文字的建议体现了族群融合的意涵外,满、汉之间的许多个人联系也表明,种族对立也不是影响政治经济意见差异的因素。

图 7.6 英 和

嘉庆帝的两个宠臣朱珪(1731-1807年)和英和(图7.6)是和珅的政敌,并且都是放任主义的支持者。① 英和曾任内阁大学士、礼部侍郎、内务府大臣、军机大臣。在他的帮助下,许多放任主义的建议变成具体的政策。包世臣曾在1809年向礼部尚书戴衢亨(1755—1811年)提出海运南漕的建议,1825年他又向英和提出此议。② 在矿政和漕运政策上,英和的立场与包世臣、林则徐及贺长龄一致。1826年,英和甚至因为要求解除北京附近银矿的矿禁而触怒道光皇帝。③

尽管如此,道光帝也支持包世臣、林则徐及其他人的漕运和矿务政策。即使道光末期穆彰阿和林则徐之间有所冲突,穆彰阿也支持包世臣

---

① 朱珪是嘉庆皇帝当皇太子时的老师,朱珪的升迁曾为和珅所压抑,痛恨和珅的嘉庆皇帝因而更重用朱珪(Hummel, pp. 185、236)。许多因压抑汉人意识而被禁止的晚明书籍即因朱珪的请求而被解禁(大谷敏夫,页1、65)。父亲曾拒绝其与和珅之女结婚的英和,也极为嘉庆皇帝所重用,曾任协办大学士、户部尚书等职(Hummel, p. 931)。1797年时包曾在安徽担任朱珪的幕僚,并在1801年被朱邀请到北京(大谷敏夫,页63)。在1805年,礼部尚书戴衢亨(1755—1811年)、大学士朱珪、户部侍郎恩普(?—1806年,蒙古人)和英和都是李兆洛的会试考官,并且都认为李非常有前途(蒋彤,《李申耆年谱》,卷1,页8)。
② 大谷敏夫,页63—64。
③ Hummel, p. 932.

所提倡的票盐制和以钱代银的建议。① 除了影响满人水手生计的漕运问题外,在为解决银贵钱贱所提出的建议中,满汉之间的抵触并不明显。

阶级利益

那么是不是商人影响了放任主义者的亲商言论呢？有些放任主义者也确实与地方商人关系密切。林则徐早就曾经向政府请愿,要求给予办铜商人一些借款从日本购买生铜。他的那些让商人出国、开矿及铸造银元的请求都表明这些都是地方商人的意见。② 在1826年魏源为贺长龄编辑的《皇朝经世文编》中,江、浙地区的人写了许多有关海运的文章。③ 除了官、绅撰写的文章以外,还有一篇是叫谢占壬的商人撰写的。④ 作为经常航行于福建和奉天之间的商人,当谢占壬在天津做生意的时候早就注意到了漕运的问题。他指出,由于从江浙沿着海岸绕过山东半岛,直达天津和奉天的这条航线上航海技术的进步,以及殷实商人的可靠性,应该考虑海运南漕。⑤

但尽管海运最终获得了商人的支持,并不是商人造成最后的变革。⑥ 在魏源于1826年给贺长龄撰写的文章中说道:"创行之始,商情观望,愿载货而不尽载米。及交卸速而受直厚,知载米利赢于载货,则宜一运以毕无烦再运,而一要无余憾矣。"⑦ 1825年,当包世臣为新任江苏巡抚陶

---

① 关于林则徐与穆彰阿之间的冲突,参见林崇墉《林则徐传》第267—268页;亦可参见Polachek, *The Inner Opium War*,尤其是第6—7章。
② 林则徐,《林文忠公政书》,乙集,《两广奏稿》卷2第17a—b页,提到了商人对开放对外贸易的呼求;同书,丙集,《云贵奏稿》,卷9,页20—21,提到了商人对开矿的支持;"上谕档",道光13年4月6日和《清宣宗实录》,卷235,页4,道光13年4月6日,提到了商人认为发行银元有许多好处。
③ 魏秀梅,《陶澍在江南》,页109—110。
④ 山胁悌二郎《近世日中贸易史的研究》第50页,提到经世文编包含了商人所撰写关于在湖南土著地区实行改土归流的文章,当时这位商人垄断了安徽的食盐贸易和从日本购买铜的生意。
⑤《皇朝经世文编》,卷48,户政23,漕运,下,页23a—b(魏源,《复魏制府询海运书》)。又见巫宝三,《中国近代经济思想与经济政策资料选辑》,页103—108。
⑥ 包世臣,《安吴四种》,卷3,页24b。
⑦ 魏源,《古微堂内外集》,《外集》7,页34a。Jane Kate Leonard, *Controlling from Afar*, p.80指出,道光帝仔细审查过整个漕运问题。

澍撰写"海运十宜"时,他仍对商人的反应毫无信心。包也提到,尽管可以开矿,但在一个资本缺乏的时期,很少会有商人愿意投资风险如此高的事业。① 当货币短缺之时,最好是存钱而不是去消费,因此商人会对政府所鼓励的商业活动无动于衷。

目前的一些研究表明,在银贵钱贱危机中,因为钱庄操纵着银价,所以在地主阶级与钱庄之间存在着冲突。② 学者官员经常指责钱庄在银贵钱贱危机中掠夺国家的经济权力。正如成毅说道:"夫银之多寡有无,既专操之商贾豪滑,于国与民已属大病,而况并操之域外之黠伶也。"③官员们依靠钱庄来熔炼收税得来的碎银,并且钱庄也是开展贸易所需资本的来源。政府的杠杆作用在于它有能力取消钱庄的营业资格或对其直接课税,但是钱庄也能够罢市并迫使贸易陷入停顿。④ 钱庄操纵市价的行为影响到地主阶级和所有需要纳税或借贷的人,从而引发了遍及整个社会的问题而不是只影响某一特定阶级的问题。

马丁的同时代观察指出,官员乃至政府都投资于一种被称做当铺的银行。⑤银行及其他商业活动经常通过合股的形式集资。对投资者来讲,为这些企业取一个共同所有的名字是掩盖他们参与其中的一个办法,因为自己的名字不会出现,并且这也方便官员的私人投资。⑥ 在重要性不同的城市中存在着等级不一的金融组织。不同层次的地主常参与到相应等级的金融组织中。⑦ 因此,中国的钱庄和地主不会分为两个截然不同的阶层。因为中国城市和乡村的联系要比其在许多其他的传统社会更为紧密。19世纪前期中国的许多学者官员都出身于商人家庭。⑧

---

① 包世臣,《安吴四种》,卷26,页38a。
② 叶世昌,《鸦片战争前后的货币学说》,页12。
③ 成毅,《求在我斋文存》,卷2,页19a—b。
④⑤ Martin, *China: Political, Commercial, and Social*, 2:106.
⑥ Man-houng Lin, "Interpretive Trends in Taiwan Scholarship on Chinese Business History", p. 907.
⑦ Skinner, "Marketing and Social Structure in Rural China".
⑧ 沈垚,《落帆楼文集》,帆24,页11b、12b、14b。

尽管包世臣的父族是破落的地主家庭,母族则是商人家庭①,但他仍然对钱庄攫夺经济权力的行为深感不满。

所有这些事实都表明,19世纪前期中国学者官员的建议远非仅仅植根于本身的现实利益。

思想倾向

古文学派和经世致用

包括管同、龚自珍、陈鳣(图7.7)、杨象济、吴铤(1800—1833年)、吴嘉宾和李兆洛(图7.8)在内的许多著文论述银贵钱贱问题的学者官员,都是桐城古文的拥护者。② 古文学派的重要目标是恢复古代中国的写作风格。相对于后来出现的骈体文,古文更易于理解,而骈体文除了要把握节律以外,还要大量使用华丽的词藻和深奥的典故。古文运动兴起于唐宋,复兴于明,再兴于清。这种文学运动旨在向社会清楚传达思想并以之影响社会。提出建议建构社会秩序也是经世思想的目的。因此,关注银贵钱贱问题的学者自然会对古文体感兴趣。

图7.7 陈　鳣　　　　图7.8 李兆洛

---

① 赵靖、易梦虹,《中国近代经济思想史》,页62。
② 刘声木,《桐城文学渊源考》,卷1,页7;卷9,页1。

清代古文运动的复兴始于安徽桐城人方苞(1668—1749)。因此,他所提倡的散文体就被称为桐城古文。方苞曾于清初提倡古文。其 1733 年出版的《古文约选》是为准备科考的人编的。透过这本文选,他希望将来要经世的考生一则可以了解圣人义理,二则可以增进写作能力。①

除了熟悉唐宋八大家的古文揣摩写作技巧之外,古文学者必读的文章还包括涉及古代经世问题的"三礼"。方苞曾编撰《三礼义疏》——《周官》、《仪礼》、《礼记》的注解。②曾国藩为孙鼎臣的《畚塘刍论》所写序文,也曾明显指出"礼"与"经世"的关联:

> 古之学者,无所谓经世之术也。学礼焉而已。周官一经,自体国经野以至酒浆、廛市、巫卜、缮橐、夭鸟、蠹虫各有专官察及纤悉。吾读杜元凯昚秋释例,叹丘明之发凡,仲尼之权衡万变,大率东周之旧典。故曰:周官尽在鲁矣。自司马氏作史,猥以礼书与封禅平准并列,班范而下相沿不察,唐杜佑纂通典,言礼者居其泰半,始先王经世之遗意。③

当王鎏曾经提到阅读清代《通典》、《通志》、《通考》的重要时,他说:"昔人之读书万卷,不读律,致君尧舜终无术,本朝掌故,犹之律令也。"④王鎏的传记指出他是一个"志在经世"的人⑤,阅读过去朝代典章制度方面的书籍及相关文章是经世致用的准备工作。

然而,撰写官文书会引起特殊的写作问题。正如桐城文派的门生沈垚所指出的那样,在晋、刘宋(421—81 年)和北魏(386—527 年)时期,有关朝政讨论、法律、制度、食货和财政问题的文章用语都是文雅、简洁和庄重的。他建议他那个时代的官文书要遵照这种精神,参考韩愈的为文风格。不应该使它们成为断烂朝报,正如那些庸俗之人曾经做过的那

---

①② Hummel, p. 236.
③ 孙鼎臣,《畚塘刍论》,序,页 1。
④ 王鎏,《钱币刍言》,《钱钞议》,页 1b。
⑤ 张履,《积石文稿》,卷 17,页 1b。

样,因为这种做法总体上无助于政事,甚至会加害于文学。①无论如何,古文派学者们将文体作为学习的对象,因为如果文体不精炼的话,那么关于政事的文章也不会精彩。② 与汉学家们轻视写作不同③,方苞曾经说自己将致力于早已丢失700年之久的行文"小术"④。

古文学派两大支派

尽管桐城派学者希望撰写简洁易懂的文章以协助治理社会,但桐城古文学派还是出现了两大支派——安徽桐城派和江苏阳湖派——这是根据两个支派创始人的籍贯而命名的(见图7.9)。

(a) 桐城派主系

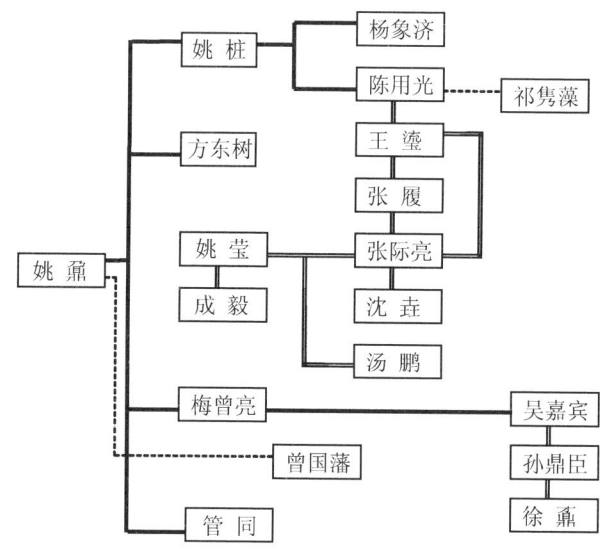

---

① 沈垚,《落帆楼文集》,帆8,页17a。原文是:"谕帖告示文体之至俗者也,而俗体尤当出以雅驯。……晋宋后魏等书,凡议律令制度及论食货财用等文,皆禀经酌雅、简炼整肃,无一苟者。窃谓谕帖告示,当用其法,而参以昌黎之变化,牧庵之骏厉,方不愧为儒者之言乎。若谓如此用笔,无以喻今之人,而必如世俗之为,则岂可编为一集,而轻付枣木;于政事未必有益,于文章大有所损。"
② 郭绍虞,《中国文学批评史》,页389。
③ 根据周予同《中国经学史讲义》第30—32页所言,直到19世纪才产生出"汉学"和"宋学"这些术语来表示其间的不同,前者强调实证研究,而后者注重哲学体系之建构。我们有时用这两个术语来归纳清代学者对上述两方面的不同强调。
④ 郭绍虞,《中国文学批评史》,页355、395。

(b) 阳湖支系

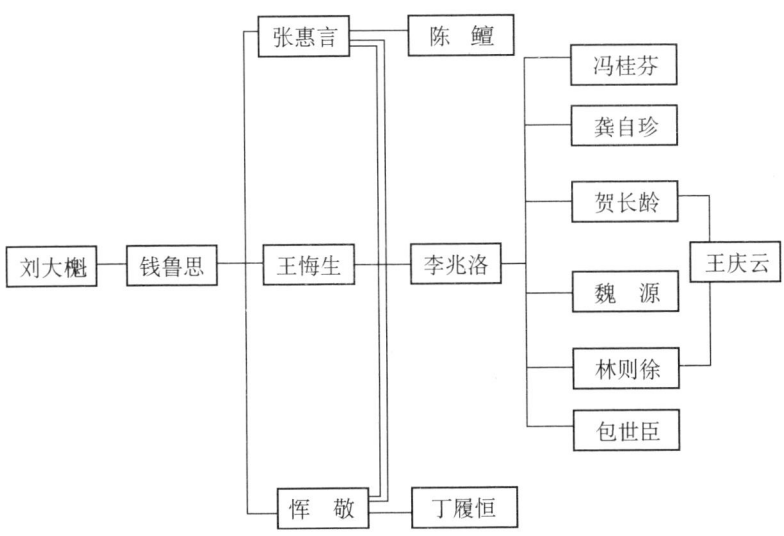

(c) 今文学派系谱

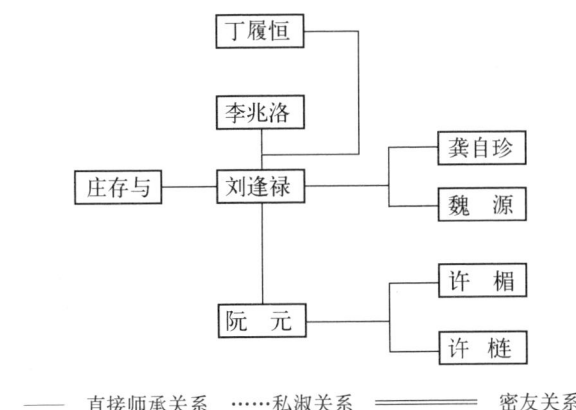

──── 直接师承关系　……私淑关系　════ 密友关系

图 7.9　桐城古文派系谱

阳湖学派的创始人张惠言(1781—1802 年)和恽敬(1757—1817 年)的文风是从钱鲁思和王悔生那里习得的。钱曾与刘大櫆(1698—1780 年)一起学习,后者又曾向方苞学习。① 桐城支派的创始人姚鼐(图 7.10)

---

① 郭绍虞,《中国文学批评史》,页 428。张惠言,《茗柯文二编》,下,页 2a—3a。

曾跟随刘大櫆学习，但他的风格与方苞更为接近。阳湖学派的代表刘和桐城学派的代表姚之间的不同之处，在于他们对方苞"义法"概念的不同强调。

对方苞来说，义、法既可视为两个分立的单词，也可作为一个连缀的骈词。当用做分立的单词时，义就是道，即"内容"和"道，"法就是文，即"写作技巧"。当义、法合起来作为一个词语来用时，意味着"撰文方式"①。对方苞来说，义或道是二程和朱熹的哲学体系，法是韩愈和欧阳修（1007—1072年）所提倡的写作方法。② 义和法是作为一个连缀的骈词来用，还是作为两个分立的单词来用，要根据文章的类别而定。例如，在撰写辩论方面的文章时，应该分开来用；在描述性的文章中则应该连缀起来了解。③ 同时，方苞指出义法应当随文章的内容而改变其意涵，即："法随文变。"④

刘大櫆注重文法、神气、音节和字句。⑤ 因为古人为文不用标点符号，又不能分段分行，于是只能在文章中间注意音节和字句以彰显文章的脉络和神气。⑥ 相反，姚鼐则强调内容（义），不过于看重音节和字句。⑦ 在写作方法方面，桐城文派更加注重章法和篇法。⑧ 在学习写作方法时，桐城文派强调背诵的重要性。⑨ 桐城文派的古文家们深受诸如韩愈和欧阳修等前辈大师的影响，而较不能自造胜境。⑩

阳湖学派将骈体文、考据学及各种古代哲学体系和古文体结合起来

---

① 郭绍虞，《中国文学批评史》，页361。
② 同上，页360—61。
③ 同上，页362。
④ 引自安徽人民出版社《桐城派研究论文集》第98页。
⑤ 郭绍虞，《中国文学批评史》，页366。
⑥ 同上，页367、374。
⑦ 同上，页370。
⑧ 梁堃，《桐城文派论》，页5—9。
⑨ 郭绍虞，《中国文学批评史》，页392。
⑩ 张舜徽，《清人文集别录》，页333。

的尝试,与桐城学派专注于古文和宋学的做法形成了鲜明的对比。尽管姚鼐试图将考据学和古文体加以整合,但无论汉学者或是他自己的学生都认为他做得并不成功。① 姚在汉学方面的水平低到汉学大师戴震(1724—1777年)拒不收其为弟子。② 在张惠言和恽敬学习古文之前,张已是考据学和骈体文方面的行家了,而恽也早已精读了古代哲学家的各种著作。

另一位阳湖学派古文家李兆洛更为看重骈体文,他曾经跟随张惠言和恽敬学习过古文。李曾编《骈体文钞》而与姚鼐的《古文辞类纂》互相抗衡。李反对只写骈体文,或只写古文。他更批评桐城派主系的古文,"但言宗唐宋而不敢言宗两汉"③。

阳湖学派对考据学和学习古代哲学的兴趣与其对今文经学的研究有所关连。阳湖是常州府的府治和常州今文经学派的渊源地。庄存与(1719—1788年)所强调《公羊春秋》的重要性奠定了这个学派的学术基础。④ 庄的外孙兼门生刘逢禄(1776—1829年)是第一个宣称刘歆(公元前53—23年)误读了《左传》的学者。他将《左传》和《谷梁传》与《公羊传》作了比较,最后极力推崇《公羊传》。⑤

龚自珍和刘逢禄曾共同研究过《公羊春秋》。⑥ 1838年,龚自珍撰写了《春秋决事比》一书,以发展刘逢禄的思想。⑦ 魏源也曾从刘逢禄学习《公羊春秋》。他的《诗古微》和《书古微》指出了古文《诗》、《书》中的某些作伪之处。⑧ 魏源和龚自珍都曾向李兆洛和张惠言学习过阳湖文体。⑨

---

① 郭绍虞,《中国文学批评史》,页385—86。
② Hummel, p. 900.
③ 引自郭绍虞《中国文学批评史》第399页。
④ Hummel, p. 207. 亦可参见 Elman, *Classicism, Politics, and Kinship*, p. xxxⅱ.
⑤ 同上, p. 518—520.
⑥ 同上,页432。
⑦ 龚自珍,《龚自珍全集》,卷1,页621。
⑧ 周予同,《经今古文学》,页32。
⑨ 大谷敏夫,页38。

因而，今文经学派和阳湖文派间存在着密切联系。

今、古文经学派均研究经典著作，尤其是先秦儒家经典。秦始皇曾经下令将这些经典焚毁殆尽，但部分用秦以前的古文字撰写的作品幸免于难，后来将其称之为古文经。其他那些凭借儒生的回忆并用汉代文字记录写成的经典则被称为今文经。

因为鲁国是孔子的故国，因此在儒家著作中，被视为鲁国编年史的《春秋纪年》（后称《春秋》）十分重要。由于《春秋》的记载简单且前后割裂而显得有些支离破碎，因此后人又撰写了三种传以释其义。《公羊传》是由传说中的作者公羊高用今文体写成，并采用一种颇为神密的手法详细阐述了《春秋》的微言大义。《左传》提供了更多的史实，据说是由与孔子同时代的左丘明用古文体写成的；在今文经学派看来，这项文本是西汉末年为王莽（公元前45年—公元23年）篡汉作准备而编造的。某些人认为，《谷梁传》是用古文字写成来增补《左传》，而另一些人则说其是用新文体写成以增补《公羊传》。然而，人们普遍认为，《谷梁传》无论在史料价值还是在阐述春秋大义上都不如其他两种重要。

除了《春秋》以外，还有《诗》、《书》、《礼》、《乐》、《易》等其他五部儒家经典。这些经典的某些部分是古文版本，某些部分是今文版本。这些版本内容的不同，尤其是对其解释的不同，是今、古文经学派的区别所在。①今文经学派认为孔子撰写了六经②，而古文经学派则认为孔子只不过是将当时现存的历史资料编纂成六部著作而已。因此，今文经学派认为孔子作为一个素王，其思想对当时的社会产生了极大的影响；而古文学派认为孔子只是史料编纂者，并未对政治产生任何影响。此外，今文经学

---

① 朱维铮，《周予同经学史论著选集》，页1、164、206、219、220、240、242、250、251、258—270、416、499。
② 六经中的"经"是指战国以来的儒家著作。直到汉代，"经"才成为官方所承认之学者必读著作。参见周予同《中国经学史讲义》第14页。

派敬天而古文经学派法祖。① 再者,今文经学派认为皇帝必须对上天负责。②在对今文经的解释中,君子注重自我表现。③ 今文经学派还认为变化是自然的历史现象。④ 岛田虔次对古文经学与今文经学差异的总结是:古文经学倾向于强调种族民族主义、革命与上层建筑的优先性,今文经学则倾向于强调世界主义、进化、自由主义与经济发展的优先性。⑤ 今文经学派在前汉时期的学术界占支配地位,但在郑玄将其融入以古文经学为基础的综合体后便衰微了。⑥

虽然有些学者认为19世纪初叶的中国还没有出现今文经学与古文经学的对立⑦,但是阮元的弟子蒋湘南即曾用到"古文"与"今文"两个名词。蒋湘南指出,在时人当中,最为尊敬刘逢禄、龚自珍、魏源,因为他们深通"今文"家法及本朝典章制度。其《与田叔子论古文第三书》中有称:"其当吾世而获从捧手者,有刘礼部申甫、龚礼部定庵、魏刺史默深。三君精西汉今文之家法,而又通本朝之掌故。"⑧魏源所撰《书古微》自序更明显地将"今文"与"古文"并称:"书古微何为而作也?发明西汉尚书今古文之微言大义,而辟东汉马郑古文之凿空无师传。"⑨

除了前引李兆洛与姚鼐的对立之外,蒋湘南与名地理学家沈垚更透露出桐城派和阳湖派之间的对立。蒋湘南认为刘、龚、魏"自能以真古文示天下",并且进而指出桐城派学者所写的古文并非"真古文"⑩。蒋的弟

---

① 周予同,《经今古文学》,页11、43。
② Wakeman, *History and Will*, p. 107,引自 Dull, "History and the Old Text – New Text Controversy in the Han"。
③ Wakeman, *History and Will*, p. 111。
④ Hellmut Wilhelm, "Chinese Confucianism on the Eve of the Great Encounter", p. 308.
⑤ 岛田虔次,《章炳麟について(上)中國伝統學術と革命》。
⑥ 有关这个结合之后1600年之间古文对今文经取得优势地位的情况,参见周予同《中国经学史讲义》第28—30页。
⑦ Elman, *From Philosophy to Philology*, p. 237.
⑧ 蒋湘南,《七经楼文钞》,《与田叔子论古文第三书》。转引自李伯荣《魏源师友记》第124页。
⑨ 魏源《古微堂内外集》,《外集》1第51a—61a页一再用"今文"、"古文"二词。
⑩ 转引自李柏荣《魏源师友记》第124页;郭绍虞,页401。

子宣称蒋志在矫除自归有光、方苞所引进的"伪八家"流弊。① 论及桐城派古文家并非如其所声称的"载道",蒋湘南的弟子指出当其师论及道时,必顾及人情、时势及天地之变,而非如理学家之谈性与命。②

沈垚在一封寄乡间友人的书信中严厉地批评龚自珍的文章:"都下言古文皆推龚定庵。闲亭(沈云)不求人知,人亦无知闲亭者。垚窃谓定庵画鬼,闲亭画人。人见鬼则惊,见人则了无可异。都下言古文者不数人,然其文皆未能过于愈愚(孙燮之号)、渊甫(张际亮之号)或反不如焉则甚矣。吾乡于哗世取宠之事不能与通都大邑争,而学术文章窃恐通都大邑之逊于吾里也多矣。"③

从姚鼐时代到曾国藩时代,这两个学派之间的对抗变得更加激烈。姚鼐的《古文辞类纂》收了16篇刘大櫆的文章,还多于苏轼的15篇。曾国藩与吴敏树两人都抱怨姚鼐对刘大櫆的宽松。④ 曾国藩虽然声称要揉合骈体文、考据与桐城古文,但他也曾说:"国藩之初解文章,由姚先生启之也。"⑤曾国藩并将姚鼐与周公、孔子并列。曾国藩所希望发扬光大的桐城文派主要是姚鼐所属的桐城主系。⑥

当蒋湘南的一位弟子谈到何以桐城古文派未能达到文以载道的目的时,他指出了这两个文派在哲学义理上的不同:"先生之谓道乃以人情、时事与天地消息参验而出之,非理学家空谈性、命之道也。"⑦对今、古文经学的不同支持,反映了桐城和阳湖派在哲学取向上的不同。

学派和经济主张

假如我们追溯在货币危机中有过论述的经世学者的文学或经学依

---

① 蒋湘南,《七经楼文钞》,页 12b、39a-42b。
② 同上书,序,页 13a。
③ 沈垚,《落帆楼文集》,帆 10,页 5b。孙燮为沈垚写的纪念性文章收录于此书中。沈云,道光 24 年进士,曾任广西富安知县。曾著《台湾郑氏始末》,由沈垚作注。
④ 安徽人民出版社,《桐城派研究论文集》,页 85。
⑤⑥ 郭绍虞,页 441。
⑦ 蒋湘南,《七经楼文钞》,序言,页 13a。

归,可以发现这些学者经济主张所蕴涵的社会理论与其所依归的文学或经学派别有其精神上的一贯之处(参见表6.1和图7.9)。许多干预主义者与桐城古文派或古文经学派有所关连。鼓励安贫、反对追求经济利润的方东树(1772—1851年),反对贸易与私人企业的管同,与梅曾亮(1786—1856年)合为姚鼐的三大弟子。① 提倡重农抑商并主张以布帛、谷物取代银两作为交易手段的孙鼎臣曾由梅曾亮研习古文。② 孙鼎臣与曾国藩同乡,孙的文集曾由曾国藩总校。③ 主张严禁贸易及认为政府处理货币问题有无比力量的吴嘉宾也是梅曾亮弟子。吴嘉宾的古文还被认为可以比美姚鼐。④ 反对富人的豪奢并主张废银的徐鼒,与孙鼎臣为同科进士,两人也同为梅曾亮的密友。⑤

极力鼓吹膨胀性货币政策并认为农业是主要财富来源的王鎏曾经从其族兄王芑孙(1755—1817年)这位方苞的重要弟子学习古文。⑥ 他本人也曾选取清代许多古文作品临摹撰写。⑦ 他20年以上的密友张履是桐城派主系古文的名家⑧,另一位密友张际亮(1797—1842)自称自幼即好学桐城古文。⑨ 张际亮极为亲密的老师沈维鐈乃为王鎏多年的幕主。⑩ 张际亮与另一桐城派文人,亦为姚鼐侄孙的姚莹,关系更甚于他人。姚莹在鸦片战争期间因为在台湾误捕英人而被判刑,张为姚奔波平反,直到往生。⑪

---

① 张舜徽,《清人文集别录》,页379、388。
② "史馆档",传稿,号4328,孙鼎臣;刘声木,《桐城文学渊源考》,卷7,页2。
③ 江口久雄,《清代经世家の银流通史研究について-十九世纪前期を中心に》,页153。
④ "史馆档",传稿,号4494,吴嘉宾;刘声木,《桐城文学撰述考》,页2a。
⑤ 闵尔昌,《碑传集补》,卷24,页11。
⑥ 张履,《积石文稿》,页1b;王鎏,《壑舟园初稿》,《族兄惕甫先生传》。
⑦ 同上书,页2a。
⑧ "史馆档",传稿,号5418,张履,《积石文稿》,序。张履诗集之曾咏王鎏拥书图,张也为王鎏写传。
⑨ 张际亮,《张亨甫全集》,卷2,页1—2。
⑩ 同上书,卷19,页28a。
⑪ "史馆档",传稿,号5418,张际亮;号4390,姚莹。

某些声浪较小的干预主义者也与桐城古文学派有所联系。支持发行大钱的杨象济是姚桩的弟子。① 江苏人姚桩则是姚鼐的弟子,他过去曾经孜孜以求经世之道,并在晚年不遗余力地传播朱熹及其弟子的著作。② 主张严禁移民及商人奢侈的谢阶树,擅长于"古文辞"。其模仿古人之作有时还优于前人。③ 1838年左右支持铸造大钱的成毅是曾国藩的同乡,并在出版其著作时得过曾的帮助。④ 还值得注意的一点是,桐城文派的创始人方苞在乾隆早期曾经为了保证谷物供给而主张禁酒。⑤

相反,放任主义者更多地与阳湖学派和今文经学派有关(表6.1和图7.9)。首先鼓吹铸造金币、银币的丁履恒,祖籍常州。曾由庄存与之侄庄述祖(1750—1816年)学《春秋公羊传》。他本人也写了《春秋公羊例》。张惠言、恽敬、李兆洛等均与之密切交往。通过丁履恒的介绍,李兆洛曾由刘逢禄学《公羊传》。通过李兆洛的介绍,丁履恒向包世臣学经世之学。⑥ 因李兆洛和刘逢禄的字中均有"申",故被称为"常州二申"⑦。龚自珍的外祖父段玉裁(1735—1815)是丁的朋友兼老师。⑧ 正如我们所看到的那样,今文经学者龚自珍对私有财产的基本观点与洛克相似,并在多数情况下反对政治干预经济秩序。

魏源曾同龚自珍互相切磋过《公羊春秋》和阳湖散文,他主张政府铸造银元和发行可兑换的纸币,发展对外贸易作为学习外国先进技术的一种手段,提倡民营矿业,改行票盐以及海运南漕。⑨ 包世臣作为李兆洛的

---

① 刘声木,《桐城文学撰述考》,页3。
② "史馆档",传稿,号4424,姚桩。
③ 李桓,《国朝耆献类征初编》,卷132,辞臣28,页48;《清史列传》,《文苑传》73,页22。
④ 成毅,《求在我斋文存》,序言。
⑤ Helen Dunstan, *Conflicting Counsels to Confuse the Age*, pp. 203—205.
⑥ 徐世昌,《清儒学案小传》8,页6—132;江口久雄,《清代経世家の银流通史研究について-19世纪前期を中心に》,页33。
⑦ Hummel, *Eminent Chinese of the Ch'ing Period, 1644—1912*, p. 518.
⑧ 支伟成,《清代朴学大师列传》,页336。
⑨ 大谷敏夫,引梁启超的评论。

好友之一,主张由私商海运南漕,改行票盐以及发行可兑现纸币。包世臣是在李兆洛那存有五万卷藏书的藏书楼里写出自己的著作。① 包的女儿还嫁给了阳湖学派创始人张惠言的侄子。②

在林则徐于 1823—1836 年担任江苏按察使和江苏巡抚期间,包世臣和魏源与其成为好友。③ 除了陶澍以外,林则徐也认同包的思想。林提倡并铸造出银元在当地流通,并积极筹划海运南漕。他还鼓励中国商人出国从事对外贸易,并意识到在开采银矿时,市场的力量有助于发现好的矿点。据其传记作者说,当林则徐于 1837 和 1838 年为官湖南时,还与姚椿和张际亮成了朋友。④ 姚和张同属桐城学派;包和魏与常州或阳湖学派的关系则较为密切。林与阳湖学人的关系远较与桐城学派密切和长久,这种关系也反映在他与常州学人的经济思想间有着更多的相似性上。

贺长龄主张开展区间贸易,用贵重金属作为货币,由钱庄发行纸币,由私商海运南漕以及增开新矿。他还曾资助魏源于 1826 出版了其编纂的《皇朝经世文编》。⑤ 贺、魏两家的关系密切到贺的岳父虽然身在湖南却向身在江苏的魏源写信询问有关投资的建议。⑥ 贺长龄的一位密友户部侍郎王庆云⑦,十分清楚银贵钱贱问题的外因,并反对发行可能会引起通货膨胀的大钱。而同样反对将大钱和纸币作为货币流通的冯桂芬则是林则徐的幕僚并曾向李兆洛学习。⑧

---

① Hummel,p.610;江口久雄,《包世臣の钞法论に关する一考察》,页 2。
② 胡韫玉,《包慎伯先生年谱》,页 34a。
③ 林崇墉,《林则徐传》,页 632。
④ 同上书,页 180。
⑤ 徐世昌,《清儒学案小传》14。
⑥ 赵靖,易梦虹,《中国近代经济思想资料选集》,页 107—108。
⑦ Hummel,p.813。
⑧ 江口久雄,《清代経世家の银流通史研究について-十九世纪前期を中心に》,页 33。

图7.10 姚鼐

图7.11 许梿

图7.12 阮 元

图7.13 陈用光

第一位批评王鎏的陈鱣是阳湖学派集大成者张惠言的学生。① 严厉地批评王鎏的许楣、许梿兄弟(图7.11)和陈鱣同乡并曾经一起研习碑铭和词源学。② 许氏兄弟都是乾隆朝进士、两广和云贵总督阮元(1764—1849年)(图7.12)的学生。③ 曾经发起过许多经典著作研究的阮元曾在李道南(1712—1787年)门下学习,而此人又是庄存与的门生。阮元在其

---

① 刘声木,《桐城文学撰述考》,页3b。
② 许梿,《古均阁遗着》,页4b。
③ 同上书,页3a、4b 和法式善《清秘述闻》第623—624页曾记载,许楣和许梿都在1833年参加了阮元主考的会试。

于1829年编纂而成的《皇清经解》一书中搜集了许多今文经学著作。①是刘逢禄建议阮元出版了《十三经注疏》和《皇清经解》这两大部的经典研究文集。②或许因为许楣也是常州学人中的一员,所以他的作品也被收录在由常州人盛康(1814—1902年)编辑并于1898年出版的"经世文编"中。③

还有一些学者游离于前述两个学派之间,他们的政治经济思想也是如此。例如,汤鹏(1801—1844年)反对商人的消费水平逾越官员。他主张企业由民间经营,金融由国家控制以及开放食盐专卖体制。汤也是梅曾亮密友,后者还为汤撰写墓志铭④;而姚莹则为汤撰写传记。⑤ 汤鹏、魏源、龚自珍和张际亮在北京都曾是名噪一时的年轻学者官员,他们一起成立了"宣南诗社"以赋诗、饮酒并议论时政。⑥ 汤鹏与反对使用大钱的李星沅关系密切,在李星沅的诗集中,有好几首汤鹏为李父、母所吟的诗词。⑦

对经世致用和古文体的共同兴趣使两派学者官员有所合作。在姚鼐的20位著名的嫡传弟子或再传弟子中,有11人的文章被魏源《皇朝经世文编》一书的各种续编收录在"户政"一门中。⑧ 许多来自这两个对立学派阵营中的成员都加入了北京的"宣南诗社",其中包括程恩泽(1785—1837年)、陶澍、林则徐、梁章巨、黄爵滋、龚自珍、魏源、姚莹、张

---

① Elman, "Qing Dynasty Schools of Scholarship", p.14.
② Hummel, p.519.
③ 盛康是盛宣怀的父亲,他于1844年会试及第并曾任道台和李鸿章的幕僚。
④ 汤鹏,《浮邱子》,汤的墓志铭。
⑤ 同上书,页1a—3b。
⑥ 同上书;林崇墉,《林则徐传》,页87。
⑦ 李星沅,《李文恭公遗集》,《诗集》,目录。
⑧ 据江口久雄《清代经世家的银流通史研究について-十九世纪前期を中心に》第49页,此著作包括以下诸人所写的文章:管同、梅曾亮、方东树、姚莹、吴德旋、陈用光(1768—1835年)、吴嘉宾、吕璜(1778—1838年)、龙奇瑞(1814—1858年)、邵懿辰、杨彝珍(生卒年不详)和孙鼎臣。

233

际亮、汤鹏、陈用光(图 7.13)、何绍基、吴嘉宾、梅曾亮和谢阶树。① 两个学派成员之间的通信也十分频繁:吴嘉宾写信给林则徐讨论有关限制贸易的问题,王瑬的那位对龚自珍文章颇有微词的密友沈垚,也曾与龚自珍通信讨论军事史的问题。②

尽管这两个对立阵营中的成员有交流活动,但他们有时显然还是界限分明。例如,常州人陆黼恩(生卒年不详)注意到当王瑬的《钱币刍言》出版时,江苏巡抚林则徐极想拜会他。然而,林的藩司陈銮(1786—1839)和臬司怡良(1791—1867)却劝阻他不要这么做。③ 当林任两广总督时,他想征召王瑬入幕。王瑬的"府主"和张际亮的座师工部侍郎沈维鐈将这一消息写信告知了王,尽管王非常愿意接受,但却从来没有获得这个职位。④ 谢阶树在任职翰林院期间,交游很少,龚自珍是他少数几个朋友之一,但于 1844 年,谢阶树曾出版了一本书批评龚自珍的意见。⑤

经世学者间的联合和分化在因王瑬的著作而引发的论战中反映得最为明显。王的著作遭到包世臣和陈鳣、魏源、许楣和许梿的严厉批评。参与这场经济论战的人在很大程度上也出身于不同的文学或经学流派。

然而,在 19 世纪前期表述其经济观点的学者们,并非全都对某文学

---

① 有关宣南诗社的成员,参见大谷敏夫第 39 页;林崇墉《林则徐传》第 88—93 页。关于谢阶树加入宣南诗社的情况,参见段超《陶澍与嘉道经世思想研究》第 222 页,文中列举了消寒诗社和宣南诗社的成员。汤鹏(《浮邱子》,页 1a—3b)曾说,当姚莹在首都时,他就成了魏源、张际亮、龚自珍、黄爵滋、徐宝善和汤鹏的好友。张际亮(《张亨甫全集》,卷 2,页 35—36;卷 4,页 23)曾记到当丁履恒在年老赴京之时,他和丁是忘年之交。张既给丁写了墓志铭,又给丁 90 岁的母亲撰写了祝寿辞。汤鹏(《浮邱子》,页 1a—3b)曾说张也是消寒诗社的成员。陈用光是姚鼐的弟子,并出版了姚的书信集(Hummel, p. 901)。
② 沈垚曾记到沈经常与王瑬通信(《落帆楼文集》,帆 7,页 21a;帆 10,页 1a),王为沈的老师写过传记(同上书,帆 10,页 14a),并且沈和王是同年(同上书,序言)。王瑬为沈垚出版了一部著作,并且沈垚也经常让王瑬给他找书。关于沈和龚对军事历史的讨论,参见上书帆 4 第 19a 页。
③ 《皇朝经世文续编》,卷 60,户政 32,钱币,下,页 15a—b(陆黼恩,《钱币议 4》)。怡良和陈銮的名字是根据魏秀梅《清季职官年表》第 912、947 页查得的。
④ 闵尔昌,《碑传集补》,卷 17,页 20。
⑤ Whitbeck, "The Historical Vision of Gong Zizhen", p. 154;李桓,《国朝耆献类征初编》,卷 132,辞臣 28,页 48;《清史列传》,《文苑传》73,页 22。

或经学派别有强烈的认同感。例如,至少我们还不知道缪梓是否属于某个学派。然而,我们也知道,没有明显学术关系的那些学者中的观点与那些明显属于某一学派的学者的观点有相似之处。例如,缪梓的建议与朱嶟和刘良驹的观点大同小异,并在很大程度上反映了包世臣的思想。

尽管每个学派内部略有差异,但仍存在着一以贯之的宗旨将其与其他学派区别开来。例如尽管贺长龄主张使用白铜,魏源主张使用白银,丁履恒主张使用金、银,但他们都强调使用贵重金属作为货币。

小 结

以前学者认为经世学派的产生是由于当时今文经学的兴起,与此不同的是,波拉切克(James M. Polachek)认为今文学派根本就不存在。在他看来,19世纪前期江苏地区经世学者的成员,并不是作为一种学术运动的成员而存在,而是"主要在一种官僚和政治的关系框架中运作——换言之,这种关系是通过官僚阶层体系内的契约关系构建起来,为促进这些人自身和生涯利益的特殊群体"①。

许多经世学者是波拉切克所描述的宣南诗社的成员。这个诗社的成员提出各种不同的经世思想。例如,龚自珍支持移民政策而谢阶树则强烈反对。他们都主张强化宗族关系以应付流民问题。龚主张在宗族问题上,国家应当尽量少介入其中,而谢则强调要加强国家对宗族的监控。梁章巨对奢侈性消费大加贬斥,而魏源则认为富人的消费可以为穷人提供就业机会。在发行大钱问题上,梁章巨和何绍基的主张与王鎏相近,而魏源则严厉批评。魏源、陶澍和林则徐建议让商人在经济事务中起更大的作用;吴嘉宾和梅曾亮的好友徐鼒则要求国家限制商业活动。

经世学者们政治经济立场的不同还表明,其间并不存在因年龄、阶

---

① Elman, *From Philosophy to Philology*, p. 237,转引 Polachek 的博士论文(California University, 1977);本段并未出现在 Polachek 的 *The Inner Opium War* 一书中。

层、族群或官位来划分的特殊群体利益。相反,今文学派或来自阳湖古文派的学者趋向于提出放任主义式的政治经济主张,古文学派或来自桐城古文派的学者则倾向于提出干预主义式的政治经济主张。通过考察这两个学派学术旨趣中不同的核心观念,可以进一步诠释这种关系。

由于阳湖和桐城古文派都继承了方苞的义法观念——其中法可随义变而变,所以二者均承认变化的可能性。但是,因为桐城古文派的法集中在章法和篇法,而阳湖文派则强调音节和字句,因此,桐城学派更认可结构性变化,而阳湖文派则倾向于技术性变化。这种不同也与今、古文学派在有关革命和发展的不同主张相呼应。发展是基于技术进步的发展,而在革命的过程中,通过教育以实现社会的根本变化至关重要。古文学派对上层建筑的强调近似于桐城派所强调的以义、圣人的"道"或"真理"作为变化的基础。考虑到这种学术背景,我们就能够理解王鎏对纸币上刊印《程子四箴》或《朱伯庐治家格言》何以如此热心了。王鎏主张对货币体制进行整体性的变革,而魏源等人则主张通过将贵重金属加到现行的货币体系而达到渐变,这也表明双方所建议的变化程度是不同的。

当丁履恒、魏源、林则徐和贺长龄主张使用贵重金属或可兑现的纸币,以减少皇帝对人民财富无休止的攫取时,他们都求助于圣贤、上天甚至五行的权威。这正与今文经学派的主张耦合:即应该由如孔子那样的素王或上天来对世俗统治者的权力加以约束。林则徐、许楣、魏源和包世臣声称市场力量是存在的,并能够对政治力量加以限制,这一点也符合今文学派的认识:即在世俗政治权力之外,还存在着某些超越其上的力量。今文学派强调儒家君子的自持之道,这与放任主义所强调的个人主动性是相符的。古文学派强调忠诚,这既与干预主义者认为国家拥有无限权力的观点相符,也与桐城文派所强调的拟古主张相互吻合。阳湖学派的鼓励个人创造词句,与今文学派所强调的个人主动性以及放任主义所主张的私人企业、自由贸易和自由移居的观点也是旨趣相近。

事实上,不同经世群体的学术基础表明,思想观念对不同群体的形成至关重要。在此同时,观念也在诠释着社会现实,这是下章将要讨论的内容。

第八章 放任派主张的暂时胜利

许多学者认为中国有抑商和政府统制经济的传统。同治中兴时期(1862—1874年)中国的发展就被认为是这一传统的体现。① 有关清朝晚期深受西方思想影响且提倡商业的一篇研究论文,将此传统总结得更为清晰:"中国自汉以来之重农抑商政治传统,与贱工轻商之社会风气,历二千余年之传承,以至十九世纪,实为不争之事实,共喻之常识。"②最近的学术走向则强调,自从中世纪以来,中国就逐渐意识到商人和商业的重要性,这一趋势并在19世纪前期达到顶峰。③ 这种重视商业的思想是否从18世纪就不断增强,也受到学界的关注。④

本章将指出,从18世纪过渡到19世纪,有关官商关系的思想发展,既有连续也有断裂。通过指出某些明显的断裂,本章将证明放任派主张在19世纪前期曾经取得暂时的胜利,但在19世纪后期整个经济思潮又

---

① M. C. Wright, *The Last Stand of Chinese Conservatism*, pp.148—149。她认为:"经典和史籍一再强调'重农抑商'原则,农业不仅持续被认为是中国经济惟一可行的基础,而且是惟一合适的基础。"
② 王尔敏,《商战观念与重商思想》,页235。
③ 余英时,《中国近世宗教伦理与商人精神》,页97。
④ 参见 Rowe, *Saving the World*, p.456.

转向干预主义。这种转向也表现在学习经典的方法和对古文写作风格的选择上。在直线史观的思考基轴上，一些历史学家可能会将19世纪前期出现的放任派抬头视为"资本主义萌芽"。然而，放任派的主张并不是在为资本主义生产方式预作准备。相反，它是在为这一特殊时期提出解释，这个时期，银贵钱贱危机十分严重。同治中兴和自强运动（1850—1895年）时期之倾向干预主义，也与本期严重的生命危机导致对集权领导有所期待和清政府更为牢固的控制商业税有所关联。

关于中国文化及社会经济间的关连问题，以往研究经常通过探讨文化对社会经济的影响来表述。与此不同，本章将论述社会经济现实是如何影响人们的观念。在思想派别的起伏过程中，与前章强调思想观念比现实利益更影响学派分殊不同，本章着重说明导致各种思潮起伏的特殊历史情境。作者首先将描述放任派立场在19世纪前期所处的支配地位，然后再论述其随着银贵钱贱危机的恶化而崛起，又随着其舒缓而凌夷的情况。

对放任派经济建议的认可

在19世纪前期的中国，除了拒绝干预主义者的货币政策建议、削减或中止省级政府铸造铜钱及铸造一些贵重金属硬币之外，很少听到限制土地私人所有制的建议，并且这种体制也仍旧维持原状。尽管当时的学者官员对钱庄聚敛财富多有抱怨，但也没有采取什么改变措施。商人和其他人一如既往般的自由移动，强制节约的法令也没有公布。另外，只要看一下矿政、海运南漕政策以及票盐制，我们就可以了解何以放任思想突如其来地被接受了。

矿 政

1801年（嘉庆六年），当一些官员提议开采铜铅矿以顺应商人的请求时,皇帝断然拒绝。理由是:"是直不以朕为贤君,视为好货之主矣;在商民等无知见,小计及锱铢。"① 然而,仍是嘉庆在位时的 1814 年,当一位侍郎建议用卖官鬻爵增加财政收入时,吏部尚书英和表示反对,并提出其他开源节流的措施。英和用"理财"一词代替嘉庆帝所厌恶的"言利"。开矿就是英和增加收入的几个建议之一。他认为无论政府或商人都可以经营矿业。②

到 1840 年代,政府批准了更多开矿提议。在魏源于 1842 年提出允许私人开矿的建议后不久③,1844 年的一则帝国法令就要求军机大臣开放矿禁,并允许平民开矿。④ 道光晚期自由放任式的矿政,与嘉庆早期限制民间开采的矿政形成鲜明对比。这表明在 19 世纪前期发生了矿业从官办到商办的转变。

海运南漕

商人海运南漕的尝试始于 1825 年。在 1827—1847 年间暂时停止,并于 1848 年再度实施,直到清末。⑤ 这一政策改变了从明代中叶以来持续了大约 400 年通过大运河运输漕粮的传统。⑥ 1700 年以来,不时有招商海运南漕的建议提出,但直到 1825 年时,该建议才终于被采纳,而且还是道光帝自己发起的变革。⑦ 在包世臣 1803 年的建议中,他还担忧雇用商人从事漕运会令政府感到困窘而加以辩解:"国家除南粮之外,百货皆由采办,采办者官与民为市也……未尝非政体也。"到 1825 年,"政体"

---

① 《清仁宗实录》,卷 87,页 23—24,嘉庆 6 年 9 月 26 日。
② 《皇朝经世文编》,卷 26,户政 1,理财,上,页 11a、12a(英和,《开源节流疏》,1814 年)。
③ 魏源,《圣武纪》,卷 14,页 33b—34a。
④ 《大清历朝实录》,卷 404,页 9—10,道光 24 年 4 月。"史馆档",传包,号 971,贺长龄透露说他曾奉命允许由有意愿的私商开采贵州所有的银矿。
⑤ 魏秀梅,《陶澍在江南》,页 118。又见 M. C. Wright, *The Last Stand of Chinese Conservatism*, pp. 175—176。
⑥ 魏秀梅,《陶澍在江南》,页 70。
⑦ 魏源,《古微堂内外集》,"外集"7,页 31a—31b、37a。

问题不再是个问题,所被提及的是使用商船所能获得的好处。① 尽管在19世纪前期漕粮海运仅试行了几年,但此时漕粮运输由官营向商营的转变在清代是史无前例的。

票盐

清代除了滇盐是由政府运送和销售之外,其他地区的盐是由享有垄断权的盐商运销。他们由盐运使和户部获得运输与购买盐的执照——盐引。每一张盐引以 200 斤为购买单位,这是一般中等收入百姓所无法负担的费用。在 19 世纪初叶银贵钱贱以前,一般而言贩盐的获利丰厚,所以盐引的持有者倾向传给后代子孙。1830 年包世臣建议,盐票承购的单位降为 1 斤,为低收入者所能购买,在纳税之后可以在市场范围内自由销售,称票盐法。② 1831 年当署理两江总督陶澍尝试改革盐务时,包世臣是他的幕僚。③ 1832 年起,票盐法在淮北实施。1838 到 1839 年,陶澍的另一幕友——魏源代陶澍所撰的文章中提到:由于票盐法所售的盐价只有旧法的一半,所以在根除私枭方面,成效显著。④ 1839 年魏源提议将淮北试行的票盐法推展至淮南,甚至浙江、广东、河北及其他地区。⑤ 接任的两江总督陆建瀛确曾在淮南实行他的建议。⑥ 1846 年曾任礼、兵、刑、工各部侍郎或尚书及大学士的穆彰阿(1782—1856)和其他军机大臣的奏折,也提及他们曾奏请将票盐法推展至淮南盐场。⑦ 尽管票盐制仅实行于安徽地区,但在 19 世纪前期采用这种具有自由竞争精神的票盐制,在清代历史上也是绝无仅有的。

---

① 包世臣,《安吴四种》,卷 1,页 2b。
② 李林,"清朝嘉道时期兴起的议政改革之风"。又见包世臣,《安吴四种》,卷 7,页 3a—10b。
③ 包世臣,《安吴四种》,卷 7,页 3b—11b。
④ 魏源,《古微堂内外集》,"外集"7,页 23b—24a。
⑤ 赵靖、易梦虹主编,《中国近代经济思想资料选辑》,页 106。
⑥ 魏源,《古微堂内外集》,《外集》7,页 23b。
⑦ "议覆档",道光 26 年 2 月 1 日。

自强运动时期的干预政策

与19世纪前期突然允许商人经营几种重要的经济活动相比,19世纪晚期则盛行干预政策。

企业经营

19世纪前期很少有现代的官营企业,19世纪晚期的现代企业则大多由政府经营。从1872到1895年,在国内现代企业总资本量之中,官办企业和官督商办企业占到64.56%;私人企业占37.01%,中外合资企业占2.43%。这一状况直到1895年都没有太大改变。①

当1825年政府雇用1,500艘民船从江苏海运南漕时,除了发给他们津贴外,官方几乎没有介入其中。② 虽然咸同年间一直实行漕粮海运,但并没有为中国私人企业的发展留下任何空间。③ 1873年成立的旨在与外国航运势力竞争的轮船招商局是唯一一个名义上的私人企业。曾任两江总督和两广总督的刘坤一解释说:"一作官局,诸多掣肘,兼之招股则众必不踊跃,揽载则市面亦不多从,不得不以商局出名。其实,员董由官用舍,账目由官稽查,仍属商为承办而官为维持也。"④

根据魏源1852年的一则笔记,太平天国运动使安徽省有利于自由竞争的票盐制改革暂时停顿下来。⑤ 为了努力获取镇压太平天国运动所

---

① 严中平,《中国近代经济史》,第2册,页94—95。在1896到1911年间,私人经营的企业占国内近代工业总资本量的57.88%,中外合资企业占17.12%,官办企业和官督商办企业仅占27.42%。
② 魏源,《古微堂内外集》,《外集》7,页33a。
③ 太平军对中国部分地区的控制,黄河泛滥的蹂躏以及轮船的便利都为海运提供了理由;尤其是1867—1868年间北方的大饥荒证明从海上将南方谷物运输到饥荒地区更为有效。见 M. C. Wright, *The Last Stand of Chinese Conservatism*, pp. 175—76、361 和 Jones and Kuhn, "Dynastic Decline", p. 125。
④ 侯厚吉、吴其敬,《中国近代经济思想史稿》,卷2,页38。
⑤ 魏源,《古微堂内外集》,《外集》7,页23b。

需的军费,咸同年间人们建议包括由小民经营的票盐制,也包括由大商人经营的专卖制。当1863年曾国藩总督江苏、江西、安徽时,就倾向于采取专卖政策,这就迫使持有照票的商人每次至少购买6,000斤食盐。李鸿章在署两江总督时,于1865—1866年间进一步改变盐法,下令只要票商预先缴纳下一次运盐的厘金,并报效捐项,就可将运盐作为世业,反复转运。这项政策实质上是加强了专卖制度。①

除了盐业以外,大约在1853年以后,政府高度介入的事业也趋向于向垄断经营方面发展。当1878年政府试办上海机器织布局时,就不准其他类似的企业成立。② 天津和上海电报局也是垄断经营。③ 一位重要的省级官员张之洞(1837—1909年)就拥护这些政策,他将这些新式企业中的官权视为防止招股欺骗、假冒名牌和工匠哄斗行为的基础。④

这一时期,包括郭嵩焘(1818—91年)、马建忠(1845—1900年)和王韬(1828—97年)在内的那些有更多机会了解西方的下层官员们,已经意识到要鼓励民营工业的发展。⑤ 然而,许多这样的思想在自强运动中表达得太迟了,因为此前许多官办企业已陷入财政困难的泥沼而不能自拔。⑥

经济利益的内涵

在1853年以前,国家财政的充裕是所有经世思想家们都在关注的

---

① 侯厚吉、吴其敬,《中国近代经济思想史稿》,卷1,页244。
② 同上书,卷1,页39;Albert Feuerwerker, *China's Early Industrialization*, p. 9.
③ 侯厚吉、吴其敬,《中国近代经济思想史稿》,卷2,页40。
④ 侯厚吉、吴其敬(《中国近代经济思想史稿》,卷2,页111)也指出当张之洞坚持铁路必须官办时,他的理由是商人们无法驾驭兴办铁路所必需的深邃知识。另外,自铁路沿线地区的土著居民那里购买土地和迁坟也需要政府的帮助。然而,当成立棉织厂时,张之洞却支持官商合营。因此,张建议无论企业是否需要更多的资本或知识,都应该由国家出面经营。
⑤ 侯厚吉、吴其敬《中国近代经济思想史稿》,卷2,页91—96、259、264。侯和吴声称郭不反对官办和私营企业的共存。根据郭的说法,电报需要国家经营。但铁路因为需要更多的资本,所以不能仅由国家经营。
⑥ Wu Chengming, "Economic Thought in Late Imperial China", unpublished paper, pp. 28、30。作者十分感谢黎志刚赠予此文。

基本问题。然而,像魏源、林则徐和龚自珍之类的学者却敏锐地意识到,私人利益的发展对国家和私人都会带来自然而然的和共同的好处。自强运动的领导人也强调对经济利益的追求。然而,这种"经济利益"指的主要是国家的经济利益。曾国藩所说的"理财"就是增加军事和政府所需要的经济来源以挽救现时的困难。① 在1890年代,李鸿章、张之洞及其他人所奋斗的仍是国家作为一个整体所寻求的财富,而不是由私人所创造的财富。② 尽管李鸿章早先曾说过要"富在民生",但政府仍严格监管着所有诸如纺织业等与国计民生有关的企业。③

图 8.1　清政府铸造的银元(1890—1911)

由省级和天津铸局铸造的银元仍旧用两作单位。这些银元中间没有孔,重量为库平七钱二分。在1911年中国的铸币就变为以元为单位了。

货币观的改变

道光晚期许多学者都不能接受王鎏可能引起恶性通货膨胀的货币方案。然而,王的著作却被收录于1850、1882和1888年出版的"经世文

---

① 侯厚吉、吴其敬,《中国近代经济思想史稿》,卷1,页335。
② Benjamin Schwartz, *In Search of Wealth and Power*, p.123。
③ 侯厚吉、吴其敬,《中国近代经济思想史稿》,卷2,页59、62。

编"中,它们都按照贺长龄在 1826 年时的版本形式编辑而成。王鎏方案的主要反对者许楣的文章却没有收录在这些选集中。①

在 1853 年以前,发行可能引起恶性通货膨胀的纸币和大钱以增加政府收入的建议一再遭到拒绝。即使象征君权的制钱也未能取代代表市场力量的白银。官方铸造的银元也只是偶尔在地方上铸造。然而,随着因镇压太平天国动乱而导致的财政枯竭,政府在 1853 到 1861 年间便发行了不可兑换的纸币和大钱。甚至在 1853 年以前大抵未作为财政工具的制钱也变得有些恶性通货膨胀了。② 另外,1890 年广东省开始铸造银元,13 个其他的省份不久之后也都纷纷效仿。清廷于 1905 年在天津设立了一个铸币局,从 1909 年开始大量铸造银元,并于 1910 年颁布法令从银两本位制变为银元本位制(参见图 8.1)。③ 在 1904 年中国第一家国家银行——户部银行成立后,1908 年又接着成立了交通银行。同年,两行合并组成大清银行。与同期德国的国家银行可以提供工业贷款不同,上述银行的主要作用在于从各省向北京转送税款。④ 政府的统一银币减少了山西票号通过兑换不同地区成色、重量有别的银两所获得的利益。⑤

思潮的变化

与 1850 年左右政治经济政策的转向同时发生的则是思潮的转变。在道光时期,"世以苶弱枯涩为学桐城者"⑥。王鎏也感叹当时桐城文派的衰落,而在姚鼐(图 8.2)那个时代,桐城文派可谓风光无限。道光年间

---

① 比较一下近代中国研究委员会编辑的《经世文编总目录》中各个版本的目录就可看出这一现象。
② 杨端六,《清代货币金融史稿》,页 101—102,108。
③ 张惠信《清末货币变革》以及王业键教授对此的论述,同上书,页 344—345,380。
④ Feuerwerker, *The Chinese Economy*, ca. 1870—1911, p. 62.
⑤ 张惠信《清末货币变革》,页 325—361。中国在仿铸西方样式的银元方面要比越南晚,那么,通过各种银两和银元的兑换能够获得既定的利益是否阻碍了中国的这一变革,则是今后可进一步讨论的课题。
⑥ "史馆档",传稿,姚莹。

245

另外一位桐城派古文家张际亮也指出时人颇轻视桐城派古文。① 王先谦的《续古文辞类纂》序中亦说:"道光末造,士多高语周、秦、汉、魏,薄清淡简朴之文为不足。梅郎中(梅曾亮)、曾文正(曾国藩)之伦,相与修道立教;惜抱(姚鼐)遗绪,赖以不坠。"②清淡简朴之文即指桐城派古文,高语周、秦、汉、魏者即指今文经学者或较重视骈体文的阳湖派学者。曾国藩虽然声称要揉合骈体文、考据和古文,但他较支持姚鼐而非刘大櫆。③ 在自强运动期间兴盛的桐城派也就是姚鼐领衔而较倾向方苞的文派。

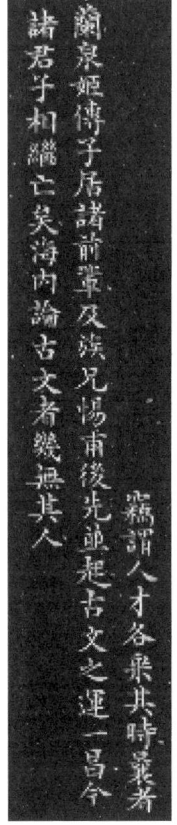

图 8.2　18、19 世纪间桐城派古文之由盛转衰

本段节自王垿的《塾舟园初稿》("与鲈江先生书")中王的真迹,文中指出人才应时而生。像王昶(1725—1806 年)、姚鼐(1731—1816 年)、恽敬(1757—1816 年)和王垿的堂兄王芭孙(1755—1817 年)都相继成名。古文也暂时得以兴盛。但随着这些学者相继辞世,就没有几个人能够讨论古文了(此处王垿指的尤其是姚鼐所代表的桐城学派)。

资源来源:此段文字摄自北京图书馆

---

① 张际亮,《张亨甫全集》,卷 2,页 1。
② 转引自叶庆炳《中国文学史》第 676—77 页。
③ Hummel, p. 900;安徽人民出版社,《桐城派研究论文集》,页 85。

太平天国运动以后,桐城派兴起,今文经学衰落。左宗棠曾为一位桐城人士写过讣告,此人是其镇压太平天国运动中一位阵亡下属的父亲。左宗棠在文中指出,在平定太平天国运动中之所以有大量的桐城人殉难,那是因为以姚鼐为领导的桐城学派尊崇朱熹。① 1883 年左宗棠曾经拨付官款帮助创建江苏的南菁书院,他写了一篇文章嵌在书院门上,文中他告诫学子要牢记方苞所讲的目标,即在传播孔孟之道时要以二程和朱熹为准。② 在自强运动期间,宋学之所以获得普遍振兴是由于曾国藩的努力,为此他在不同的省份都建立了书院。③ 同时,在 19 世纪前期盛行的今文学派随着太平天国运动的兴起而衰微,直到康有为时代才重获活力。太平天国开始运动以后,程朱理学暂时获胜。④ 甚至康有为的老师朱次琦(1807—1881 年)也是朱熹学者。⑤

从某种程度上说,这种思潮的转变与银贵钱贱危机的恶化及其随之而来的舒缓是有关的。

货币危机和放任思想的抬头

总的来讲,在 19 世纪前期市场波动有如狂澜,国家因而失去了对社会的控制。这种情形是强调个人自主性并且对皇权力量有所限制的哲学获得广泛认可提供基础。

此时,即使是放任派学者对于贸易也越来越加重视。包世臣和林则

---

① 左宗棠,《左文襄公全集》,卷 1,页 7。
② 十分感谢 Barry, O·Keenan 教授提供此信息,并将左宗棠的原文复印予作者。此文系 Keenan 教授从《南菁:1925 年学校年鉴》中复印而来。亦可见于左宗棠《左文襄公全集》卷 2 第 9—10 页。
③ Elman, *From Philosophy to Philology*, p. 242.
④ 汤志钧,《近代经学与政治》,页 126—151。
⑤ 别府淳夫,《清末における宋儒學風の再興》。

徐起初认为,只有外国人才需要中外贸易并为此建议中国人出国经商。①到1841年时,包世臣改变了自己的观点,进而主张中国必须通过贸易来学习西方的武器和造船技术。② 随着银贵钱贱危机的恶化,林则徐后来也欢迎不包括鸦片的对外贸易,目的是"以通夷之银量为防夷之用"③。

包世臣对于商业和市场力量的观点也有所改变。尽管官员们经常提及其讨论银贵钱贱危机的四篇文章,但他在1846年时终于说到,"然鄙意不定,银价听长落于市,则可潜移默运,贫富相安;强定价值,恐令而不从,徒多枝节"④。包还评论道:"国家以库纹一两,当制钱一千。而现行市价,且千五百。客冬林制军〔林则徐〕,为州县谋,奏定洋钱一枚,当银七钱三分,而市仍为八钱零如故。徒使银价骤增,反为州县之累,是岂可以人力争乎?"⑤银贵钱贱危机使人们更加意识到,甚至连政府都难以驾驭的市场力量。

银贵钱贱问题使得原来垄断盐贩售的盐商严重亏损。因为盐商贩盐所得的是铜钱,而缴税用的是白银,所以盐商的负担不仅由于银贵钱贱而加重,并且随着白银升值,使得运输和劳工的成本更为昂贵。除此之外,盐商们无法抬高盐价,因为如此他们会将市场拱手让给私枭。⑥ 当时的私枭因白银外流后的经济萧条,失业扩大而有所增加。⑦ 1837年经额布和锺灵的奏折也指出,因为银贵钱贱,"以致一商参革一岸虚悬,一岸虚悬则一岸之课悉归无着"⑧。在没有人愿意接下这个烫手山芋的情

---

① Siyu Teng and John K. Fairbank, *China's Response to the West*, p. 25;包世臣,《安吴四种》,卷26,页6a—b。
② 侯厚吉,吴其敬,《中国近代经济思想史稿》,卷1,页98—99。
③ Siyu Teng and John K. Fairbank, *China's Response to the West*, p. 20;又见巫宝三,《中国近代经济思想与经济政策资料选辑》,页69。
④ 包世臣,《安吴四种》,卷7,下,页3b。
⑤ 王鎏,《钱币刍言》,《续刻》(1837),页14b。
⑥《道咸同光四朝奏议》,页924。
⑦ 同上书,页921,道光30年山西巡抚兆那苏图奏折;《筹办夷务始末》,卷2,页4—6,道光18年黄爵滋奏折。
⑧《道咸同光四朝奏议》,页403。

况下,1831年起,中国最大的盐场——两淮盐场,因而开放给小资本的盐商,取代长久以来的垄断制度。

漕运的经营方式改变,也与银贵钱贱有关。由于负责运送漕粮的旗丁是以银两给付,在银贵钱贱的时期,当旗丁没有以升值一倍的银两给付时,时常罢工。① 由此我们可以明了,为何从1700年以来,就不断有使用民船经海运输送漕粮的建议提出,但却要到1825年,正值银贵钱贱危机恶化之时才有所采行。

道光末年终于改由商人采矿的政策转变,也与白银危机有关。当嘉庆年间英和首度提出此一政策时,他指出由于贵重金属不敷所用,有必要开矿。开矿除可利用天然资源生利之外,并可增加流民的就业机会。即使失败,也增加社会中的货币流通。② 英和提议的开矿是"或为官经理,或任富商经理"皆可,这表示政府仍有若干财力。然而,到魏源和林则徐时则迫切感到财不足用,而需要吸收民间资本。③ 事实上,在银根紧俏的时候,除非投资有十分把握,否则对商人而言,留住资金较投资有利。如包世臣的观察:"唯银苗有验而山脉无准,开矿之家常致倾覆,当此支绌之时,谁敢以常经试巧乎?"④因此,在经济如此困难的时期,开放民间采矿,实际上不是政府的一种恩准,而是政府的一种恳求。

相对地,主张干预的经济建议之所以一一遭到否决,也与货币危机有关。此时官僚体系的不健全,是发行纸币和大钱的建议一再被驳回的理由。当胡调元发行纸币的提议送交两江总督时,因为官员的无能,所以总督的反应冷淡。对两江总督而言,纸币以前可以发行,但此时不能;

---

① 缪梓,《缪武烈公遗集》,卷1,页21a。
②《皇朝经世文编》,卷26,页12a。
③ 魏源指出:在广东、四川、浙江,"官不禁民之采,则荷锸云趋、裹粮骛赴。官特置局税其什之一二,而不立定额。将见银之出不可思议,税之入不可胜用,沛乎如泉源、浩乎如江河。何必官为开采,致防得不偿失、财不足用"(魏源,《圣武记》,卷14,页34a)。
④ 包世臣,《安吴四种》,卷26,页37b。

可以由老百姓发行，但不能由政府发行。其理由是："官之不先自信也。"①穆彰阿及其他人否决王植铸造大钱的建议时亦指出："今日任事者不及于古，而作奸者更甚于前。"②

官僚体系的腐化与货币危机的关连已如前述，政府的腐化与财务困窘，使老百姓对政府发行像纸币和大钱等信用货币不会成为财政敛聚的工具的说词更不具信心。1853年之前，政府一再否决以钱代银的提议也与白银危机有关。反对的意见认为，铜钱不可能替代白银，特别是在铜钱持续相对白银贬值如此之多的时候。桐城派的吴嘉宾曾将雍正乾隆年间铜钱的长途运送顺利和嘉道年间这么多官员抱怨铜钱难以输送两相比较③，由此或许可以推断是中央政府控制力量强弱有别的结果，然而其中也有经济上的因素。上海经济思想史学者叶世昌所指出的：在中国，铜钱与白银的关系，不像西方复本位制度中白银与黄金的关系。白银的价值与黄金相近，而铜钱的价值与白银却极不相同，因此很难以铜钱取代白银。④ 雍正乾隆年间，一两白银大约值800文，在1850年前后已增加了约三倍。因此，以铜钱取代白银的难度也约增为三倍。

财政窘困的政府也无力监督贸易、区域间的移民和消费。在此情境下，主要为与今文经学较为接近的学者所倡导，而给予商人较多自由的观念，在道光末期最后终被采行。因此，自由放任经济思想在19世纪上半叶中国的崛兴，基本上是当时情境所造成的结果。

嘉庆末期的银贵钱贱危机仅在局部地区发生，然后至少在1820年时就已经遍及全国。从1822年开始，11个省份都请求政府缩减或停止铸造制钱，因为相对白银来说，制钱已经大大贬值以至于没人愿意接受。

---

① 《中国近代货币史资料》，页336—337。
② "议覆档"，道光26年10月14日。
③ 吴嘉宾，《钱法议》；齐思和等，《鸦片战争》，册1，页506。
④ 叶世昌，《鸦片战争前后的货币学说》，页6。

正是在1820年代,鸦片贸易的中心也逐渐离开了清政府辖区,先从广州到黄埔,再从黄埔到零丁洋,进而完全脱离清政府的控制。① 在1814—1823年间,中国年平均进口鸦片值为300万银元,在1824—1833年间为580万银元,在1834—1843年间为910万银元,在1844—1856年间为2,070万银元(图8.4)。与此同时,中国年均白银流入值在1814—1823年仍有258万银元,之后则转为外流,年均外流值,1824—1833年为84.8万银元,1834—1843年为925万银元,1844—1856年更达1,814万银元(图8.5)。1833年,彻底结束了英国东印度公司垄断对华贸易的时代。从此,散商极力扩展对华贸易,从而大大增加了中国白银的外流量。另外,由于美国利用更多的白银兑换黄金,所以,1834年美国对华白银出口量也急剧减少。② 银钱比价从1,040文到1,637文增长600文大约用了30年(1808—1838年)的时间;而从1,679文增加到2,355文,这另一个600文的增加额却仅用了10年(1839—1849年)的时间。

图8.3 中国的银钱比价(1814—1856)

资料来源,图1.1。

---

① 林满红,《银与鸦片的流通》;《剑桥中国晚清史》卷10第186页附有19世纪珠江三角洲明细图。
② Schell, "Silver Symbiosis", pp.110—111.

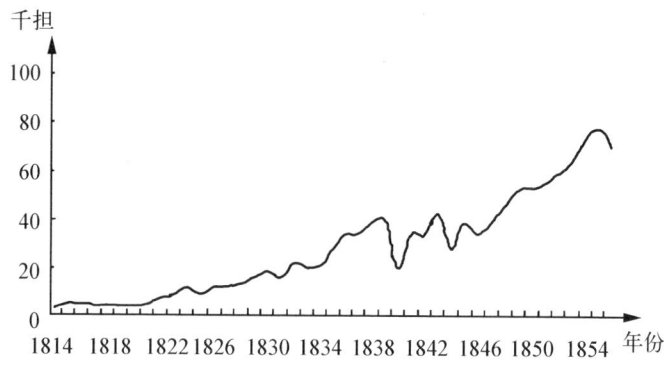

图 8.4 中国的鸦片进口量(1814—1856)

资料来源,图 2.1。

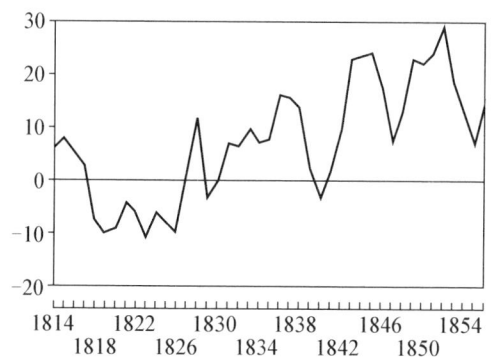

图 8.5 中国的白银外流总量(1814—1856)

资料来源:表 2.5。

在 1830—1850 年间,有关应付银贵钱贱危机的建议显著增加。另外,随着危机的恶化,越来越多身居高位的学者官员开始向朝廷上奏此事(图 8.6)。银贵钱贱危机恶化之时正是今文学派获得发展之日。1801 年间阮元在杭州建立了一个名为诂经精舍的书院;在那里,郑玄(127—200 年)和许慎(58—147 年)这两个古文学派的注经大师受到尊崇。然而,当阮元于 1820 年在广州建立学海堂时,尽管郑玄仍被尊崇,但这个书院却是为了纪念何休(129—182 年,字学海)而命名的,而何休则是今文学派中最著名的支持者和评注家。① 一个广州学者在1837年的一则笔记中也曾指出,《公羊春秋》是学海堂书院教授的主要经典。② 龚自珍和魏源于1819—1820年间跟随刘逢禄研习《公羊春秋》,并将今文经研究从地方推广到全国。③ 另外,虽然庄存与在18世纪末开始从事今文经学的研究,但他的作品直到1827年才出版。尽管他嗜好今文经学,但也接受古文学派的经典。刘逢禄比庄更加非难古文经,而他的文集直到1830年才出版。④

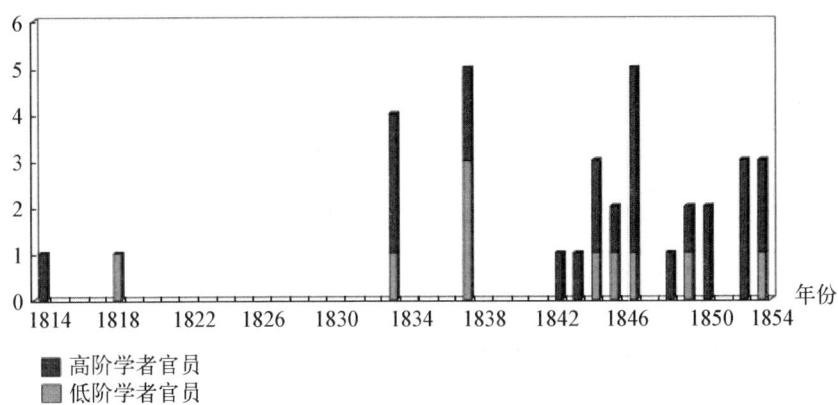

图8.6 学者官员对货币建议的时间分布(1814—1854)

说明:仅指学者官员提出的有确定日期的货币建议(PN表示发行纸币,BC指发行大

---

① Elman,"The Hsueh-hai T'ang and the Rise of New Text Scholarship in Canton;"黄克武,"诂经精舍",页259、262。Miles, Steven B. (*The Sea of Learning*, pp. 99—100)写道,尽管这个书院的名字指的是何休,但书院的课程并不是只学习今文经。事实上,郑玄也是学海堂的学者们最尊崇的汉儒。
② 梁绍壬,《两般秋雨庵随笔》,卷1,页12a,文中提到学海堂建于1824年。除了《公羊传注》外,司马迁的《史记》,汉代集中反映宇宙万物之间关系的《白虎通论》和刘勰所撰骈体文的典范《文心雕龙》,都是书院要学习的内容。同时,此处也教授诗、古文和词。原文是:"阮芸台宫保,到处提倡风雅。道光四年,于广东观音山建学海堂,仿浙江诂经精舍例也。……每月集书院生童于此,课诗古文词焉。宫保自撰楹帖云,公羊传经,司马记史,白虎德论,雕龙文心。"
③ 魏耆,"邵阳魏府君事略",见齐思和等,《鸦片战争》,册1,页438;龚自珍,《龚自珍全集》,卷1,页603。
④ Hummel,*Eminent Chinese of the Ch'ing Period*,1644—1912,p.519.

钱,GC 指用谷物和布匹代替白银,PM 指用贵重金属充当货币,CS 指用制钱代替白银)。

* 是指不能直接向皇帝呈递官方报告的低阶学者官员。

提出建议的官员如下:

1814:蔡之定(PN)
1818:*丁履恒(PM、BC)
1833:*吴铤(GC)、林则徐(PM)、陶澍(PM)和贺长龄(PM)
1837:王鎏(PN)、*包世臣(CS)、*魏源(PM)、*龚自珍(PM)、梁章巨(BC)
1842:雷以諴(BC)
1843:张修育(BC)
1844:富尼扬阿(BC)、*缪梓(CS)、吴文镕(CS)
1845:*吴嘉宾(CS、BC)、刘良驹(CS)
1846:*成毅(BC、CS)、许楣(PM)、王植(BC)、郑祖琛(PM)、朱嶟(CS)
1848:江鸿升(BC)
1849:王庆云(CS)、*杨象济(BC)
1850:曾国藩(CS)、王茂荫(PN)
1852:花沙纳(PN)、何绍基(BC)、祁寯藻(PN)
1853:王懿德(PN)、黎吉云(PN)、*周腾虎(PM)

当银钱兑换的市价越来越偏离政府定价时,那些强调多元权力中心并存的思想倍受欢迎也就可以理解的了。

19 世纪后期的危机和干预倾向

19 世纪后期的形势则大为不同。一方面,对生命安全的威胁更加紧迫。因太平天国运动的毁坏,导致长江下游 11 个省份或地区的人口急剧下降。从 1850 年到 1865 年人口的平均下降率为 75%。① 据估计,在太平天国、捻军和回民的反抗过程中,中国的人口从 1850 年的 4.3 亿下降到 1865 年的 3.18 亿,整整下降了 1.12 亿。② 果真如此,这就意味着内战几乎灭绝了中国四分之一的人口。如果采用 19 世纪后期西方研究

---

① Ping-ti Ho, *Population Studies in China*, p. 241, table 40.
② 葛剑雄,《中国人口发展史》,页 253。葛利用 1911 年的人口数字和一个 5% 的人口增长率得出 1865 年的人口数为 3.18 亿,并且因为大多数学者又认为 1851 年的人口估计值为 4.3 亿,因而他就得到了这一估计数(十分感谢葛教授赠予此书)。在 2004 年 7 月 1 日,笔者在复旦大学图书馆里曾向曹树基教授请教这一估计值。曹教授用另外一种不同的方法得到了一个相似的最后估计值。他检核了嘉庆时期的全国人口统计数字、户部的省级人口数字和地方府县的人口数字,他也考虑到了山西饥荒和叛乱过程中致命传染病的影响。

者所给的数字,即柔克义(W. W. Rockhill)的 2,000 万或李希霍芬男爵(Baron Ferdinand von Richtofen)的 4,770 万的话,那么太平天国运动灭绝了中国的二十分之一或十分之一人口。① 外国势力所带来的压力,又如李鸿章所叹息的那样:"我朝处数千年未有之奇局。"②当公共安全受到威胁时,人们会更加期待加强国家权力,那么强调对皇帝绝对忠诚的桐城学派思想在此时达到全盛也就是合理的了。

另一方面,清政府获得新的财源也支撑此一发展。当建设旨在促进桐城学派发展的南菁书院时,左宗棠为之筹集了官款。1853 年,由于白银外流和社会动荡,贫困的清政府已无足够款项支付官兵薪饷以平定内乱,③此后何有建造书院的资金? 实际上书院的数量显著增加了。例如,在台湾,1860—1893 年间新建书院的年增长率是 1683—1860 年间的三倍。④

值得注意的是,在 1808—1850 年间中国白银约外流了 3.68 亿西班牙银元之后,在 1856 和 1886 年间约有 6.91 亿墨西哥银元涌入中国,并且清政府通过几种商业税的征收利用了这笔收入。胡林翼的话说明这一情况:"军政系亿万生灵之命……与其饥军而误地方,无若取商贾之利以援大局。"⑤与清前期相比,商税在晚清时期的作用至关重要(参见表 8.1)。⑥ 在清前期,当意想不到的战争或洪水或其他自然灾害发生时,政府会寻求捐献。从康熙到道光时期,户部银库仍有盈余。但与前代 5,000 至 6,000 万两的盈余相比,道光时期的 800 万两盈余在太平天国运动爆发后的三年内消耗殆尽,清政府也不得不开始增收诸如厘金之类

---

① Ping-ti Ho, *Population Studies in China*, p. 247.
② 引自侯厚吉、吴其敬《中国近代经济思想史稿》卷 2 第 54 页。
③ 彭泽益,《19 世纪 50—70 年代清朝财政危机》,页 131。
④ 李国祁,《清代台湾社会之转型》。
⑤ 侯厚吉、吴其敬,《中国近代经济思想史稿》,卷 1,页 310。
⑥ Wang Yeh-chien, *Land Taxation*, p. 80, table 4.8, 也显示出 1753 至 1908 年相似的变化。

表 8.1 中国的田赋和商税（1776—1911）

单位：元

年代	田赋 数额	田赋 %	盐课 数额	盐课 %	厘金 数额	厘金 %	关税 数额	关税 %	合计 数额	合计 %
1776	42,771,300	73	8,208,200	14	0		7,722,000	13	15,930,200	27
1842	42,293,282	76	7,124,038	13	0		5,906,551	11	13,030,589	24
1885	49,829,423	48	11,387,111	11	19,730,030	19	22,288,060	22	53,405,201	52
1890	51,999,675	44	11,438,527	9	21,010,385	18	33,874,188	29	66,323,100	56
1894	50,310,392	43	10,375,702	9	20,461,697	18	34,686,352	30	65,523,751	57
1903	57,269,194	38	20,097,000	13	25,029,146	17	47,017,276	32	92,143,422	62
1911	74,076,073	27	71,321,027	26	66,508,129	24	64,894,502	23	202,723,658	73

说明：原始数据的单位为两，现换算为银元。

资料来源：邓绍辉《晚清财政与中国近代化》页99，转引自冯筱才《在商言商》第32页。

的商业税。①

在这个时候张之洞评论道:"今文不宜于今之世道。"②随着太平天国运动而衰落的今文经学直到1884—1885年的中法战争结束后才获重生。③ 此外,道光末期极力非难王鎏的膨胀性货币方案的许楣著作,直到1898年由常州人盛康编辑的"经世文编"中才得以收录。

桐城派学者吴嘉宾是曾国藩的一位好友,在他于1838年任翰林院编修之后因某些问题而于1847年充军远方。当他因帮忙镇压太平天国运动牺牲后,1864年时建立了一座神祠来敬拜他。④ 当公共安全受到威胁时,主张统制经济的思想自然崭露头角。宣扬这种思想的神祠的存在,也表明当时有资金进行此项精神建设。

小　结

贺长龄在1826年出版《经世文编》之后,在19世纪晚期和20世纪早期有大约十种类似的文编相继出版,这标志着经世思想的持续发展。学者由此认为经世思想在整个近代中国是一脉相承的。然而,由1820到1850年代之倾向放任主义转变为自强运动时期之倾向干预主义,这表明近代中国的经世思想还存在着不连续性。

19世纪晚期转向干预主义的中国经世思想与当时传入鼓励私人企业的英国思想形成了鲜明对比。中国的改革者和外国人都将19世纪晚期中国的干预特征视为中国传统。例如,1858年马克思(Karl Marx)根据在北京的俄国外交官员的报告曾写道,因为户部侍郎王茂荫计划发行

---

① 彭泽益,《19世纪50—70年代清朝财政危机》。
② 汤志钧,《近代经学与政治》,页226,引张之洞《劝学篇·内篇五·宗经》。
③ 同上书,页156—215。
④ 徐世昌,《清儒学案小传》18。"咸丰初以督团兵援郡城,功赏内阁中书,同治三年,于本邑三都墟口击贼遇害[年三十一],奉旨赐恤,并建专祠。"("史馆档",传稿,号4933,5937)相对地,魏源则在招致高官们的不满后,于1853年以一个地方官的身份去职;他致仕后不久就于1857年去世(Hummel, *Eminent Chinese of the Ch'ing Period*, 1644—1912, p. 850—51)。

可以兑现的纸币而受到皇帝的惩处。① 英国评论员干德利(Richard Simpson Gundry)(1838—?)在1895年向西方报道说,中国政府干预企业是如此强烈,以致将严重阻碍中国的进步。② 晚清的改革者经常抱怨这种干预倾向。③ 中外人士由19世纪晚期获得的这些印象很可能凝固成20世纪中国对传统中国的刻板印象。沈垚评论道,19世纪前期商人比学者官员具有更高的社会地位和声望:"古者士之子恒为士,后世商之子方能为士,此宋元明以来变迁之大较也。……天下之势偏重在商,凡豪杰有智略之人多出焉,其业则商贾也,其人则豪杰也。"这与芮玛丽(Mary Wright)认为中国具有抑商传统的印象形成了鲜明对比。④ 沈垚所观察到的现象一方面可能是长期发展尊重商人和商业观念的结果;而另一方面,也可能仅仅是19世纪前期市场力量澎湃、政府权威凌夷才被强化的特殊现象。

通过比较学者为解决17世纪和19世纪前期银贵钱贱危机所提出的方案,可以发现其中有一个明显的不同。在后一事件中,废除白银的建议来自于包括王鎏、吴嘉宾、徐鼒和孙鼎臣在内的干预派学者,并且受到放任派的强力驳斥。然而,在17世纪那些请求废银,尤其是用银交纳田赋的呼声却来自包括黄宗羲(1610—95年)、顾炎武(1613—82年)、王夫之(1619—92年)、唐甄(1630—1704年)、王源(1648—1710年)和李塨(1659—1733年)在内的"启蒙"学者。⑤ 后一时代较前一时代使用更多白银可能是此一不同的原因。尽管19世纪前期的学者更加肯定商业的重要性,但他们与17世纪的学者们一样都同时重视农业和商业。⑥ 然而,19世纪晚期的中国却经历了一项巨变:中国人从传统的农、商并重转

---

① 杨端六,《清代货币金融史稿》,页111—112。
② Richard Simpson Gundry, *China, Present and Past*, p. 112.
③ 王尔敏,《商战观念与重商思想》,页235。
④ 沈垚,《落帆楼文集》,帆24,页11b,12a—b。
⑤ 叶世昌,《明中叶至鸦片战争时期一些思想家反对用银的倾向》。
⑥ 林丽月,《试论明清之际商业思想的几个问题》,页711—733。

变为重视工商业,而且政府深深介入这些企业,因为对此时的人们来讲,近代工商业将会为国家争取更多外汇,也可以缴纳更多税收来保家卫国。①

除了上述这些连续性和断裂性之外,19世纪前期在矿政、票盐制、海运南漕以及因银贵钱贱危机恶化而对贸易、商人和市场力量增加认可,也可以看出许多鲜明的变化。放任派的经济方案、阳湖古文学派以及今文经的研究都在道光末期兴起,那时在银贵钱贱危机中,国家权力遭到了市场力量更大的威胁。1850年后,内乱和外国入侵危及公共安全,清政府也控制了新的财政收入来源,桐城古文学派和宋学崛起。在银贵钱贱危机中,强调权力多元化的今文经派学者比古文派学者更能觉察到市场力量的难以驾驭。另外,银贵钱贱危机与今文经学和阳湖学派同时发展。随着危机的恶化,即使放任派学者也越来越意识到市场的力量。连军机大臣穆彰阿也拒绝任何有扩展国家权力倾向的方案,这表明国家此时并不信任自己。另外,从清政权因受到太平天国运动的威胁而于1851—1863年间采取的可能引起通货膨胀的货币政策可以看出,部分是由于银贵钱贱危机的缘故而爆发的太平天国运动使干预学派取代放任学派,因为这样的时代急需加强中央集权。加上,引起银贵钱贱危机的白银外流已转为内流,清政府控制了更多的商业税收,也使转向经济统制思想的演变成为可能。那些鼓吹中央集权思想的书院也是用这种新近获得的资金兴建起来的。19世纪前期的放任倾向和19世纪晚期的干预倾向都在表明人类学者古德利尔(Maurice Godelier)所说的:"思想不仅反映现实而且生动地解释着现实。"②19世纪中国思想倾向的变化也体现了中国文化在面对不同历史情境时的灵活应对潜力。

---

① 王尔敏,《商战观念与重商思想》,页235;吴章铨,《洋务运动中的商务思想》。
② Maurice Godelier, "Infrastructures, Societies, and History".

终 篇

正如国际经济史学会会长尼尔(Larry Neal)在2000年所建议的那样,我们的研究应更加关注那些令人震惊的变化而不是那些已经耗费了我们知识分子大量精力探讨的一般变化。① 19世纪前期中国的银贵钱贱危机从经济领域进而波及到社会、政治和思想领域各方面所引起的令人震惊的变化,便是一个样例。在这本书的终篇,作者首先将比较19世纪前期与其他时期的白银与中国的关系,再比较19世纪前期中国及其他国家,来显示促成19世纪前期中国危机的白银外流的严重性。然后,作者将由这个研究抽离出其对诸如世界经济和中国王朝的衰落、经世思想和社会现实,以及"流产的资本主义"等较大议题的意涵。

---

① Larry Neal, "A Shocking View of Economic History".

白银外流的严重性

通过比较其他中国使用白银的时代可以看出:19世纪前期的中国经历了其历史上最为严重的白银外流。弗里德曼(Milton Friedman)估计中国在1930—1935年间的白银外流量使包括硬币、纸币和存款在内的货币供应减少了9%—11%。① 据粗略估计,1814—1856年间中国白银的外流量达到了中国白银总供给量的18%。尽管后一数字是白银总供给量的百分比而前一数字是货币总供给量的百分比,但是1930年代的白银外流仅持续了5年,而19世纪前期的白银外流则持续了接近三四十年之久。

从17世纪到1921年的其他时期中国并没有发生像这样的全国性的、长时期的白银外流现象。17世纪时白银供应因1661—1683年间的禁止海上贸易政策而格外短缺,其基本问题不是白银的不断增加出口而是白银的减少进口。从1808—1856年间,大约有3.68亿银元的白银流出国外,而在1721—1800年间和1857—1886年间分别有大约1.73亿和6.91亿银元的白银流入中国。从1888—1898年间,中国的贸易收支转为赤字,但是海外华人的汇款弥补了这一赤字,因而白银仍有净流入。从1899—1921年间,除了海外华人的汇款外,马关条约所允许的外国借款和投资也弥补了贸易赤字,而使中国的国际收支成为正数。②

19世纪前期的清朝政府几乎拿不出什么政策性工具来应付货币供给成长率减少的状况。1930年代的中国政府通过支持政府企业刺激经济发展。③ 军费开支的增加也能改善货币的供应。例如,在17世纪的中

---

① Friedman, "Franklin D. Roosevelt, Silver, and China", p. 77.
② Charles Remer, *The Foreign Trade of China*, pp. 222—225;书中第223页将1885年的数字已经更换为Liang-lin Hsiao, *China's Foreign Trade Statistics* 一书(页268—269)中更为精密的1887年的统计数字。
③ Brandt and Sargent, "Interpreting New Evidence about China and U. S. Silver Purchases".

国,1644年前后明政权与清军的军事冲突使得大量现银流入市场。与之相反,19世纪前期的军费开支却比乾隆晚期少。①

19世纪中国的货币结构也比其后的中国或是同时期的英国更加受国际市场的波及。从1905—1911年,虽然银价上涨但仅局限在华北和华中地区。② 它对经济的影响不能与1808—1856年间因白银外流而导致的全国性影响相提并论。此时,制钱不再像1808—1856年间那么重要了。此时,也有更多的纸币流通,并且清政府已开始铸造银元了。③ 在1930年代,由于白银和制钱都变得较不重要,纸币转为最重要的货币,从而也将白银外流的影响减少至最小程度。④ 当英国在19世纪前期因世界白银减产而面临货币供给成长率减少的情况时,它通过发行现代银行纸币来加以弥补。⑤ 另外,英国对制钱的依赖不多,没有经受中国所经历的那种强烈的银贵钱贱危机的冲击。印度大约在1820—1830年代早期之间,也曾经历过银价上涨和通货紧缩的情形。除了国内因素外,美洲白银流入量的减少也是原因之一。但是随着对华鸦片出口的急剧增加,印度的情势在1840年代中期已经大为改善。⑥

世界经济和中国王朝的衰落

世界白银供应、鸦片和白银外流

在鸦片战争爆发之前六年,林则徐曾主张种植鸦片以阻止白银外

---

① Kishimoto Nakayama, "The Kangxi Depression";松井义夫,《清朝经费の研究》,页104。在1796—1808年间,军费支出是3,390万两(年均261万两);在1825—1848年间则为2,830万两(年均179万两)。然而,从1767—1794年则有9,753万两花费在军事方面(年均348万两)。
② 王宏斌,《晚清货币比价研究》,第六章。
③ 郑友揆,《中国近代对外经济关系研究》,页124。
④ T. Wright, "Coping with the World Depression".
⑤ Gayor, *The Growth and Fluctuation of the British Economy*, pp.656—657.
⑥ Richards, "The Opium Industry", pp.65—66、68.

流;因而,鸦片战争的根本原因是白银问题。长期以来,人们一直用鸦片来解释 19 世纪前期的白银外流和银贵钱贱危机。中国使用的鸦片确实多于英国。就英国方面来讲,1827—1839 年间的消费量估计值约为每十万人 1.62 担。① 同期 4.12 亿中国人所消费的进口鸦片则为每十万人 5.48 担(参见图 2.1、表 2.7)。② 因此,中国人均鸦片消费量大约是英国的 3.4 倍。然而,尽管在 1856—1886 年间中国鸦片进口值增加了一倍,因世界市场有利于中国丝、茶的出口,本期白银的流入量为 6.91 亿银元;与之相反,虽然在 1808—1856 年间鸦片的进口比 19 世纪晚期少,但同期中国却有 3.68 亿银元的白银流出国外。正如此研究所揭示的,要不是在 19 世纪前期世界市场对中国丝、茶需求增加率减少,中国就不会发生白银缺乏的情况;即使中国进口更多的鸦片,也不会爆发"鸦片战争"。

拿破仑战争使得西班牙政府无法维持墨西哥的银矿业,加上拉美独立运动,所以在 1790—1799 和 1820—1829 年间世界金、银产量减少了大约 50%,鸦片贸易于是被用来吸纳中国的白银。尽管在这些政治剧变之后,世界银产量又逐渐恢复,但直到 1860 年才真正达到 1800 年的生产水平。大约自 1755 年起,除了云南和广西以外,中国的白银几乎全部是通过欧洲国家从拉美地区进口而来,也因此直接受到 19 世纪美洲白银产量下降的影响。直到 19 世纪晚期全球白银供应恢复时,英国才重新向印度供给白银。在拉美独立运动爆发后,怡和洋行和许多西班牙商人放弃了该地区的白银贸易,并转而开始从事鸦片贸易。西方国家开始不再向东方国家供给白银的 1808 年,也是中国市场上的银钱比价涨至官订比价之上的那一年,并且至少从 1809 年开始,中国的官员也注意到了白银的外流。1814 年时,西方国家向东方国家供给的白银数量急剧下

---

① Berridge and Edwards, *Opium and the People*,表 2,原文单位为磅。
② Paul Liu and Kuoshu Huang, "Population Change and Economic Development in Mainland China since 1400", p. 82.

降；而这一年也是伦敦海关首次报导白银从中国流向印度的一年。只是，加上中国与其他国家的贸易收支，直到1827年以后中国才长期面临全国性贸易赤字。到了1833年，英国不但停止向印度供给白银，反而利用卖出的棉花吸纳印度的白银。也在这一年，林则徐说道："且以两害相较，使内地有人私种，其所卖之银仍在内地，究与出洋者有间。"本文提供的统计数字描述了中国在1833年以后所面临的日趋恶化的窘境，而那一年则是马士研究的终结年。1856年，西方重新向东方供应充足的白银，冯桂芬此时也对白银流向的突然转变以及银贵钱贱危机的突然舒缓而大为惊叹。

当19世纪前期全球白银供给缺乏时，原来在17和18世纪中国比欧洲国家银价高昂的现象消失了，来中国套汇的白银也减少了。19世纪前期中国的银贵钱贱危机大约始于1808年，从1820年代起逐渐恶化，并在1844—1856年间达到极点；1856年之后，白银开始逐渐流入，银钱比价下降并保持在适中的水平，直到清王朝结束。

白银的全国性影响

中国从政府财政到普遍的经济活动依赖白银的情况，有若人体对血液的依赖。白银的显著减少对整个身体是有害的。19世纪前期白银外流使整个中国都陷入了贫困。许多学者认为白银问题主要使中国东南地区受到影响。尽管在中国的不同地区，各种货币的使用情况不一，但每个地区都用银；在19世纪前期进行小量的交易时，北方多使用以制钱为面值的纸币而南方多使用制钱，因为南方水运较为发达能够运输笨重的制钱。在进行大宗贸易时，北方多使用银两而南方多使用外国银元。在西南省份以及核心省区的某些边陲地区，由于运输上的花费，故而银两的使用多于制钱。正如身体有诸多器官一样，此时满清统治下的中国存在着许多区域经济体，但白银则好像血液系统一样将这些区域经济连成一体。

我们比较明确的是,除了某些省铸币局为邻省提供制钱或者通过某些水路而使制钱得以在省际流通之外,省际之间的贸易不会使用制钱。同样价值的白银的重量与制钱相比,在19世纪前期约为150∶1,也就是白银比制钱方便运达远方市场。就省内来讲,白银主要由城市供应;而位于省会的藩司是全省制钱的提供者。除了一些山区省份,在非山区省份的偏僻地方,也要依赖量轻值高的白银交易。除此之外,各省离开高层级的城市中心越远,白银相对于制钱的使用数量会逐渐减少,但是省内每个地方又都会受到由城市所供给的白银的影响,这有几个原因。

首先,白银和制钱的比价由城市中的钱庄依两者个别的以及相互的供需关系决定。由于从18世纪晚期起整个经济就已使用白银来估价,所以,19世纪前期制钱的供需关系也受白银供需关系的影响。

其次,尽管80%—90%的庶民使用制钱支付赋税,但税额却是用白银计算;因此,税额也受到市场上银钱比价的影响。

第三,晋商加强了全国范围内的白银流通网络,18世纪下半叶以后尤其如此。这一全国性贸易网络又因量轻值高的鸦片进口而得以扩张。当白银外流时,即使边陲地区也会通过全国性的贸易网络而大受影响。

第四,边陲地区的白银储量远比核心地区少,但却同样要用白银缴纳田赋或购买生活必需品,因此,某些边陲地区所受影响要比核心地区深。

第五,银价不停上涨的趋势各省大致相近。即使像新疆这样的边陲地区在1840年代也深受其害。

证据表明,像受到严重影响的东南地区一样,河南和山东的田赋收入也下降了三分之一。北方和西南地区的甘肃、河东、长芦、山东、云南、四川和广西等省盐课的下降程度与东南地区的两淮、两浙、广东和福建一样。直隶、湖南、江苏、山西、福建和江西等核心省区的士兵们也与诸如贵州、陕西和新疆等边缘省份的士兵一样,深陷银贵钱贱危机。从北方的直隶、山东和河南,直到南方的湖北、湖南、浙江、广东和广西等地,都是盗匪蜂起。

王朝危机、动乱和中兴

到乾隆末期,不仅是银的使用范围扩大,而且中国的耕地和人口也增加了一倍。然而,广泛使用主要来自国外的白银,已经成为这个成长中的帝国的致命伤。帝国政府根本无法掌握白银的供给。尽管帝国的铸局也为庶民铸造制钱,而且政府也规定了银两的单位和样式,但是进口的银元也能够流通,甚至可以用来交纳赋税。除了政府银库中的存银之外,大多数白银还是在庶民尤其是商人手中,因为几乎所有的白银都来自商人操控的国际贸易。事实上是钱庄而不是政府的银库在监控着货币的流动。当19世纪前期的白银外流导致相对于制钱来讲的银价上涨一倍时,这给清政权的统治和市场领域都带来突然的冲击。与18世纪晚期白银增加的情况相比,19世纪前期清政府对军队、官僚、财政及社会的控制都严重衰退。

官方铸造的制钱主要是以士兵军饷和公共开支的形式流入市场。为了对士兵有利,在市场上一两白银仅可兑换800文制钱,官方却规定一两白银兑换1,000文制钱。而在银贵钱贱危机过程中,当市场兑换率上涨至1,500—2,500文时,士兵的军饷仍按官方规定的1,000文支付。士兵们因此日益贫困,国家的军事力量自然随之衰落。

官员们的俸禄是以白银支付,其正常俸禄并未减少,但他们如果从事土地和商业投资,因为货币短缺,其收益也会减少,故而其总收入可能下降。另外,官员们经常被迫贴补短收的赋税。在18世纪,当市场上一两白银兑换800文制钱时,官员们在上交赋税时可以用他们剩下的200文支付运费、火耗和行政费用。在19世纪前期的银贵钱贱危机中,即使通过使兑换率高于市价而多达每两兑换2,500文来收税,因纳税人不堪负荷,税收还是经常不足而需要贴补。由于官员们的收入减少以及税项短收,他们对行政的热情也因而松弛。

货币不足使许多人的收入减少,并且由于人们不得不使用更昂贵的白银缴税,政府税收包括田赋、关税、盐课及杂税等等都大大减少。大部分政府开支也用白银,由于官员们也得在钱庄用制钱换取白银,所需要的制钱量也增加了一倍。税收的不足助长了贪污,更进一步消弱了人们对政府的信任。

货币短缺也影响农业和商业的发展。失业使得流民的数量突然增加。盐商和大地主们因为收入是用制钱计算却用白银支付赋税,因此更是深陷其苦。失业的增加,不同社会阶层的经济冲突以及税款的匮乏,都恶化了官、民关系,从而动乱频仍。

所有这些问题和紧张局势,再加上其他原因,1850年太平天国运动因而爆发。某些研究将从白莲教到太平天国这一系列运动归因于人口压力。① 而其他学者则暗示19世纪前期的经济衰退是一关键变数。鸦片的进口则为经济衰退的主要原因,从而引起太平天国运动。② 事实上,货币短缺的原因包括人口数量的增加、世界市场对中国产品需求的减少以及全球白银减产等等,而不仅仅是鸦片进口量的增长。在社会冲突的发展过程中,银贵钱贱危机比经济衰退影响更大。

太平天国运动几乎推翻了清朝政府的统治。由于平定太平天国运动所需的庞大军费开支,1853年时户部存银甚至不足以支付士兵和官员的俸饷。缺乏平定太平天国动动的资金助长了官位的"商品化"。它几乎摧毁了清政府通过考试体制来灌输国家意识形态的统治基础。发行大钱和纸币的货币政策毫无效果。但1853年所创立的厘金制度及新设或增加了的许多其他商业税收却缓解了清朝的崩溃危机。外国对中国生丝、茶叶购买量的增加和海外华侨汇款量的增长都使得白银重新流入国内(在1857—1886年间达到了6.91亿银元)。除了一些意识形态上

---

① Ping-ti Ho, *Population Studies in China*, pp. 63—64, 226, 236—256, 270—275.
② Yeh-chien Wang, "Evolution of the Chinese Monetary System", p. 445.

的原因以外,赢取这场战役的许多军事领导人,都鼓励茶叶和生丝的生产以增加税收,藉以应付战争所需。正如世界经济几乎颠覆了清王朝一样,世界经济也资助了清王朝的中兴。

明末的税收以田赋为主而商业税收微不足道。当政府加重更多的田赋时,就爆发了一系列的动乱并导致明王朝的灭亡。① 然而,清政府却可以从回流的白银中获得许多新的商业税增加平定太平天国等运动的资金。1775年后,当清代经济早已依赖于来自西方国家的白银时,清帝国要比明帝国更加受到全球白银供应的制约。

中日间的大分歧

清政权虽然从太平天国运动中死里逃生,但却降低了它在东亚秩序中相对于日本所处的地位。中国不仅深受鸦片战争之苦,也饱受银贵钱贱危机和内战之累,而日本却没有类似的情况。由于日本国内的贵重金属供应,它的货币自主权使其经济比18—19世纪前期的中国更加游离于世界经济之外。从12世纪中叶到1600年,日本主要使用中国的制钱充当货币。1600年后,中国制钱质量的低劣、日本的锁国政策以及国内生产的黄金和白银都使得日本寻求货币权的独立。有了金币、银币和制钱,日本开始发展自己的货币体系。从16世纪到18世纪期间,当日本的白银和制钱因出口到中国而使得本国用以铸造货币的金属供应逐渐不足时,幕府发行面值高于货币本身价值的硬币,大名们也发行可以兑现的纸币,这使得日本发展出自己可以控制的货币制度。② 相对地,18世纪以后中国的货币供应却非常受到国际经济的影响。

一些理论认为,贸易会促进国际和平。但事实上,只有双方互相依

---

① 赵轶峰,《试论明末财政危机的历史根源及其时代特征》;R. Huang 的 *Taxation* 第六章详细描述了明末商税的微不足道。
② Miyamoto and Shikano, "The Emergence of the Tokugawa Monetary System in East Asian International Perspective".

赖的贸易才有助于其间关系的良好发展。① 与林则徐的论点相反,在鸦片战争前夕,中国提供国际市场的茶叶和大黄对国际市场来讲并非"必需"②。相反,国际市场提供的白银才是中国不可或缺之物,从 18 世纪晚期到 19 世纪前期尤其如此。经济中存在着这样一种深刻但却不均衡的互相依赖性,容易造成彼此的冲突。③

众所周知,虽然是中国卷入了鸦片战争,但日本比中国对这场战争更感到震憾而更积极回应。④ 在鸦片战争时期,参与有关货币问题讨论的中国学者官员经常引用《周官》中提到的"八政"。其中,经济问题为首而外交和军事问题为末。沈垚(1798—1840 年)、王鎏(1786—1843 年)和吴嘉宾(1803—1864 年)都认为他们生活在和平时期。⑤ 从道光时期的军费开支仅为嘉庆早期的十分之七和乾隆末期的一半⑥,我们可以理解:何以对 19 世纪前期的学者官员而言,鸦片战争时期西方帝国主义的军事和外交威胁不如 18 世纪晚期清帝国的军事扩张一样势不可挡。面临鸦片战争以及随后的国内战争的清朝,却与明治政权建立后内战相对短暂且破坏甚微的日本同时并存。⑦

从 16 世纪到 18 世纪,日本与中国和朝鲜的贸易让日本获得了技术

---

① Hirschman,"Rival Interpretations of Market Society",p. 1465.
② 林则徐,《拟谕英吉利国王檄》,《皇朝经世文编续集》,卷 83,兵政 14,海防,上,页 10 - 11。
③ Hoffman,"Foreword".
④ 例如王晓秋,《鸦片战争对日本的影响》;Wakabayashi Bob Tadashi, "From Peril to Profit". 十分感谢 Par Cassel 和 Evan Dawley 的提醒。
⑤ 王鎏,《钱币刍言》,《钱钞议》,页 8a—b;原文是:"幸生太平无事之时。"《皇朝经世文续编》,卷 58,户政 30,钱币,上,页 45a。吴嘉宾:"斯时国家无事,而度支已形空竭,市中银价日昂。"虽然沈垚不了解何以他的时代会那么不道德,但他用"海宇清晏"来形容其所处的时代(《落帆楼文集》,帆 10,页 4a)。
⑥ 根据松井义夫《清朝经费的研究》第 104 页资料计算。
⑦ 据靖国神社的统计数字,大约有 3,500 人死于 1869 年 6 月旨在恢复帝制的战斗中。靖国神社如今敬拜着 246 万的日本人,他们死于 1869 年戊辰战争、佐贺不平武士的叛乱、萨摩—长州叛乱、1894—1895 年间的第一次中日战争、第一次世界大战、九一八事变、第二次中日战争和太平洋战争。见李重耀《从日本神社谈桃园神社修建》第 56—57 页;又见靖国神社网页:http://www.yasukuni.or.jp/annai/qanda.html。

以发展日本的进口替代产业。这为19世纪后期的日本在对外贸易中取得对中国的优势打下了基础。① 19世纪前期的世界市场对中国茶叶和生丝的需求萎靡不振,而在此后的1850—1870年间,这些产品的销售逐渐增长,从而导致了中国人的自满。同时代的中、西方人士经常评论说,即使没有技术进步,中国的产品依然市场活络。而日本为了挤入世界市场,则在1870年代开展了一系列改进技术的努力,并在1880年代后期超过了中国。

许多曾经研究过白银在中国所起作用的学者都强调白银给中国带来了繁荣。然而,白银的使用却使中国在国际货币秩序中的地位发生了结构性的变化。日本、朝鲜和越南都曾使用过宋代中国的制钱。从12世纪到1600年间,中国是东亚货币秩序的中心。② 然而,因为中国从18世纪后期开始几乎全部仰赖西方国家的白银,这就使其在世界货币秩序中的地位发生了改变。与前朝不同,清王朝极度依赖白银这项战略性物资,这与清朝对另一种战略性物资——马匹的更为稳固的控制形成了鲜明对比。与明代相比,清统治者所用的马匹更多地取自于国内的供应。在整个清前期,满洲统治者都与蒙古部落的首领们结成军事联盟以获得蒙古马匹的供应。乾隆的平定新疆,进一步增加了来自新疆和中亚的马匹供应。清前期的皇帝掌握了马匹的供应,促成了清前期盛世的辉煌。③ 然而,从18世纪后期开始,清帝国对由外国供应的另一战略性物资——白银的依赖,已经预示着:相对于日本来讲,近代中国在东亚秩序中的地位严重陨落。

经世思想和社会现实

清王朝对国外白银的严重依赖不仅导致了其在19世纪前期的衰

---

① John Lee, "Trade and Economy in Preindustrial East Asia, c. 1500-c. 1800", p. 11.
② Miyamoto and Shikano, "The Emergence of the Tokugawa Monetary System in East Asian International Perspective".
③ 林志伟,《清乾隆朝的官马:需求、购补与孳养》。

落,也使其在19世纪晚期更加趋向于干预政策。这是经世思想和社会现实交互作用的结果。

当19世纪前期中国的社会秩序受到严重的威胁时,经世思想开始成为显学。这种思想的兴起以1826年由贺长龄编辑的《皇朝经世文编》的出版为标志,其后又有大约十部类似的著作在19世纪晚期和20世纪早期相继问世。与前人对诸如魏源或龚自珍等个别经世学者的研究相比,波拉切克早已提醒我们要注意到经世思想和社会现实的关系。他注意到在今文经学者和满洲军机大臣穆彰阿间存在着一场权力斗争。艾尔曼也认为今文学派是对抗乾隆宠臣和珅而兴起的一种意识形态。本研究进一步指出,在经世思想和社会现实之间不仅存在一种密切的联系,而且还着重指出这种联系的复杂面相。经世学者和满洲权贵间的角逐和竞争并不如经世学者内部间的竞争激烈,并且竞争阵线更多地是根据思想倾向而不是权力斗争或自身利益而形成。19世纪各种经世思潮的此起彼伏与社会现实相互激荡。社会现实之中,银贵钱贱危机问题的恶化或缓和至关重要。

经世学者间的竞争

在政策建议中,政治派系时隐时现。因漕粮海运问题所引起的政策大辩论便具有反和珅的特点。在乾隆年间反和珅的高官英和在嘉、道年间掌权,他支持魏源、包世臣、陶澍和贺长龄的方案。然而,尽管道光末期在穆彰阿和林则徐之间存在着冲突,穆也支持包世臣所提倡的票盐制和以钱代银的建议。

不能将19世纪的政策辩论看做经世学者和满洲权臣间的争斗或苟合,也不能接受以前的那种认为经世学者是铁板一块的观点,作者认为他们就不同的议题而彼此与高官们结成了不同的集团。总的说来,他们之间彼此联合起来是因为在经世问题上有着共同的主张。平易流畅的古文也是他们的另一共同兴趣。堪称模范的古文体作品也包括许多前代有关经世问题的著作。经世学者有可能加入宣南诗社,他们都关注国家大事。在因王鎏《钱币刍言》一书提出发行不兑银纸币的主张而引起学者们互相交流的书信中,我们可以最为清晰地看出经世学者官员间的联合和分化。尽管双方共同的朋友张际亮曾将王鎏的著作送给包世臣,但该书却遭到了包世臣和陈鳣、魏源、许楣和许梿的严厉批评。虽然林则徐在某些场合曾经对王鎏的思想表示过关注,但他最终还是拒绝了王的建议。尽管龚自珍也是谢阶树在翰林院所结识的几个朋友之一,但谢阶树在其1844年出版的著作中也反对龚自珍的观点。

19世纪前期的经世学者与宋学学者一样对义里之学感到兴趣,他们也与汉学学者一样都在从事经典文献的考证研究。然而,不同流派的经世学者却各自选取了不同的历史先例和哲学知识,就19世纪前期的银贵钱贱危机发表自己的观点。

干预主义者所拥护的社会理论谴责人性的自私导致商业化和市场失灵。这种理论的拥护者期望政府能够拥有无限权力来引导整个社会步上正轨。他们认为国家应该禁止人们迁移、经商和花费,他们还期望由政府来发行制钱或纸币。由于这两种货币都不是来自商人——尤其是外国商人——所以政府操纵货币的权力将不会受到威胁。另外,政府能够利用这些钱来挖沟筑堤、开垦土地以及援助各种农业发展。这些钱也可以用于平定反抗并且减少银贵钱贱危机中弥漫的官僚腐败现象。

放任主义者拥护和平的农业社会,而这种理想也是干预主义者所追求的。龚自珍的《农宗》为这样的理想社会提出了方案。然而,龚自珍思想中的精神却与干预主义者的理论基础大相径庭。龚提出了"人人有权享受自己努力的成果"的原则。人人都要靠自己的努力存活。除了少量维持政府所必需的赋税以外,政府不应该再多取之于民。放任主义者认为,干预主义者所主张的由政府发行的货币将会从人民身上夺去财富。他们将货币视做人们创造财富的便利手段,而不是政府用以榨取人民财富的工具。

如果政府不通过发行不兑现货币以攫取人民的财富,并且实行轻税政策,那又怎么能够解决中国众多的社会问题?对此,放任主义者会说:"让人民自己做。他们能够比政府或有垄断权的商人更有效地运输漕粮、销售食盐以及开采矿产。"这两个流派间的争辩大概会如下所述般地发展下去:

干预主义者:"为什么人们弃农而从事它业呢?"

放任主义者:"因为农业、商业和工业实际上可以彼此互惠。"

干预主义者:"当江苏地区那些种植棉花等商品作物的人们因外国棉布进口而受损时,有何好处可言?"

放任主义者:"在那种情况下,我们所应该做的就是学习外国的技术以使我们自己的布匹和他们的一样好。"

干预主义者:"由于商业和贸易的发展使得财富从此处流至彼处并使所得分配变得更加不均,这一点难道你没有看到吗?"

放任主义者:"这并不确切。贸易能使双方互惠。财富不均是人类无法避免的事情,这是一种自然秩序。另外,富人能够促使穷人赶上他们。"

干预主义者:"自然秩序?难道你是说人类只为自己保留财富这是理应如此的吗?"

放任主义者:"是的。人类与动物不同之处在于他会考虑到自己及其家人。"

干预主义者:"这个社会怎么能够由那些只知道自己及其家庭的人们维持下去呢?"

放任主义者:"如果他们的私利严重违背了公益,可以用税收或惩罚加以控制。但他们也会懂得,只有当他们诚实守信,并且不断前进时,他们才最能实现自身利益。诚实和进步将对社会有益。"

思想之争而非利益之争

艾尔曼有关江南考据学派的研究强调指出,在19世纪前期经世学派崛起的过程中,起主要作用的是湖南人和广东人,而不是江南的人。然而,那些在银贵钱贱危机问题上积极发言的学者官员的区域分布却表明:江南在数量和重要性方面均居于首位。在同一流派的学者之间,区域界限不会妨碍他们在全国范围内的联系。他们写信、为其追随者出版著作,并且在各省之间彼此赠送著作。李兆洛这位著名的学者和藏书家曾经指出,"(文章)稍可上口,已足标异;于是家家有集,人人着书"①。由于印刷业的发展,区域界线在清代已不再是一种难以突破的限制。

我们也看不到反满的成份存在。正如在干预主义者所提议发行的纸币、铜钱上可以看到像"道光通宝"或满文的铸局名称等满洲帝国的符号一样,放任主义者所提议铸造的银币上也表达对这些符号的尊重。尽管放任主义者提议让商人发挥更大的作用,他们当中某些人与商人之间还关系甚密。因为这是一个士商早就纠缠在一起的社会;因此,无论放任主义者还是干预主义者均与商人有某些关联。放任主义者的观点与其说是建立在商人的阶级利益之上,倒不如说是:财政窘困的政府无力处理这场危机而有求于商人。

更多的是由于思想倾向的不同而导致政策建议的差异。许多放任主义流派的学者官员是今文经学和阳湖文派的学者。许多干预主义者是古文经学和桐城文派的学者。今文经学的经典著作强调君子自持之道、社会变化的进化过程以及上天和圣人对皇权的限制。古文经学的经典著作则强调对君主的绝对忠诚。阳湖文派强调修辞和创造。桐城文

---

① 郭绍虞,《中国文学批评史》,页399。关于商人出版作品的另一个例子是胡调元,他是江苏候补道员,并且自己出版了《钞币秉稿》(《中国近代货币史资料》,页332)。

派强调对前代大师的模仿、说教和文章的结构——篇法与章法。在19世纪前期,今文经学派和阳湖文派都充满了活力。然而,在19世纪后期,古文经学派和桐城文派则崭露头角。

两个流派社会理论的不同也与他们治经方法和为文风格的不同有相通之处。放任主义者和今文经学者倾向于引述上天和圣人以限制皇权。放任主义者对市场力量的不可控性有着更为清醒的认识,这与今文经学派有限君权的观点相符。阳湖文派强调修辞——一种技术性的变化,这与放任主义者对技术进步的关注相一致。放任主义者倾向渐变,这也与今文经学的改革思想相近。今文经学强调儒家君子的自持之道与放任主义者对个人自主的强调也相呼应。

古文学派强调忠诚与干预主义者认为政府拥有无限权力的观点和桐城文派强调对前代大师的模仿是相一致的。桐城派对篇法、章法的强调也与干预主义对整个货币体系进行结构性变革的建议相符。桐城文派对文章说教作用的强调也与干预主义者对社会教化的企求相称(干预主义和放任主义之间的对比情况详见表C.1)。

经济争论中的区分在很大程度上与不同文学或哲学流派之间的区分相关。首先对王鎏发行不可兑银纸币的建议提出批评的学者是陈鳣,他是阳湖文派大师张惠言的学生。对王鎏予以严厉批评的许楣和许梿都是阮元的学生,而后者则是今文经学创始人庄存与的徒孙。在哲学和文风方面,两派的竞争确实激烈。阮元的一个学生蒋湘南说在他的同辈中,他最崇敬今文经学者刘逢禄、龚自珍和魏源,他们都"精西汉今文之家法",并且能够向社会表明"真古文"。蒋进一步谈到,桐城文派追随者的作品不代表真正的古文,因为他们师法"伪八家"。相反,桐城派学者沈垚在写给一位住在乡村的朋友的信中批评龚自珍的文章是画鬼的,而他们桐城派的文章则是写人的,当然要更为出众。

表 C.1　不同思想流派间的比较

比　　较 \ 派　　别	干预主义者	放任主义者
政治经济思想	经世致用,支持某种程度的社会改革;虽然坚持财产权的完整,但也引入更多的政府干预。	
写作风格	选择更易于沟通的表达方式;根据主题改变写作形式。	
人　性	人性本恶;需要通过教育来改变。	人性是中性的;恶来自诸如不好的制度等外部的影响;应当尊重人情。
国家权力	权力无限。	受到市场、天帝或圣人的限制。
商　业	人的自私和贪婪导致商业的发展,从而加剧贫富不均;也使政府失去对市场的控制;又造成失业和社会冲突。	通过商业竞争带来更多的诚信和技术进步;市场力量将会解决市场失灵的问题。
商人作用	社会财富是恒定的;商人仅将财富在不同的人或地区间移转。	商人可为社会创造更多财富;如果没有商人某些资源将无法开发。
私人财富	[没有讨论]	人有权享有自己努力的果实;轻税政策。
货　币	发行不可兑现的纸币或面值大于一文或大于货币本身价值的制钱。	维持原状——由商人提供贵重金属货币,或补充用国家发行的贵重金属硬币。
写作风格	更加注意篇章结构、文章的道德寓意、对前代大师的模仿。	更强调音韵和修辞;文章没有道德寓意;鼓励个人创造。
经典研究	趋向于接受古文经学的解释,从而强调统治者的绝对权力;较寻求整体性的变迁。	趋向于接受今文经学的解释,从而强调利用诸如天帝或儒家教化来限制统治者;寻求渐变。

19世纪前期放任主义的兴起

尽管19世纪前期的清朝迫切需要货币,但在1853年以前政府仍然拒绝了那些由政府发行纸币或面值远高于实际价值的大钱的建议,部分原因是恐怕人们将会伪造它们而使政府发行的货币贬值。穷困潦倒的政府也无法监督贸易、人口的流动以及消费。最后,政府为改善某些情势,接受放任主义者的建议,给予商人更多的自由。

今文经学和阳湖学派的兴起与银贵钱贱危机的恶化几乎同时发展。这一危机在嘉庆晚期发端于地方,但直到1820年后才逐渐扩展到全国。也一直到1820年,清朝的学者官员才明确注意到银贵钱贱引发的危机。而在1819—1820年间,魏源、龚自珍才将今文经学振兴为全国性的显学。随着1820年代以后银贵钱贱危机的恶化,即使放任主义者也增强了以市场为导向的观点。龚自珍在1823年时还反对商品作物的种植,到1836年便转而接受它;在1815—1816年和1823年时还认为"食"重于"货",到1823和1838年时又转而强调二者同等重要。包世臣也改变了他对市场力量的看法。尽管1820年代以后官员们常提及他讨论银贵钱贱危机问题的四篇文章,但他在1846年却说人力无法改变市场的力量,并最后决定让市场来摆平一切。从阮元学术爱好的转变也可以看出今文经学与日俱增的影响:他于1801年在杭州建立了一所尊崇两位古文经学先贤的书院,但他于1820年在广州所建立的新书院,尽管仍尊崇古文经学者,却以今文经学派最主要的追随者和注释者的名字命名。当银贵钱贱危机从1820年代到1850年间恶化时,更多的今文经学著作得以出版。尽管庄存与和刘逢禄在18世纪后期开始从事今文经学研究,但他们关于今文经学的著作直到1827和1830年才分别得以出版。在道光末期,今文经学和阳湖学派的领袖在全国都有很高的地位。而此时的桐城学者则被视为"萎靡不振,后继无人"。正如军机大臣穆彰阿所承认的那样,政府无力采用干预主义者的货币政策建议,对此期的人们来讲,政府权力受到其他力量限制的观点才是可了解的。

太平天国运动后干预主义的抬头

1853年之后几十年内起了巨大的变化,干预主义扩展。在1853—1861年间国家发行了不可兑现的纸币和大钱。1890年广东开始铸造银元,并且扩展至其他13个省份。清廷于1905年在天津成立铸局,在1909年开始铸造银元,并在1910年颁布法令废两改元。政府用以征税的现代银行也于1897年成立。这些货币政策变化的同时,国家开始经营工业和公司。这些政策的理论基础是经济事业要给国家带来较私人更多的好处。所有这些方面的变化可以归结为干预主义立场的崛兴。在发生这一转变的同时,其他方面的思潮也改变了。由于1850年以后贸易收支转为顺差,从中获取商业税收以筹建旨在推动桐城文派和古文经学理论的书院,也便为可能。另外,太平天国运动所带来的生命威胁,也促使新的私人财富用于强化政府的意识形态。强调多元权力并存的今文经学突然消失了。许楣批评王鎏的著作没有被收录在19世纪后期出版的"经世文编"里;相反,王鎏的建议却变成了1853—1861年间实行的政策,并被收录在19世纪后期编辑的"经世文编"内。

来自外部的溶蚀和思潮的转变

与以前那种将整个19世纪的经世思想视为铁板一块的观点不同,本本注意到因国家政权面临银贵钱贱危机的威胁所导致的多元主义思想的兴起,它们随着太平天国运动的爆发以及有更多的白银使政府得以建立书院而衰落。这种转变类似福柯所说的"不连续性":"在几年内,一种文化有时会停止像它从过去到那时般地思想,并开始用一种新的方式思想其他的事情,这或许是因外部的溶蚀所使然。"①

---

① Foucault, *The Order of Things*, p. 50.

19世纪前期中国所经历的是经济方面的溶蚀——由于自18世纪后期起中国经济结构变得高度依赖世界白银的供应,而当全球的白银供应在19世纪前期缩减时,中国受到了巨大的威胁。这就是何以学者官员察觉到货币在行政事务中有重要作用的原因。龚自珍认为其所处的时代是混乱无序的,他声称这时的政府要优先考虑"食"与"货",而不是宗教信仰、教育、法律和公共事务等和平时期更为重要的事项,或如宾、师等在太平之世的事项。① 从龚自珍将外交和军事事务视为较不重要的行政事务来讲,他所说的"乱世"是经济的而不是军事的。随着中国变得依附于世界货币秩序,中国也丧失了在东亚金融秩序中的中心地位,这一结构性变化也为中国认知秩序的结构性变化留下了历史背景。

认为历史进程始终遵循直线发展道路的中国思想史家们,长期以来对19世纪"启蒙"或"近代"思想的突然出现又突然消失感到困惑。② 在19世纪前期银贵钱贱危机期间,政府完全没有银行机构缓解情势。货币问题加剧了国家和社会间的张力,导致国家无法支持在中央集权下进行经济统制的政治经济意识形态。无怪乎被压制了约1600多年的提倡多元主义的今文经学,突然从中国的历史经验长河中被汲取出来,用以理解和应对这场危机。另一方面,政府在1853年后所获得日益增多的经济财富,加上处于对生命有着史无前例威胁的时期,使得中央集权下的经济统制思想得以伸张,这也是今文经学派突然消失的原因。19世纪前期今文经学思想的特别居于优势,也是这一特殊时期结构性问题的一个表征。社会状况和思想观点之间的互动过程告诉我们,思想活动更加关注于解释时代而不是寻求"启蒙"或"资本主义"的目的论目标。

---

① 龚自珍,《龚自珍全集》,卷1,页46;原文为:"食货者,据乱而作;祀也,司徒,司寇,司空也,治升平之事;宾师乃文致太平之事。"
② 侯厚吉、吴其敬,《中国近代经济思想史稿》,卷1,页305。

"流产的资本主义"?

无论如何,关于中国资本主义萌芽的问题是一定得面对的。1939年毛泽东在"中国革命与中国共产党"里,写了一段指导历史学家如何处理中国资本主义萌芽问题的话,他说:"中国封建社会内的商品经济的发展,已经孕育着资本主义的萌芽,如果没有外国资本主义的影响,中国也将缓慢地发展到资本主义社会。""帝国主义压迫中国、帝国主义阻挠中国资本主义的发展,是贯穿中国近代历史的主线。"[1]

白银的广泛使用当然表明中国有着高度的商业水平。但中国真的正在发展着资本主义吗?韦伯(Max Weber)的著名论述认为,商业化不等于资本主义。正如韦伯在1904年所指出的那样,在古代和中世纪的中国、印度、巴比伦、埃及和地中海地区都曾经存在过商业活动。现代西方的资本主义与这些早期商业体系的不同在于:前者特别依赖以"现代科学,尤其是以数学及准确而又合理的实验为基础的自然科学"为基础。[2] 顺着这条思路,可以说:尽管清代中国有茶叶和生丝之类的商品作物,但它却并没有为开发这些作物的新品种而建立的实验室。现代农业科学开发和推广新农产品的速度较清代某些农民不经意的改进和偶然性的推广为快。[3] 中国的商业化和白银使用导致中国经济融入了世界经济,这个发展曾为中国经济带来繁荣,也曾影响其萧条。因此还要请毛先生原谅,这不能用通常带有负面含义的"帝国主义"影响一笔带过。

某些学者对资本主义的"萌芽"虽然没有兴趣探讨,但他们也认为清代中国市场,有着多元权力而且追求渐变的社会安排仍旧与资本主义的发展有关。正如我们所看到的那样,19世纪前期中国的银贵钱贱危机激

---

[1] Feuerwerker, *History in Communist China*, pp. 229、234.
[2] Weber, *The Protestant Ethic and the Spirit of Capitalism*, pp. 19、24.
[3] Perkins, *Agricultural Development in China*, 1368—1968, p. 37.

发了极端的干预主义和极端的市场导向的理论。然而,19世纪前期的那种以市场为导向的理论的特殊主导地位,迄今为止在中国近代历史中再也没有出现过。

尽管中国在19世纪前期就融入了世界经济当中,但西方思想对中国学者官员探究货币危机问题几乎了无影响。不过在许多方面,19世纪前期中国关于市场的理论可与西方相似的理论相媲美。由于此时西方对中国知识界的影响几乎局限于地理学、宗教和历史方面,因此,19世纪前期中国的学者官员只好从前代寻求历史先例。与其后可以利用西方经济思想的时期不同,19世纪前期是纯粹用传统观念处理货币危机的最后一个时代。这为我们提供了视察传统中国有关权威、历史变迁以及国家—市场关系等方面态度的全方位窗口。

19世纪前期市场导向思想之具支配性地位

"经济自由主义"一词很难界定,因为它的含义与时俱变。根据其中的一个定义,只要是代议制政府,不论它是支持干预政策或是自由放任政策,都算是经济自由主义。例如,英国维多利亚时代被认为是自由主义盛行的一个时期。[1] 但就在这一时期,议会通过了征收个人所得税的议案,并发动了鸦片战争以解决商业冲突。很明显,19世纪的中国还不存在代议制政府。[2] 然而,如果我们将经济自由主义的概念理解为亚当·斯密所指的更依赖私人部门的经济活动,并通过满足私人利益来促进公共利益,而不只是依赖政府,那么,这种思维在19世纪前期的中国居于支配地位。总的说来,在19世纪前期取得胜利的较不寻求干预的思想,与在1850年代以后占优势的要求建立强大而现代的国家的干预主义思想形成了鲜明对比。在经济领域中,从19世纪晚期的自强运动

---

[1] Grampp, *Economic Liberalism*, vol. 2, pp. 82、87、95、99.
[2] Kuhn, *Origins of the Modern Chinese State*, p. 117 谈到:"我们在魏源的著作中没有找到任何一种使得文人参与议会的制度建言。"

到 1901 年改良主义的新政,到革命运动期间争取政治经济权利的民众运动,最后到 1949 年以后中央集权经济的发展,对国家的强制力要予以限制的坚持再也没有表现得像在 19 世纪前期那样强烈。

通过比较知识分子对 1930 年代和 19 世纪前期市场失灵的反应,我们也可以看出,近代中国在 19 世纪晚期之后逐渐增强的干预主义倾向。在 1930 年代中国正面临着经济萧条时,何廉(1895—1975 年)、张嘉璈(1889—1977 年)、方显廷(1902—　)等学者将其归因于白银外流所导致的货币短缺,并提议建立中央银行以控制货币的供应和兑换率。马寅初(1882—1982 年)和谷春帆等学者则将其归因于贸易赤字,并提议采取保护关税政策以限制进口和刺激出口。而陈翰笙(1897—2004 年)和冯和法等马克思主义学者则呼吁抵制比国内产品更为便宜的洋货。所有这些学者都要求国家更多介入经济活动。这种对加强国家权力的渴求,为在 1935 年终于建构了由中央银行统一发行纸币的制度作了准备。①

中、西因应货币不足问题的思想比较

虽然没有像凯恩斯和哈耶克那样充分利用数学这项重要的现代质素著书立说,19 世纪前期的中国学者间的热烈讨论与凯恩斯和哈耶克间的讨论非常相像。尽管当时没有想到要成立中央银行,但以王鎏为代表的思路曾提议由政府控制货币的发行权,从而达到符合凯恩斯理论的结果:由增加公共设施消除失业,并减少腐败和行政失职。以许楣为代表的反对则提出类似哈耶克的想法,即通过私人银行间的相互竞争,从而为社会提供以贵重金属为主的非通货膨胀性货币,并让市场自动调整而达到自身时点内和时点间的均衡。

正如 17 世纪的英国一样,19 世纪前期的中国也出现了货币短缺的问题。19 世纪前期中国的各种讨论以及在这场争论中所引用的历史先

---

① 李宇平,《1930 年代中国的救济经济恐慌说》。

例说明,中国比继承了西方经济思想的17世纪时的英国有着更为明确的谨防以货币作为财政搜刮工具的传统。尽管他们也像17—18世纪欧洲重视金银的重商主义者那样关心国际收支,但19世纪前期中国的学者官员并未将贵重金属视为唯一的财富;他们还强调百姓利用自然资源的产品也是财富。中国传统思想中的不干预主义与晚近西方的新古典主义者都领悟到:政府和人民间的不断相互作用对经济政策的效果所可能发生的影响。

灵活选取历史先例

各种历史先例及19世纪前期学者官员的引述方式表明,中国传统在安排国家和经济的关系上,比《盐铁论》所反映出的以干预主义居于支配地位的刻板印象显得灵活。19世纪前期参与货币论辩的学者官员双方都引用以食货为先的《周官》八政。然而,当引述这一权威著作时,某些人建议用贵重金属铸造货币,从而限制君主利用货币来进行聚敛;而另一些人则建议要扩充使用由皇帝铸造的制钱。从人们对单穆公所说的"重币"的不同解释,可以看到人们对同一历史权威的不同运用。一些人将"重币"解释为价值更大的货币,并因而建议铸造贵重金属硬币;一些人将"重币"解释为面值大于实际价值的硬币。另外,那些为私人开矿据理力争的学者指出,自从1133年起民营矿业和国营矿业是并存的。

19世纪前期对市场和中国古代多元权威思想的突然关注及此一思潮在1850年左右的突然消失,表明了一种对早期思想的非线性选择。也因此,"传统"不是个固定的样板,"传统"提供的基础是可以变化的,后人能够从中选取可以陈述其所处时代的概念。因为传统思想和现实社会经济状况总是在不断对话着,所以,尤其是在中国再度更加融入世界经济的当儿,传统政治经济思想中的灵活文化实为中国的未来发展提供了多种张本。

参考书目

一、中、日文

➢台北故宫博物院档案

"上谕档(方本)"　　"月折档"　　"史馆档"
"外纪档"　　　　　"廷寄档"　　"长编总档"
"军机档"　　　　　"宫中档"　　"传包"
"传稿"　　　　　　"钱法档"　　"议覆档"

➢专著、论文

《大清历朝实录》,台北:华文书局,1964年。

《内阁汉文题本户科货币类》,北京:第一历史档案馆藏微卷,乾隆元年(1736)—光绪24年(1898)。

《南菁》,江阴:华东印书馆,1925年。

《钦定大清会典事例》,北京,1899年;台北:新文丰出版公司,1985年。

《钦定户部则例》,北京,1851年;台北:成文出版社,1969年。

《道咸同光四朝奏议》,收入王云五编"国立"故宫博物院清代史料丛书,台北:商务印书馆,1970年。

《筹办夷务始末》,北平:故宫博物院原版,1930年;台北:文海出版社影印,1971年。

丁曰健,《治台必告录》,台湾文献丛刊第 17 种,台北:台湾银行经济研究室,1959 年。

于恩德,《中国禁烟法令变迁史》,上海:中华书局,1934 年。

大谷敏夫,"包世臣の实学思想について",《东洋史研究》,第 28 卷第 2 号,页 36—69,1969 年 12 月。

大谷敏夫,"魏源经世思想考",《史林》,第 54 卷 6 期,页 33—75,1971 年。

小竹文夫,《近世支那经济史研究》,东京:弘文堂,1942 年。

小野一一郎,《近代日本币制と东アジア银货圈—円とメキシコドル》,京都:ミネルヴァ书房,2000 年。

山胁悌二郎,《长崎の唐人贸易》,东京:吉川弘文馆,1964 年。

山胁悌二郎,《近世日中贸易史の研究》,东京:吉川弘文馆,1960 年。

"中央研究院"近代史研究所社会经济史组,《财政与近代历史论文集》,台北:"中央研究院"近代史研究所,1999 年。

中国人民银行总行参事室金融史料组,《中国近代货币史资料》,第 1 辑,清政府统治时期,上册,北京:中华书局,1964 年。

中国史学会,《中国の历史世界—统合のシステムと多元的发展》,东京:早稻田大学,2000 年。

太平山人,"道光朝银荒问题",《中和月刊》,第 1 卷第 8 期,页 41—55,1940 年 8 月。

太和殿(顺化),《大南实录》,东京:庆应义塾大学,1951 年—1981 年。

支伟成,《清代朴学大师列传》,上海:泰东图书局,1925 年;收入《清代传记丛刊》012,台北:明文书局,1985 年。

方淑妃,"魏源史学研究","国立"高雄师范大学中国文学研究所硕士论文,1995 年。

日本史用语大辞典编集委员会,《日本史用语大辞典·用语编》,东京:柏书房,1978 年。

日本银行调查局,《中国近代货币概要》,东京:日本银行调查局,1967 年。

木宫泰彦,《日支交通史》,东京:金刺芳流堂,1926 年。

王业键,《中国近代货币与银行的演进》,台北:"中央研究院"经济研究所,1981 年。

王尔敏,"经世思想的义界问题",《"中央研究院"近代史研究所集刊》,第 13 期,页 27—38,台北:"中央研究院"近代史研究所,1984 年。

王尔敏,《中国近代思想史论》,台北:作者自刊;台北:华世出版社,1977 年。

王传璨,《王文勤公年谱》,收入《近代中国史料丛刊》,第 14 辑,台北:文海出版社,1967 年。

王先谦,《续古文辞类纂》,1882 年。

王庆云，《石渠余记》，1890年。

王延熙编，《皇朝道咸同光奏议》，上海原版，1902年；台北：商务印书馆，1970年。

王宏斌，《晚清货币比价研究》，开封：河南人民出版社，1990年。

王晓秋，《鸦片战争对日本的影响》，《世界历史》，1990年第5期，页92—100。

王德毅，《清人别名字号索引》，台北：新文丰出版社，1985年。

王瑬，《钱币刍言》，1837年。

王瑬，《壑舟园初稿》，1835年。

邓邵辉，《晚清财政与中国近代化》，成都：四川人民出版社，1998年。

冯天瑜，"道咸间经世实学在中国文化史中的方位"，收入葛荣晋《中日实学史研究》，页178—186，北京：中国社会科学出版社，1992年。

冯桂芬，《显志堂稿》，校邠庐，1876年，收入《近代中国史料丛刊续编》，第79辑，台北：文海出版社，1981年。

冯桂芬，《校邠庐抗议》，1885年。

冯筱才，《在商言商：政治变局中的江浙商人》，上海：上海社会科学院出版社，2004年。

包世臣，《安吴四种》，1846年，收入《近代中国史料丛刊》，第30辑，台北：文海出版社，1968年。

叶世昌，"明中叶至鸦片战争时期一些思想家反对用银的倾向"，《江淮论坛》，1983年第2期，页58—61，合肥：安徽人民出版社。

叶世昌，《中国货币理论史》，北京：中国金融出版社，1986年。

叶世昌，《鸦片战争前后的货币学说》，上海：上海人民出版社，1963年。

叶兰台，《清代学者象传》，上海：商务印书馆，1928年。

叶恭绰，《清代学者象传》，台北：文海出版社，1969年。

左宗棠，《左文襄公全集》，收入《近代中国史料丛刊》续编，第65辑，台北：文海出版社，1964年。

市古尚三，"清朝货币史考"，《拓殖大学论丛》，121期，1979年3月；127期，1980年3月，页43—73，东京：拓殖大学学术研究会。

永积洋子，"东西交易の中继地台湾の盛衰"，收入佐藤次高、岸本美绪《地域の世界史》9；《市场の地域史》，页326—366，东京：山川出版社，1999年。

田代和生，《17世纪后期—18世纪日本银の海外输出-特に对马・朝鲜ルートを中心に》，社会经济史学会编，《新しい江户时代史像を求めて—その社会经济史的接近》，页47—68，东京：东洋经济新报社，1977年。

田代和生，《德川时代の贸易》，速水融《日本经济史1 经济社会の成立，17—18世纪》，页129—170，东京：岩波书店，1989年。

田代和生，《近世日朝通交贸易史の研究》，东京：创文社，1981年。

田村洋幸,《东亚细亚贸易史论》,京都:嵯峨野书院,1974年。

申旭,《中国西南对外关系史研究——以西南丝绸之路为中心》,昆明:云南美术出版社,1994年。

申奭镐,"朝鲜中宗时代の禁银问题",收入稻叶博士还历纪念会编,《稻叶博士还历纪念满鲜史论丛》,页401—452,1938年。

全汉昇,"再论明清间美洲白银的输入中国",收入食货出版社,《陶希圣先生八秩荣庆论文集》,台北:食货出版社,1979年。

全汉昇,"明中叶后中日间的丝银贸易",《"中央研究院"历史语言研究所集刊》,第55卷第4期,页635—649,台北:"中央研究院"历史语言研究所,1984年。

全汉昇,《中国经济史论丛》,香港:崇文书店,1972年。

全汉昇,《中国经济史研究》,香港:崇文书店,1976年。

刘广京,"19十九世纪初叶中国知识分子——包世臣与魏源",《"中央研究院"国际汉学会议论文集》,台北:"中央研究院"近代史研究所,1981年。

刘广京,《经世思想与新兴企业》,台北:联经出版社,1990年。

刘声木,《桐城文学渊源考》,台北:世界书局,1962年。

刘声木,《桐城文学撰述考》,台北:世界书局,1962年。

刘翠溶,"厘金",收入于宗先《经济学百科全书》,台北:联经出版社,1986年。

孙鼎臣,《畚塘刍论》,武昌,1860年。

《桐城派研究论文集》,合肥:安徽人民出版社,1963年。

庄吉发,《故宫档案述要》,台北:"国立"故宫博物院,1983年。

成毅,《求在我斋文存》,邵州,1858年。

早阪喜一郎,《银价と银为替》,东京:大阪屋号,1925年。

朱维铮,《周予同经学史论著选集》,上海:上海人民出版社,1996年。

江口久雄,"包世臣の钞法论に关する一考察",《东方学》,第55期,页76—90,1978年1月。

江口久雄,"清代经世家の银流通史研究について——19世纪前期を中心に",《社会经济史学》,第45卷第2期,页32—123,1980年。

江口久雄,"清朝道光年代の银价腾贵に关する觉书",《集刊东洋学》,32卷,页51—59,1974年。

江克让,《全椒县志》,1919年收入《中国方志丛书》,安徽省225,台北:成文出版社,1974年。

汤吉禾,"清代科道之成绩",《中山文化教育馆季刊》,第2卷第2期,页517—526,1935年夏。

汤志钧,《近代经学与政治》,北京:中华书局,1989年。

汤象龙,"道光朝银贵问题",《社会科学杂志》,第1卷第3期,页1—31,1930年9月。

汤鹏,《浮邱子》,1865年。

百濑弘,"清代に于ける西班牙弗の流通",《社会经济史学》,第6卷第2号,页1—25,1936年5月;第6卷第3号,页38—60,1936年6月;第6卷第4号,页43—65,1936年7月。

百濑弘,"清朝の异民族统治に於ける财政经济政策",《东亚研究所报》,第20号,页1—116,1943年2月。

许楣,《钞币论》,海昌许氏古均阁,1846年。

许梿,《古均阁遗着》,1888年。

齐思和、林树惠、寿纪瑜,《鸦片战争》,上海:神州国光社,1954年。

严中平,《中国近代经济史1840—1894》,北京:人民出版社,1987年。

严中平,《中国近代经济史统计资料选辑》,北京:科学出版社,1955年。

佐佐木正哉,《阿片战争以前の通货问题》,《东方学》,第8辑,页94—117,1955年6月。

余英时,《中国近世宗教伦理与商人精神》,台北:联经出版社,1987年。

余捷琼,《1700—1937年中国银货输出入的一个估计》,长沙:商务印书馆,1940年。

别府淳夫,《清末における宋儒学风の再兴》,《哲学·思想论集》,第十二号,页1—18,1987年3月。

吴文镕,《吴文节公遗集》,1857年。

吴章铨,"洋务运动中的商务思想——以李鸿章为中心的探讨",《近代中国知识分子与自强运动》,《思与言》论文选辑,第4集,页39—88,台北:食货出版社,1972年。

吴嘉宾,《求自得之室文钞》,12卷,广州,1866年。

宋惠中,"票商与晚清财政",收入"中央研究院"近代史研究所社会经济史组,《财政与近代历史论文集》,页379—446,台北:"中央研究院"近代史研究所,1999年。

岛田虔次,"章炳麟について(上)中国伝统学术と革命",《思想》,第407号,页87—109,1958年5月;第408号,页55—75,1958年6月。

张际亮,《张亨甫全集》,33卷,孔庆镕校订,1867年。

张家骧,《中华币制史》,北京:民国大学,1936年。

张彬村,"明清两朝的海外贸易政策:闭关自守?",《中国海洋发展史论文集》,第4辑,页45—59,台北:"中央研究院"中山人文社会科学研究所,1991年。

张惠言,《茗柯文二编》,上海:"国立"故宫博物院,1881年。

张惠信,"货畅其流:清代银货史话",《故宫文物月刊》,4卷11期,页126—132,台北:"国立"故宫博物院,1987年。

张惠信,"清末货币变革对山西票号的影响",收入"中央研究院"近代史研究所社会经济史组,《财政与近代历史论文集》,页 319—378,台北:"中央研究院"近代史研究所,1999 年。

张惠信,"银票问题与洋银的流入",《故宫文物月刊》,5 卷 2 期,页 131—137,台北:"国立"故宫博物院,1987 年。

张惠信,《中国货币史话》,台北:台扬出版社,1994 年。

张舜徽,《清人文集别录》,北京:中华书局,1980 年。

张履,《积石文稿》,1894 年。

张灏,"宋明以来儒家经世思想试释","中央研究院"近代史研究所,《近世中国经世思想研讨会论文集》,页 3—19,台北:"中央研究院"近代史研究所,1984 年。

李世熊,《钱神志》,1871 年。

李宇平,"1930 年代中国的救济经济恐慌说",《"中央研究院"近代史研究所集刊》,第 27 期,页 231—272,台北:"中央研究院"近代史研究所,1997 年。

李伯荣,《魏源师友记》,湖南:岳麓书社,1983 年。

李国祁,"清代台湾社会之转型",台北:教育部社会教育司,1978 年。

李林,"清朝嘉道时期兴起的议政改革之风",《辽宁大学学报》,第 70 期,页 78—83,1984 年 6 月。

李星沅,《李文恭公遗集》,1865 年。

李重耀,《从日本神社谈桃园神社修建》,台北,1992 年。

李桓,《国朝耆献类征初编》,收入《清代传记丛刊》890,台北:明文书局,1985 年。

杜冈—巴拉诺夫斯基(Mikhail Ivanovich),《周期性工业危机》,北京:商务印书馆,1982 年。

杨国桢,《明清土地契约文书研究》,北京:人民出版社,1952 年。

杨家骆,《天工开物》,1637 年;台北:世界书局,1962 年。

杨端六,《清代货币金融史稿》,北京:三联书店,1962 年。

汪辉祖,《病榻梦痕录》,1872 年。

沈垚,《落帆楼文集》,1858 年;台北:新文丰出版社,1989 年。

足立启二,"清代前期における国家と钱",《东洋史研究》,第 49 卷第 4 期,页 671—697,1991 年。

近代中国研究委员会,《经世文编总目录》,东京:东洋文库,1956 年。

闵尔昌,《碑传集补》,1923 年,收入《清代传记丛刊》120—123,台北:明文书局,1985 年。

陈平民,"王茂荫及其货币理论",《天津社会科学》,1984 年第 2 期,页19—21。

陈在正,"19 世纪 40 年代国内阶级矛盾的激化与太平天国革命",《厦门大学学报》,1980 年第 1 期,页 1—19。

陈国栋,《常关》,收入于宗先,《经济学百科全书》,页 198—203,台北:联经出版社,1986 年。

陈昭南,《雍正乾隆年间的银钱比价变动 1723—1795》,台北:中国学术著作奖助委员会,1966 年。

陈慈玉,"以中印英三角贸易为基轴探讨 19 世纪中国的对外贸易",收入"中央研究院"三民主义研究所,《中国海洋发展史论文集》,第 1 辑,台北:"中央研究院"三民主义研究所,页 131—173,1984 年。

陈慈玉,"近代中国对英美及亚洲地区的贸易",《经济论文》,15 卷 2 期,页 115—135,台北:"中央研究院"经济研究所,1987 年 9 月。

陈慈玉,《近代中国茶业的发展与世界市场》,台北:"中央研究院"经济研究所,1982 年。

周予同,《经今古文学》,上海:商务印书馆,1926 年;台北:商务印书馆再版,1967 年。

周骏富,《清代传记丛刊》,台北:明文书局,1985 年。

和田博德,"清代のヴェトナム・ビルマ銀",《史学》,第三十三卷第三、四号,页 119—138,1961 年。

"国史馆",《清史列传》,收入《清代传记丛刊》096,台北:明文书局,1985 年。

"国立"故宫博物院,《商务官报》,台北:商务印书馆,1982 年。

"国立"故宫博物院,《清代文献传包传稿人名索引》,台北:"国立"故宫博物院,1986 年。

屈万里注译,《尚书今注今译》,台北:商务印书馆,1979 年。

岸本美绪,"清朝とユーラシア",歷史学研究会,《近代世界への道:変容と摩擦》,东京:歷史学研究会,1995 年。

岸本美绪,《清代中国の物価と経済変動》,东京:研文出版,1997 年。

巫宝三、冯泽、吴朝林,《中国近代经济思想与经济政策资料选辑》,北京:科学出版社,1959 年。

昔皇、刘庸,《清朝文献通考》,上海:商务印书馆,1936 年。

松井义夫,《清朝经费の研究》,大连:南满洲铁道株式会社经济调查会,1935 年。

林则徐,《林文忠公政书》,1885 年,收入《近代中国史料丛刊》,第 6 辑,台北:文海出版社,1967 年。

林丽月,"试论明清之际商业思想的几个问题",《近代中国初期历史研讨会论文集》(下),页 711—733,台北:"中央研究院"近代史研究所,1989 年。

林志伟,"清乾隆朝的官马——需求、购补与孳养","国立"台湾师范大学历史学系硕士论文,2005 年。

林崇墉,《林则徐传》,台北:中华大典编印会,1967 年。

林满红,"口岸贸易与近代中国——台湾最近有关研究之回顾",《近代中国区域史研讨会》,页 869—915,台北:"中央研究院"近代史研究所,1986 年。(或"口岸贸易与腹地变迁:近代中国的经验(1860 年代至 1930 年代)",复旦大学中国历史地理研究中心主编,《港口——腹地和中国现代化进程》,页 14—26,山东:齐鲁书社,2005 年。)

林满红,"中国的白银外流与世界金银减产(1814—1850)",《中国海洋发展史会议论文集》,第 4 辑,页 1—44,台北:"中央研究院"中山人文社会科学研究所,1991 年。

林满红,"对外汇率长期下跌对清末国际贸易与物价之影响,1874—1911",《教学与研究》,第 1 期,页 147—176,台北:"国立"台湾师范大学,1979 年。

林满红,"有等级区分的均富思想:论中国文化的一个关键概念及其在台湾历史中的实现",《香港社会科学学报》,第 12 期,页 101—129,1998 年秋季。

林满红,"清末社会流行吸食鸦片研究——供给面之分析,1773—1906","国立"台湾师范大学历史研究所博士论文,1985 年,页 620。

林满红,"银与鸦片的流通及银贵钱贱现象的区域分布(1808—1854)——世界经济对近代中国空间方面之一影响",《"中央研究院"近代史研究所集刊》,第 22 期,页 89—135,台北:"中央研究院"近代史研究所,1993 年 6 月。

林满红,"嘉道钱贱现象产生原因'钱多钱劣论'之商榷——海上发展深入影响近代中国之一事例",《中国海洋发展史论文集》,第 5 辑,页 357—426,台北:"中央研究院"中山人文社会科学研究所,1993 年。

林满红,《茶、糖、樟脑业与台湾之社会经济变迁,1860—1895》,台湾研究丛刊,台北:联经出版公司,1997 年;增订再版(六刷),2004 年,页 230。

林满红,《晚清的鸦片税,1858—1906》,《思与言》,16 卷 5 期,页 427—476,台北:思与言杂志社,1979 年。

法式善,《清秘述闻》,台北:文海出版社,1967 年。

罗绶香,《犍为县志》,28 卷,1937 年,收入《新编方志丛刊:四川方志》,台北:学生书局,1968 年。

范金民,《明清江南商业的发展》,南京:南京大学出版社,1998 年。

郑友揆,"我国海关贸易统计编制方法及其内容改革考",《社会科学杂志》,第 5 卷第 3 期,页 264—296,1934 年 9 月。

郑友揆,《中国近代对外经济关系研究》,上海:社会科学院出版社,1991 年。

郑永昌,"清代乾隆年间的私钱流通与官方因应政策之分析——以私钱收买政策为中心",《"国立"台湾师范大学历史学报》,第 25 期,页 235—286,1997 年 6 月。

郑永昌,《明末清初的银贵钱贱现象与相关政治经济思想》,台北:"国立"台湾师范大学历史研究所,1994 年。

郑光祖,《一斑录》,1843 年,江苏:青玉山房。

侯厚吉、吴其敬,《中国近代经济思想史稿》,哈尔滨:黑龙江人民出版社,1982 年。

施敏雄,《清代丝织工业的发展》,台北:中国学术著作奖助委员会,1968 年。

段超,《陶澍与嘉道经世思想研究》,北京:中国社会科学出版社,2007年。
胡寄窗,《中国经济思想史》,上海:上海人民出版社,1962年。
胡寄窗,《中国经济思想史简编》,上海:中国社会科学出版社,1980年。
胡韫玉,《包慎伯(世臣)先生年谱》,收入《近代中国史料丛刊》,第54辑,台北:文海出版社,1970年。
贺长龄,《皇朝经世文编》,1826年,台北:文海出版社1898年版之复印件,1972年。
贺凌虚,《西汉政治思想论集》,台北:五南书局,1988年。
赵尔巽、柯劭忞,《清史稿》,收入《清代传记丛刊》089—095,台北:明文书局,1985年。
赵轶峰,"试论明末财政危机的历史根源及其时代特征",《中国史研究》,1986年第4期,页55—68,北京:中国社会科学出版社。
赵靖、易梦虹,《中国近代经济思想史》,北京:中华书局,1980年。
赵靖、易梦虹,《中国近代经济思想资料选辑》,北京:中华书局,1982年。
饶玉成,《皇朝经世文编续集》,1882补刻续编江右饶氏双峰书屋刊本。
倪来恩、夏维中,"外国白银与明帝国的崩溃——关于明末外国白银的输入及其作用的重新检讨",《中国社会经济史研究》,1990年第3期,页46—56。
席裕福,《皇朝政典类纂》,台北:成文出版社,1969年。
徐世昌,《清儒学案小传》,台北:明文书局,1985年。
徐扬,《姑苏繁华图》,香港:商务印书馆,1986年。
徐鼒,《未灰斋文集》,1861年,收入《近代中国史料丛刊》,第54辑,台北:文海出版社,1970年。
聂雨润、李泰,《大荔县新志存稿》,收入《中国方志丛书》,陕西省315,台北:成文出版社,1970年。
诸联,《明斋小识》,1821年。
郭建,《绍兴师爷》,上海:上海古籍出版社,1995年。
郭绍虞,《中国文学批评史》,上海:商务印书馆,1934年。
郭润涛,《官府、幕友与书生——"绍兴师爷"研究》,北京:中国社会科学出版社,1996年。
郭毅生,《太平天国经济史》,南宁:广西人民出版社,1991年。
钱江,"1570—1760年中国和吕宋的贸易发展及贸易额的估算",《中国社会经济史研究》,1986年第3期,页69—117,厦门:厦门大学。
顾炎武,《亭林文集》,亭林先生遗书,朱氏校经山房刊本,1888年。
《辞源》,台北:商务印书馆,1965年。
曹永和,"试论明太祖的海洋交通政策",《中国海洋发展史论文集》,第1辑,页41—70,台北:"中央研究院"三民主义研究所,1984年。

梁廷枏,《夷氛闻记》,《中国野史集成续编》,第 28 册,成都:巴蜀书社,2000 年。

梁绍壬,《两般秋雨庵随笔》,1837 年序;上海:扫叶山房,1884 年。

梁堃,《桐城文派论》,上海:商务印书馆,1940 年。

梁章巨,《归田琐记》,1845 年序;上海:扫叶山房,1918 年。

梁章巨,《退庵随笔》,台北:广文书局,1967 年。

盛康,《皇朝经世文续编》,1897 年。

黄印,《锡金识小录》,1752 年序,1896 年;台北:无锡同乡会,1972 年。

黄克武,"诂经精舍与 19 世纪中国教育、学术的变迁",《食货月刊》,13 卷 5、6 期合刊,页 70—79,1983 年。

黄爵滋、许乃济,《黄爵滋奏疏、许乃济奏议合刊》,1850 年,北京:中华书局,1959 年。

黑田明伸,《中华帝国の构造と世界经济》,名古屋:名古屋大学出版会,1994 年。

龚自珍,《龚自珍全集》,上海:中华书局,1959 年。

奥平昌洪,《东亚钱志》,东京,1938 年。

彭泽益,"19 世纪 50—70 年代清朝财政危机和财政搜刮的加剧",《历史学》,1979 年第 2 期,页 131—151。

彭泽益,"鸦片战争后十年间银贵钱贱波动下的中国经济与阶级关系",《历史研究》,第 6 期,页 40—68,1961 年 12 月。

彭信威,《中国货币史》,上海:上海人民出版社,1958 年。

斯波义信,"16、17 世纪における中国の海事交涉と银需要",岛根县教育委员会,《第 2 回石见银山历史文献研究会报告书》,页 43—50,大田:岛根,1997 年。

曾国藩,《曾国藩全集》,湖南:岳麓书社,1987 年。

葛剑雄,《中国人口发展史》,福州:福建人民出版社,1991 年。

蒋彤,《李申耆年谱》,台北:广文书局,1971 年。

蒋良骐原纂,《十二朝东华录》,1770 年;王先谦改修,1879 年;台北:文海出版社再版,1963 年。

蒋湘南,《七经楼文钞》,1869 年。

管同,《因寄轩文初二集》,1833 年。

缪荃孙,《续碑传集》,1910 年,收入《清代传记丛刊》115—119,台北,明文书局,1985 年。

缪梓,《缪武烈公遗集》,小宋山馆,1881 年。

谭彼岸,"中国近代货币的变动",《中山大学学报》,1957 年第 3 期,页 190—210,收录于存萃学社,《中国近三百年社会经济史论集》,香港:崇文书店,1972 年。

薛福成,《庸庵随笔》,1897 年,上海:扫叶山房,1925 年。

戴炎辉,"清代台湾之大小租业",《台湾文献》,第 4 期,页 1—47,1963 年 6 月。

魏秀梅,《陶澍在江南》,"中央研究院"近代史研究所专刊 51,台北:"中央研院"近代史研究所,1985年。

魏秀梅,《清季职官表》,"中央研究院"近代史研究所史料丛刊5,台北:"中央研究院"近代史研究所,2002年。

魏建猷,《中国近代货币史》,上海:群联出版社,1955年。

魏源,《古微堂内外集》,1870年。

魏源,《圣武记》,1878年。

魏源,《海国图志》,1867年;台北:成文出版社,1967年。

二、西 文

Alston, Lee J., Thrainn Eggertsson, and Douglass C. North. *Empirical Studies in Institutional Change*. Cambridge, Eng.: Cambridge University Press, 1996.

Appleby, Joyce Oldham. *Economic Thought and Ideology in Seventeenth-Century England*. Princeton, N. J.: Princeton University Press, 1980.

Atwell, William S. "International Bullion Flows and the Chinese Economy Circa 1530 – 1650". *Past and Present* 95(May 1982): 68 – 90.

Atwell, William S. "Notes on Silver, Foreign Trade, and the Late Ming Economy." *Ch'ing-shih Wen-t'i* 3. 8(Dec. 1977): 1 – 33.

Bakewell, Peter, ed. *Mines of Silver and Gold in the Americas*. Aldershot, U. K.: Variorum, 1997.

Banister, T. R. "A History of the External Trade of China, 1834 – 1881". In Inspector-General of the Chinese Maritime Customs, ed., *Decennial Reports*, 1922 – 1931. Shanghai: Chinese Maritime Customs, 1931.

Barnett, Suzanne Wilson. "Protestant Expansion and Chinese Views of the West". *Modern Asian Studies* 6. 2(1972): 129 – 49.

Barnett, Suzanne Wilson. "Wei Yuan and Westerners: Notes on the Sources of the *Haiguo tuzhi*". *Ch'ing-shih wen-t'i* 2. 4(Nov. 1970): 1 – 20.

Bartlett, Beatrice S. "Ch'ing Palace Memorials in the Archives of the National Palace Museum". *National Palace Museum Bulletin* 13. 6(Jan. -Feb. 1979): 1 – 21.

Bello, David Anthony. *Opium and the Limits of Empire: Drug Prohibition in the Chinese Interior*, 1729 – 1850. Cambridge, Mass.: Harvard University Asia Center, 2005.

Bernhardt, Kathryn. *Rents, Taxes, and Peasant Resistence: The Lower Yangzi Region, 1840 – 1950*. Stanford, Calif.: Stanford University Press, 1992.

Berridge, Virginia, and Griffith Edwards. *Opium and the People*. New York: St. Martin's Press, 1981.

Blaug, Mark. *The Early Mercantilists*. Aldershot, U. K. : Edward Elgar Publishing, 1991.

Bol, Peter. "*This Culture of Ours: Intellectual Transitions in T'ang and Sung China*". Stanford: Stanford University Press, 1992.

Boxer, Charles R. "Plata es Sangre: Sidelights on the Drain of Spanish-American Silver in the Far East, 1550 – 1700". *Philippine Studies* 18: 457 – 478. Quezon City: Manila University Press, 1970.

BPP: *British Parliamentary Papers: Embassy and Consular Commercial Reports*. Shannon: Irish University Press, 1971.

Brandt, Loren, and Thomas J. Sargent. "Interpreting New Evidence about China and U. S. Silver Purchases". *Journal of Monetary Economics* 23(1989): 31 – 51.

Chang, Chung-li. *The Income of the Chinese Gentry*. Seattle: University of Washington Press, 1962.

Chang, Hsin-pao. *Commissioner Lin and the Opium War*. Paperback ed. New York: W. W. Norton, 1970.

Chang, Hsi-t'ung. "The Earliest Phase of the Introduction of Western Political Science into China". *Yenching Journal of Social Studies* 5. 1(1950): 1 – 29.

Chang, Kia-Ngau. *The Inflationary Spiral: The Experience in China, 1939 -1950*. Cambridge, Mass. : The Massachusetts Institute of Technology Press, 1958.

Chen Chao-nan. *Essays on Currency, Substitution, Flexible Exchange Rates and the Balance of Payments*. Taipei: Economic Research Office, Bank of Taipei, 1982.

Chen, Jerome. *State Economic Policies of the Ch'ing Government 1840 -1895*. New York: Garland, 1980.

Cheng, Ying-wan. *Postal Communication in China and Its Modernization, 1860 -1896*. Cambridge, Mass. : East Asian Research Center, Harvard University, 1970.

Cheng, Yu-kwei. *Foreign Trade and Industrial Development of China: A Historical and Integrated Analysis through 1948*. Washington, D. C. : University Press of Washington, D. C. , 1956.

Cheong, W. E. "China Houses and the Bank of England Crisis of 1825". *Business History* 15. 1(Jan. 1973): 56 – 73.

Cheong, W. E. "The Beginning of Credit Finance on the China Coast: The Canton Financial Crisis of 1812—1815". *The New Zealand Journal of History* (Auckland) 5. 1(Apr. 1971): 87 – 103.

Cheong, W. E. "The Decline of Manila as the Spanish Entrepôt in the Far East, 1785–1826: Its Impact on the Pattern of Southeast Asian Trade". *Journal of Southeast Asian Studies* 2.2(Sept. 1971): 142–158.

Cheong, W. E. "Trade and Finance in China: 1784–1834". *Business History* 6.1 (Jan. 1965): 34–56.

Cheong, W. E. *Mandarins and Merchants: Jardine Matheson & Co., A China Agency of the Early Nineteenth Century*. London: Curzon Press, 1979.

Coatsworth, John H. "The Mexican Mining Industry in the Eighteenth Century". In *Mines of Silver and Gold in the Americas*, ed. Peter Bakewell, pp. 26–45. Aldershot, U. K.: Variorum, 1997.

Crawcour, E. S., and Yamamura Kozo. "The Tokugawa Monetary Syatem: 1787–1868". *Economic Development and Cultural Change* 18.4 (Part 1) (July 1970): 489–518.

Daniels, Christian, and Linda Grove, eds., *State and Society in China: Japanese Perspectives in Ming-Qing Social and Economic History*. Tokyo: University of Tokyo Press, 1984.

De Bary, Wm. Theodore. *Waiting for the Dawn: A Plan for the Prince: Huang Tsung-hsi's Ming-i-tai-fang lu*. New York: Columbia University Press, 1993.

Denis Twitchett, and John K. Fairbank, gen. eds. *The Cambridge History of China*. Cambridge and New York: Cambridge University Press, 1978.

Denzau, Arthur T., and Douglass C. North. "Shared Mental Models: Ideologies and Institutions". In Arthur Lupia, Mathew D. McCubbins, and Samuel L. Popkin, eds. *Elements of Reason: Cognition, Choice, and the Bounds of Rationality*, pp. 1–18. Cambridge, Eng.: Cambridge University Press, 2000.

Dermigny, Louis. *La Chine I'Occident: Le commerce à Canton au XVIII' siecle 1719—1833*. Paris: École Pratique des Hautes Études-VI Section, Centre de Recherches Historiques, 1964.

Dunstan, Helen. *Conflicting Counsels to Confuse the Age: A Documentary Study of Political Economy in Qing China, 1644–1840*. Ann Arbor: Center for Chinese Studies, The University of Michigan, 1996.

Durkheim, Émile. *Suicide: A Study of Sociology*. New York: The Free Press, 1966.

Eatwell, John, Murray Milgate, and Peter Newman, eds. *The New Palgrave: A Dictionary of Economics*. New York: Stockton Press, 1987.

Elman, Benjamin A. "Qing Dynasty Schools of Scholarship". *Ch'ing-shih wen-t'i* 4.6(Dec. 1981): 1-44.

Elman, Benjamin A. "The Hsueh-hai T'ang and the Rise of New Text Scholarship in Canton". *Ch'ing-shih wen-t'i* 4.2(Dec. 1979): 51-82.

Elman, Benjamin A. *Classicism, Politics, and Kinship*. Berkeley and Los Angeles: University of California Press, 1990.

Elman, Benjamin A. *From Philosophy to Philology: Intellectual and Social Aspects of Change in Late Imperial China*. Cambridge, Mass.: Council on East Asian Studies, Harvard University Press, 1984.

Eng, Robert Y. *Economic Imperialism in China: Silk Production and Exports, 1861-1932*. Berkeley: Institute of East Asian Studies, University of California, Berkeley, Center for Chinese Studies, 1986.

Feuerwerker, A. *China's Early Industrialization: Sheng Hsuan-huai (1844-1916) and Mandarin Enterprise*. Cambridge, Mass.: Harvard University Press, 1958.

Feuerwerker, A. *History in Communist China*. Cambridge, Mass.: The Massachusetts Institute of Technology Press, 1968.

Feuerwerker, A. *The Chinese Economy, ca. 1870-1911*. Ann Arbor: Center for Chinese Studies, University of Michigan, 1969.

Feuerwerker, A. "The state and the Economy in late imperial China". *Theory and Society* 13(1984): 297-326.

Fisher, John. "Silver Production in the Viceroyalty of Peru, 1776-1824". In Peter Bakewell, ed., *Mines of Silver and Gold in the Americas*, pp. 283-319. Aldershot, U.K.: Variorum, 1997.

Flynn, Dennis O., and Arturo Giráldez. "Born with a 'Silver Spoon': The Origin of World Trade in 1571". *Journal of World History* 6.2(Sept. 1995): 201-221.

Flynn, Dennis O., and Arturo Giráldez. "Cycles of Silver: Global Economic Unity through the Mid-18th Century". *Journal of World History* 13.2 (Sept. 2002): 391-427. University of Hawai'i Press.

Flynn, Dennis O., Arturo Giráldez, and James Sobredo. *European Entry into the Pacific: Spain and the Acapulco-Manila Galleons*. Aldershot, U.K., and Burlington, VT: Ashgate, 2001.

Foucault, Michel. *The Order of Things: An Archaeology of the Human Sciences*. New York: Vintage Books, a division of Random House, 1970.

Frank, Andre Gunder. *ReORIENT:Global Economy in the Asian Age*. Berkeley: University of California Press, 1998.

Friedman, Milton. "Franklin D. Roosevelt, Silver, and China". *Journal of Political Economy* 100.1(1992): 62–83. The University of Chicago Press.

Gardella, Robert. *Harvesting Mountains: Fujian and the China Tea Trade, 1757–1937*. Berkeley: University of California Press, 1994.

Gayer, Arthur D., Walt Whitman Rostow, and Anna Jacobson Schwartz. *The Growth and Fluctuation of the British Economy, 1790–1850*. 2nd ed., Hassocks, Eng.: Harvester Press, 1975.

Godelier, Maurice. "Infrastructures, Societies, and History". *Current Anthropology* 9.4(Dec. 1978): 763–771.

Grampp, William D. *Economic Liberalism*. 2 vols. New York: Random House, 1965.

Gundry, Richard Simpson. *China, Present and Past: Foreign Intercourse, Progress and Resources. The Missionary Question, etc.* London: Chapman and Hall, 1895.

Hamashita Takeshi. "Foreign Trade Finance in China, 1810–50". In Linda Grove and Christian Daniels, eds. *State and Society in China: Japanese Perspectives in Ming-Qing Social and Economic History*, pp. 387–435. Tokyo: University of Tokyo Press, 1984.

Hao, Yen-p'ing. *The Commercial Revolution in Nineteenth-Century China: The Rise of Sino-Western Mercantile Capitalism*. Berkeley and Los Angeles: University of California Press, 1986.

Hayek, Friedrich A. von. *The Counter-Revolution of Science: Studies on the Abuse of Reason*. Glencoe, IL.: Free Press, 1952.

Heilbroner, Robert L. *The Worldly Philosophers*. New York: Simon and Schuster, 1980.

Hirschman, A. O. "Rival Interpretations of Market Society: Civilizing, Destructive, or Feeble?" *Journal of Economic Literature* 20(Dec. 1982): 1463–84.

Ho, Ping-ti. *Studies on the Population of China, 1368–1953*. Harvard East Asian Studies, 4. Cambridge, Mass.: Harvard University Press, 1959.

Hoffman, Stanley. "Foreword." In Alfred Grosser. ed., *The Western Alliance: European-American Relations since 1945*, pp. vii-xi. New York: The Seabury Press, 1980.

Hou, Chi-ming, and Tzong-shian Yu, eds. *Modern Chinese Economic History*. Taipei: The Institute of Economics, Academia Sinica, 1979.

House of Commons Parliamentary Papers. Widener Library collection, Harvard

University.

Hozumi Fumio. "The Characteristics of the History of Chinese Money". *Kyōto University Economic Review* 24.2(Oct. 1959): 18-38.

Hsiao, Liang-lin. *China's Foreign Trade Statistics, 1864-1949*. Cambridge, Mass.: East Asian Research Center, Harvard University, 1974.

Huang, Ray. *Taxation and Governmental Finance in Sixteenth-Century Ming China*. Cambridge, Eng.: Cambridge University Press, 1974.

Hummel, Arthur W. *Eminent Chinese of the Ch'ing Period, 1644-1912*. 2 vols. Washington, D.C.: U. S. Government Printing Office; 1943-1944. Reprinted, Taipei: Chengwen chubanshe, 1972.

Hymes, Robert P., and Conrad Schirokauer, eds. *Ordering the World: Approaches to State and Society in Sung Dynasty China*. Berkeley: University of California Press, 1993.

Innes, Robert LeRoy. "The Door Ajar: Japan's Foreign Trade in the Seventeenth Century". Ph.D. thesis, University of Michigan, 1980.

Iwami Ginzan Museum. *History of Iwami Silver Mines* (http://www.joho-shimane.or.jp/). 1997.

Jones, S. M., and P. A. Kuhn. "Dynastic Decline and the Roots of Rebellion". *The Cambridge History of China*, vol. 10, Late Qing, 1800-1911, Part I, pp. 107-162. Cambridge and New York: Cambridge University Press, 1978.

Keynes, John Maynard. *The Collected Writings of John Maynard Keynes*. vol. 9, Essays in Persuasion. New York: St. Martin's Press, for the Royal Economic Society, 1972.

Keynes, John Maynard. *The General Theory of Employment, Interest, and Money*. London: Macmillan, 1936.

Kindleberger, Charles P. *Spenders and Hoarders: The World Distribution of Spanish American Silver, 1550-1750*. Singapore: Institute of Southeast Asian Studies, 1989.

King, Frank H. H. *Money and Monetary Policy in China, 1845-1895*. Cambridge, Mass.: East Asian Research Center, Harvard University, 1965.

Kishimoto-Nakayama Mio. "The Kangxi Depression and Early Qing Local Markets". *Modern China* 10.2(Apr. 1984): 227-256.

Kuhn, Philip A. "Origins of the Taiping Vision: Cross Cultural Dimensions of a Chinese Rebellion". *Comparative Studies in Society and History* 19.3(1977): 350-366.

Kuhn, Philip A. *Origins of the Modern Chinese State*. Stanford, Calif.: Stanford University Press, 2002.

Kuhn, Philip A. *Rebellion and Its Enemies in Late Imperial China: Militarization and Social Structure, 1766-1864*. Cambridge, Mass.: Council on East Asian Studies, Harvard University Press, 1980.

Kuhn, Philip A., and John K. Fairbank. *Introduction to Qing Documents*, Part One: *Reading Documents, The Rebellion of Zhong Renjie*. Cambridge, Mass.: John King Fairbank Center for East Asian Research, Harvard University Press, 1986.

Kuroda, Akinobu. "What Did the Silver Influx Really Do to Early Modern Asia?"《中国の歷史世界》,八王子:东京都立大学出版会,页395-403,2002年。

Lee, John. "Trade and Economy in Preindustrial East Asia, c. 1500-c. 1800: East Asia in the Age of Global Integration". *The Journal of Asian Studies* 58(Feb. 1999): 2-26.

Lees, W. Nassau. *The Drain of Silver to the East and the Currency of India*. London: Wm. H. Allen & Co., 1864.

Legarda, Benito J. *After the Galleons: Foreign Trade, Economic Change & Entrepreneurship in the Nineteenth Century. Philippines*. Madison, Wisc.: Center for Southeast Asian Studies, University of Wisconsin-Madison, 1999.

Leonard, Jane Kate. *Controlling from Afar: The Daoguang Emperor's Management of the Grand Canal Crisis, 1824-1826*. Ann Arbor, Mich.: Center for Chinese Studies, University of Michigan, 1996.

Li, Lillian M. *China's Silk Trade: Traditional Industry in the Modern World, 1842-1937*. Cambridge, Mass.: Council on East Asian Studies, Harvard University Press, 1981.

Liang, Ch'i-ch'ao. *Intellectual Trends in the Ching Period*. Translated, with introduction and notes, by Immanuel C. Y. Hsü. Cambridge, Mass.: Harvard University Press, 1959.

Liang, Fang-chung. *The Single-Whip Method of Taxation in China*. Translated from the Chinese by Wang Yu-ch'uan. Cambridge, Mass.: The East Asian Research Center, 1956, distributed by Harvard University Press, 1970.

Lienhard, John H. "The Butterfly Effect". In J. Gleick, *Chaos: Making a New Science*, no. 652. New York: Penguin Books, 1987.

Lin, Man-houng. "A Time in Which the Grandsons Beat the Grandfathers: The Rise of Liberal Political-economic Ideologies in China's Monetary Crisis, 1808-1854." *American Asian Review* 9.4(Dec. 1991): 1-28.

Lin, Man-houng. "From Sweet Potato to Silver: The New World and Eighteenth-century China as Reflected in Wang Hui-tsu's Passage About the Grain Prices". In Hans Pohl, ed. , *The European Discovery of the World and Its Economic Effects on Pre-industrial Society*, pp. 304 – 327. Stuttgart Germany: Franz Steiner Verlag, 1990.

Lin, Man-houng. "Interpretive Trends in Taiwan Scholarship on Chinese Business History". *Chinese Studies in History* 31. 3 – 4(1998): 65 – 94.

Lin, Man-houng. "Late Qing Perceptions of Native Opium". *Harvard Journal of Asiatic Studies* 64. 1(June 2004): 117 – 144.

Lin, Man-houng. "The Shift from East Asia to the World: The Role of Maritime Silver in China's Economy in the Seventeenth to Late Eighteenth Centuries", In Wang Gungwu and Ng Chin-keong, eds. *Maritime China in Transition 1750 – 1850* , pp. 77 – 96. Wiesbaden, Germany: Harrassowitz, 2004.

Lin, Man-houng. "Two Social Theories Revealed: Statecraft Controversies Over China's Monetary Crisis, 1808 – 1854". *Late Imperial China* 12. 2(Dec. 1991): 1 – 35.

Lipsey, Richard G. , and K. Alec Chrystal. *Economics*. Tenth ed. Oxford: Oxford University Press, 2004.

Lipsey, Richard G. , Peter O. Steiner, and Douglas D. Puvis. *Economics*. Eighth ed. New York: Harper & Row, 1987.

Liu Kwang-Ching. "Statecraft and the Rise of Enterprise: The Late Ch'ing Perspective". In *Proceedings of the Second Conference on Modern Chinese Economic History*, 1: 5 – 19. Taipei: Institute of Economics, Academia Sinica, 1989.

Liu, Paul K. C. , and Kuo-shu Huang. "Population Change and Economic Development in Mainland China since 1400". In Chi-ming Hou and Tzong-shian Yu, eds. , *Modern Chinese Economic History*, (q. v.) pp. 61 – 94. Taipei: The Institute of Economics, Academia Sinica, 1979.

Locke, John. *Two Treatises on Government*. Cambridge, Eng. : Cambridge University Press, 1988.

Manning, Patrick, et al. "Asia and Europe in the World Economy: Introduction."*American Historical Review* 107. 2(Apr. 2002): 419 – 480.

Martin, R. M. *China: Political, Commercial, and Social*. 2 vols. London: Brewester and West, preface dated 1847.

Marx, Karl. *Grundrisse: Foundations of the Critique of Political Economy*. Translated with a foreword by Martin Nicolaus. London and New York: Penguin Books, in association with New Left Reviews, 1993.

Masui Tsuneo. "Silver and China in the 19th century". *Acta Asiatica* (Tokyo) 10

(Feb. 1966): 1-15.

Messenger, John A. *India and China (Exports and Imports)*. Office of Inspector-General of Imports and Exports, Custom House, London, The House of Commons, June 21, 1859.

Metzger, Thomas A. *Escape from Predicament*. New York: Columbia University Press, 1977.

Metzger, Thomas A. *The Internal Organization of Ch'ing Bureaucracy: Legal, Normative, and Communication Aspects*. Cambridge, Mass: Harvard University Press, 1973.

Miles, Steven B. *The Sea of Learning: Mobility and Identity in Nineteenth-Century Guangzhou*. Cambridge, Mass.: Harvard University Asia Center, 2006.

Miskimin, Harry A. *Money and Power in Fifteenth-Century France*. New Haven and London: Yale University Press, 1984.

Miyamoto, Matao, and Yoshiaki Shikano. "The Emergence of the Tokugawa Monetary System in East Asian International Perspective." In Dennis O. Flynn, Arturo Giráldez, and Richard von Glahn, eds. *Global Connections and Monetary History, 1470-1800*, pp. 169-186. Aldershot, Eng., and Burlington: Ashgate Publishing, 2003.

Moloughney, Brian, and Xia Weizhong. "Silver and the Fall of the Ming". *Papers on Far Eastern History* 40(1989): 51-78.

Morse, H. B. *The Chronicles of the East India Company Trading to China*. Oxford: The Clarendon Press, 1926-1929.

Morse, H. B. *The International Relations of the Chinese Empire*. 3 vols. Shanghai: Kelly & Walsh, ca. 1910-1918.

Morse, H. B. *The Trade and Administration of the Chinese Empire*. Reprinted, Taipei: Chengwen Co., 1966.

Mote, F. W. "The City in Traditional Chinese Civilization." In James T. C. Liu and Wei-ming Tu, eds. *Traditional China*, pp. 42-49. Englewood Cliffs, N. J.: Prentice-Hall, 1970.

Moulder, Frances V. *Japan, China and the Modern World Economy*. Cambridge, Eng.: Cambridge University Press, 1977.

Myers, Ramon H., and Yeh-chien. Wang. "Economic Development, 1644-1800". In Willard J. Peterson, ed., *The Cambridge History of China*, vol. 9, The Ch'ing dynasty to 1800, part 1. pp. 563-645. Cambridge, Eng.: Cambridge University Press, 2001.

Neal, Larry. "A Shocking View of Economic History". *Journal of Economic*

History, 60. 2(2000): pp. 317 – 34.

North China Herald. Shanghai, China: Shearman, 1850 – 1867.

North, Douglass. *Structure and Change in Economic History*. New York and London: W. W. Norton, 1981.

Oh, Doo-hwan. "Silver Flow and Silver as Money in Korea". In 2002 Seoul International Conference for History, Korean Historical Association and World History Association, Aug. 15 – 18, 2002.

Okura Takehiko and Shimbo Hiroshi. "The Tokugawa Monetary Policy in the Eighteenth and Nineteenth Centuries". *Explorations in Economic History* 15(1978): 101 – 124.

Owen, David Edward. *British Opium Policy in China and India*. New Haven: Yale University Press, 1934.

Perkins, Dwight H. *Agricultural Development in China, 1368 – 1968*. Chicago: Aldine Publishing Co. , 1969.

Peterson, Willard J. "Early Nineteenth Century Monetary Ideas on the Cash-Silver Exchange."*Papers on China*, no. 20(Dec. 1966). East Asian Research Center, Harvard University.

Polachek, James M. *The Inner Opium War*. Cambridge, Mass. : Council on East Asian Studies, Harvard University Press, 1992.

Pomeranz, Kenneth. *The Great Divergence: Europe and China, and the Making of the Modern World Economy*. Princeton, Oxford: Princeton University Press, 2000.

Prakash, Om. "Silver Influx and Prices: The Case of Early Modern India." Paper presented at Session 15 of the Thirteenth International Economic History Congress, Buenos Aires, Argentina, July 2002.

Pritchard, E. H. "The Crucial Years of Early Anglo-Chinese Relations, 175 – 1800". *Research Studies of the State College of Washington* 4. 3 – 4(Dec. 1936): 142 – 394.

Rawls, John. "Reply."*The Quarterly Journal of Economics* 88. 4: 633 – 655 (Nov. 1974).

Rawski, Evelyn Sakakida. "Recent Scholarly Trends in Ming-Qing History". 中国史学会:《中国の历史世界—统合のシステムと多元的发展》, pp. 109 – 139. Tokyo: Tokyo Metropolitan University Press, 2002.

Rawski, Thomas. *Economic Growth in Prewar China*. Berkeley: University of California Press, 1989.

Remer, C. F. *The Foreign Trade of China*. Shanghai, 1926; Reprinted, Taipei: Chengwen Publishing Company, 1967.

Richards, John R. "The Opium Industry in British India". In Sanjay Subrahmanyam, ed. , *Land, Politics and Trade in South Asia*, pp. 44 - 81. New Delhi: Oxford University Press, 2004.

Rowe, William T. *Saving the World: Chen Hongmou and Elite Consciousness in Eighteenth-Century China*. Stanford, Calif: Stanford University Press, 2001.

Salin, Pascal, ed. *Currency Competition and Monetary Union*. Boston: Martinus Nijhoff Publishers, 1984.

Schell, William, Jr. "Silver Symbiosis: ReOrienting Mexican Economic History". *Hispanic American Historical Review* 81. 1(2001): 89 - 133.

Schell, William, Jr. *Integral Outsiders: The American Colony in Mexico City, 1876—1911*. Wilmington, Del. : Scholarly Resources, 2001.

Schwartz, Benjamin. *In Search of Wealth and Power: Yen Fu and the West*. Cambridge, Mass. : Harvard University Press, 1964.

Shi, Min-hsiung. "Production and Trade of Silk in the Late Qing Period(1843 - 1911)" In *Modern Chinese Economic History*, eds. Chi-ming Hou and Tzong-shian Yu, pp. 363 - 86. Taipei: The Institute of Economics, Academia Sinica, 1979.

Shibusawa, Eiichi. *Report on Currency Adjustment in Korea*. Tokyo: Tokyo Printing Company, 1911.

Skinner, G. W. "Marketing and Social Structure in Rural China". *Journal of Asian Studies* 24(1965): 3 - 43, 195 - 228.

Skinner, G. W. *The City in Late Imperial China*. Stanford, Calif. : Stanford University Press, 1977.

Smith, Adam. *The Wealth of Nations*. New York: The Modern Library, 1937.

Souza, G. B. "Cinnamon, Silver and Opium: Foreign Shipping and Trading Activities at Batavia, 1684 - 1792". Paper prepared for presentation at the Eleventh Annual Conference of the World History Association, Seoul, Korea, August 15 - 18, 2002.

Tan, Chung. *Triton and Dragon: Studies on Nineteenth-Century China and Imperialism*. Delhi, India: Gian Publishing House, 1986.

Temin, Peter. *The Jacksonian Economy*. New York: Norton, 1969.

Teng, Siyu, and John K. Fairbank. *China's Response to the West: A Documentary Survey, 1839 - 1923*. Cambridge, Mass. : East Asian Research Center, Harvard University, 1979.

The Bank of Korea. *At a Glance of our Currencies as well as the World Currencies*. Seoul: The Bank of Korea, 2001.

Toninelli, Pier Angelo M. "Europe vs. North America: On the Epistemological Background of the 1940—1980 Methodological Differences in Economic History". XIII Economic History Congress, Buenos Aires, Session 13: "The State of the Art in the Profession", July 26, 2002.

U. S. Department of Commerce, Bureau of the Census. *Historical Statistics of the United States, Colonial Times to 1970*. Washington, D. C.: U. S. Government Printing Office, 1975.

Vilar, Pierre. *A History of Gold and Money, 1450 – 1920*. Translated by Judith White. London: Verso, 1984.

Vogel, Hans Ulrich. "Central Chinese Monetary Policy, 1644—1800". *Late Imperial China* 8.2(1987): 1 – 52.

Von Glahn, Richard. *Fountain of Fortune: Money and Monetary Policy in China, 1000 to 1700*. Berkeley and Los Angeles: University of California Press, 1996.

Wakabayashi, Bob Tadashi. "From Peril to Profit: Opium in Late-Edo to Meiji Eyes". In *Opium Regimes: China, Britain, and Japan, 1839 – 1952*, eds. Timothy Brook and Bob Wakabayashi, pp. 55 – 75. Berkeley, Los Angeles, and London: University of California Press, 2000.

Wakeman, Frederic. "China and the Seventeenth-Century Crisis". *Late Imperial China* 7.1(June 1986): 1 – 26.

Wakeman, Frederic. "The Canton Trade and the Opium War". In John K. Fairbank, ed., *The Cambridge History of China*, vol. 10, Late Qing, 1800—1911, Part I, pp. 163 – 212. Cambridge and New York: Cambridge University Press, 1978.

Wakeman, Frederic. *History and Will*. Berkeley: University of California Press, 1973.

Wang, Yeh-chien. "Evolution of the Chinese Monetary System, 1644 – 1850". In *Modern Chinese Economic History*, eds. Hou Chi-ming and Yu Zong-xian, pp. 425 – 56. Taipei: The Institute of Economics, Academia Sinica, 1979.

Wang, Yeh-chien. *Land Taxation in Imperial China, 1750 – 1911*. Cambridge, Mass.: Harvard University Press, 1973.

Weatherford, Jack. *The History of Money, from Sandstone to Cyberspace*. New York: Crown Publisher, 1997.

Weber, Max. *The Protestant Ethic and the Spirit of Capitalism*. Translated by Talcott Parsons. New York: Charles Scribner's Sons, 1958, With Anthony Giddons' introduction. George Allen&Unwin Publishers Ltd., 1976.

Whitbeck, Judith Anne. "The Historical Vision of Gong Zizhen(1792 – 1841)".

Ph. D. diss. , University of California at Berkeley, 1980.

Wilhelm, Hellmut. "Chinese Confucianism on the Eve of the Great Encounter". In *Changing Japanese Attitudes Toward Modernization*, ed. Marius Jansen, pp. 283 - 310. Princeton, N. J. : Princeton University Press, 1965.

Williams, S. Wells. *The Chinese Commercial Guide*. Fifth ed. Hong Kong: A. Shortrede & Co. , 1863.

Wong, J. Y. *Deadly Dreams: Opium and the Arrow War* (1856 - 1860) *in China*. Cambridge, Eng. : Cambridge University Press, 1998.

Wright, Mary. C. *The Last Stand of Chinese Conservatism: The T'ung-chih Restoration, 1862 - 1874* . New York: Atheneum, 1966.

Wright, Tim. "Coping with the World Depression: The Nationalist Government's Relations with Chinese Industry and Commerce, 1932 - 1936". *Modern Asian Studies* 25. 4(1991): 649 - 74.

Wu Chengming. "Economic Thought in Late Imperial China". Unpublished paper.

Yang, Lien-sheng. "Economic Justification for Spending: An Uncommon Idea in Traditional China". *Harvard Journal of Asiatic Studies* 20. 1 - 2 (June 1957): 36 - 52.

Zelin, Madeleine. "The Structure of the Chinese Economy during the Qing Period: Some Thoughts on the 150th Anniversary of the Opium War". In *Perspectives on Modern China*, eds. Kenneth Lierberthal et al. , pp. 31 - 67. New York: M. E. Sharpe, 1991.

Zelin, Madeleine. *The Magistrate's Tael: Rationalizing Fiscal Reform in Eighteenth-Century Ch'ing China*. Berkeley: University of California Press, 1984.

索　引

二画

丁履恒
人性
人情
八大家
八旗

三画

三代
义法
义法
大学衍义
大学衍义补
大清户部银行
山西票号
山阳
工部
干预派
广州
广西
马

马建忠
马寅初

四画

中央财政体系
中央银行
丰岁之荒
书院
云南
今文经
元
公羊传
公羊高
六礼
卬
天
天下
太平天国
太阿倒持
户部
文集
方东树

方苞
方显廷
日币
毛泽东
王夫之
王业键
王安石
王庆云
王宏斌
王茂荫
王悔生
王植
王源
王韬
王鎏
贝币

五画

丘浚
东印度公司
丝
冯桂芬
包世臣
北京铸局
北魏
卢比
古文
古文经
台湾
叶世昌
叶适
四书
左传
市场力量
归有光
母子相权

汉
汉书
汉文帝
玉
白铅
龙奇瑞

六画

交通银行
传记
伦敦海关记录
伪八家
先令
关税
农宗
决策过程
刘大魁
刘宋
刘良驹
刘备
刘逢禄
印度
合股
合金
同治中兴
吕璜
地方铸币
地主
孙鼎臣
孙燮
岁入
州县
庄存与
成毅
朱用纯(伯庐)
朱次琦

朱伯庐
朱珪
朱樽
朱熹
江口久雄
江南
江鸿升
汤鹏
自由经济
自封投柜
西班牙银元
西藏
许楣
许槤
迁徙
阮元
阳湖
齐

七画

两淮票盐志
佃农技术
何休
何绍基
何廉
余英时
佛头
利权倒置
劭懿辰
吴文镕
吴铤
吴嘉宾
吴德旋
宋
宋学
库平银

张九龄
张之洞
张际亮
张修育
张惠言
张履
李世熊
李兆洛
李鸿章
李道南
李塨
杨象济
汪辉祖
沈垚
沈维鐈
私铸
花沙纳
苏轼
言利
诂经精舍
谷春帆
谷梁传
辛弃疾
运河

八画

陆黻恩
陈子龙
陈用光
陈銮
陈鳣
侈靡消费
制钱
卓秉恬
单穆公
周

周予同
周官
周官八政
周悦让
周腾虎
和珅
国家
国家主义
孟子
学海堂
宗族
宝泉局
宝源局
岸本美绪
怡良
招商局
放任派
明
林则徐
欧阳修
治国之道
矿政
绍兴师爷
英国
英镑
账房师爷
货币自主权
贪污
贯

金
侯厚吉
养廉
厘金
变法
咸丰
奏折
姚桩
姚莹
姚鼐
宣南诗社
恽敬
春秋
洋铜
点石成金
皇朝经世文编
胡调元
胡培翚
胡寄窗
舢舨
茶
贺长龄
赵靖
钞币论
鸦片
鸦片战争
鸦片税

九画

郑友揆
郑玄
郑光祖
郑祖琛
郑燮

十画

倒置
唐
唐甄
徐乾学
徐鼒
恶性循环
捐输

晋
桐城派
泰兴
海关两
海关贸易报告
海运南漕
海禁
盐铁论
盐税
真德秀
秦
袁枚
贾谊
资本主义
资本主义萌芽

十一画

郭绍虞
郭嵩焘
钱庄
钱店
钱神论
钱神志
钱票
钱鲁思
陶澍
顾炎武
乾隆
商业税(商税)
常州
康有为
梁
梁廷枏
梁启超
梁章巨
梅曾亮

理财
盛康
票盐
章法
绿营
营
铜钱
银
银两
银票
雪球效果

十二画

黄宗羲
黄爵滋
龚自珍
厦门
彭信威
彭翊
御史
普耳钱
曾国藩
程氏兄弟
程恩泽
缅甸
蒋湘南
谢阶树
越南铜钱
道光
韩愈
鲁国
鲁褒
黑田明伸
黑铅

十三画

新古典经济学家

新疆
楚人亡弓，楚人得弓
滇铜
满族
福州
福建
零丁洋
雷以諴

十四画

嘉庆
管子
管同
缪梓
蔡之定
蔡京
钟人杰

十五画

墨子
墨守成规
墨西哥银元
澳门
篇法
蝴蝶效应

十六画

穆彰阿
翰林院

十七画

藏富于民
魏源

A

Adam Smith

Appleby, Joyce
Atwell, Williams S.

B

Barbon Nicholas
Bello, David
Bullionists

C

Chang Kiangau
Cheong W. E.

D

Dermingny, Louis

E

Elman, Benjamin

F

F. Keynes, J. M.
Flynn, Dennis O. and Arturo Giraldez
Foucault, Michel
Frank, Andre Gunder
Friedman, Milton

G

Glahn, Richard Von
Godelier, Maurice
Gundry, Richard Simpson
Gutzlaff, Karl

H

Hayek, Frederic August von
Ho, Ping-ti

J

Jamieson G.

K

King, Frank
Kuhn, Philip A.

L

Locke, John

M

Martin, R. M.
Marx, Karl
McCulloch, John Ramsey
Mercantilists
Morrison, Robert
Morse, H. B.
Mote, F. W.

N

Neale, Larry

North, Douglass C.

P

Polachek, James M.
Pomeran, Kenneth

R

Remer, C. F.
Richtofen, Baron Ferdinand von

S

Skinner, William

W

Wakeman, Frederic
Wallerstein, Immanuel
Wells, Williams, S.
Wright, Mary

西人姓名中译表（以汉译名拼音为序）

阿特威尔（William Atwell）

艾尔曼（Benjamin Elman）

奥兹曼（Steve Ozment）

包弼德（Peter Bol）

贝罗得（David Bello）

波拉切克（James M. Polachek）

邓海伦（Helen Dunstan）

佛林（Dennis O. Flynn）

弗兰克（Andre Gunder Frank）

弗里德曼（Milton Friedman）

干德利（Richard Simpson Gundry）

古德利尔（Maurice Godelier）

郭实腊（Karl F. Gutzlaff）

哈耶克（Friedrich August von Hayek）

韩书瑞（Susan Naquin）

霍布士（Thomas Hobbes）

吉拉得（Arturo Giraldez）

金恩（Frank H. H. King）

卡碧（Rebecca Karl）

康豹（Paul Katz）

克雷（Albert Craig）

凯南(Barry Keenan)
孔飞力(Philip A. Kuhn)
雷默(C. F. Remer)
雷那(Jane Leonard)
李希霍芬(Ferdinand von Richtofen)
李中清(James Lee)
洛克(John Locke)
罗斯(Russel)
马丁(R. M. Martin)
麦克库洛赫(John Ramsey McCulloch)
马克思(Carl Marx)
马礼逊(Robert Morrison)
曼殊恩(Susan Mann)
马若孟(Ramon H. Myers)
马士(H. B. Morse)
马思葛(Richard Musgrave)
梅慈乐(Mark Metzler)
墨子刻(Thomas A. Metzger)
牟复礼(Frederick Mote)
穆斯基(Micah Muscolin)
尼尔(Larry Neal)
诺斯(Douglass North)
彭慕兰(Kenneth Pomeranz)
柔克义(W. W. Rockhill)
芮玛丽（Mary Wright)
沙培德(Peter Zarrow)
施坚雅(William Skinner)
苏咤(George B. Souza)
涂尔干(Emile Durkheim)
佤特(John Watt)
韦伯(Max Weber)
魏斐德(Frederic Wakeman)
维拉(Pierre Vilar)
卫三畏(S. Wells Williams)
沃勒斯坦(Immanuel Wallerstein)

亚当·斯密(Adam Smith)
伊恩(Robert LeRoy Innes)
曾玛莉(Margherita Zanasi)
詹米森(G. Jamieson)

"海外中国研究丛书"书目

1. 中国的现代化　［美］吉尔伯特·罗兹曼 主编　国家社会科学基金"比较现代化"课题组 译　沈宗美 校
2. 寻求富强:严复与西方　［美］本杰明·史华兹 著　叶凤美 译
3. 中国现代思想中的唯科学主义(1900—1950)　［美］郭颖颐 著　雷颐 译
4. 台湾:走向工业化社会　［美］吴元黎 著
5. 中国思想传统的现代诠释　余英时 著
6. 胡适与中国的文艺复兴:中国革命中的自由主义,1917—1937　［美］格里德 著　鲁奇 译
7. 德国思想家论中国　［德］夏瑞春 编　陈爱政 等译
8. 摆脱困境:新儒学与中国政治文化的演进　［美］墨子刻 著　颜世安 高华 黄东兰 译
9. 儒家思想新论:创造性转换的自我　［美］杜维明 著　曹幼华 单丁 译　周文彰 等校
10. 洪业:清朝开国史　［美］魏斐德 著　陈苏镇 薄小莹 包伟民 陈晓燕 牛朴 谭天星 译　阎步克 等校
11. 走向21世纪:中国经济的现状、问题和前景　［美］D.H.帕金斯 著　陈志标 编译
12. 中国:传统与变革　［美］费正清 赖肖尔 主编　陈仲丹 潘兴明 庞朝阳 译　吴世民 张子清 洪邮生 校
13. 中华帝国的法律　［美］D.布朗 C.莫里斯 著　朱勇 译　梁治平 校
14. 梁启超与中国思想的过渡(1890—1907)　［美］张灏 著　崔志海 葛夫平 译
15. 儒教与道教　［德］马克斯·韦伯 著　洪天富 译
16. 中国政治　［美］詹姆斯·R.汤森 布兰特利·沃马克 著　顾速 董方 译
17. 文化、权力与国家:1900—1942年的华北农村　［美］杜赞奇 著　王福明 译
18. 义和团运动的起源　［美］周锡瑞 著　张俊义 王栋 译
19. 在传统与现代性之间:王韬与晚清革命　［美］柯文 著　雷颐 罗检秋 译
20. 最后的儒家:梁漱溟与中国现代化的两难　［美］艾恺 著　王宗昱 冀建中 译
21. 蒙元入侵前夜的中国日常生活　［法］谢和耐 著　刘东 译
22. 东亚之锋　［美］小R.霍夫亨兹 K.E.柯德尔 著　黎鸣 译
23. 中国社会史　［法］谢和耐 著　黄建华 黄迅余 译
24. 从理学到朴学:中华帝国晚期思想与社会变化面面观　［美］艾尔曼 著　赵刚 译
25. 孔子哲学思微　［美］郝大维 安乐哲 著　蒋弋为 李志林 译
26. 北美中国古典文学研究名家十年文选　乐黛云 陈珏 编选
27. 东亚文明:五个阶段的对话　［美］狄百瑞 著　何兆武 何冰 译
28. 五四运动:现代中国的思想革命　［美］周策纵 著　周子平 等译
29. 近代中国与新世界:康有为变法与大同思想研究　［美］萧公权 著　汪荣祖 译
30. 功利主义儒家:陈亮对朱熹的挑战　［美］田浩 著　姜长苏 译
31. 莱布尼兹和儒学　［美］孟德卫 著　张学智 译
32. 佛教征服中国:佛教在中国中古早期的传播与适应　［荷兰］许理和 著　李四龙 裴勇 等译
33. 新政革命与日本:中国,1898—1912　［美］任达 著　李仲贤 译
34. 经学、政治和宗族:中华帝国晚期常州今文学派研究　［美］艾尔曼 著　赵刚 译
35. 中国制度史研究　［美］杨联陞 著　彭刚 程钢 译

36. 汉代农业:早期中国农业经济的形成　[美]许倬云 著　程农 张鸣 译　邓正来 校
37. 转变的中国:历史变迁与欧洲经验的局限　[美]王国斌 著　李伯重 连玲玲 译
38. 欧洲中国古典文学研究名家十年文选　乐黛云 陈珏 龚刚 编选
39. 中国农民经济:河北和山东的农民发展,1890—1949　[美]马若孟 著　史建云 译
40. 汉哲学思维的文化探源　[美]郝大维 安乐哲 著　施忠连 译
41. 近代中国之种族观念　[英]冯客 著　杨立华 译
42. 血路:革命中国中的沈定一(玄庐)传奇　[美]萧邦奇 著　周武彪 译
43. 历史三调:作为事件、经历和神话的义和团　[美]柯文 著　杜继东 译
44. 斯文:唐宋思想的转型　[美]包弼德 著　刘宁 译
45. 宋代江南经济史研究　[日]斯波义信 著　方健 何忠礼 译
46. 一个中国村庄:山东台头　杨懋春 著　张雄 沈炜 秦美珠 译
47. 现实主义的限制:革命时代的中国小说　[美]安敏成 著　姜涛 译
48. 上海罢工:中国工人政治研究　[美]裴宜理 著　刘平 译
49. 中国转向内在:两宋之际的文化转向　[美]刘子健 著　赵冬梅 译
50. 孔子:即凡而圣　[美]赫伯特·芬格莱特 著　彭国翔 张华 译
51. 18世纪中国的官僚制度与荒政　[法]魏丕信 著　徐建青 译
52. 他山的石头记:宇文所安自选集　[美]宇文所安 著　田晓菲 编译
53. 危险的愉悦:20世纪上海的娼妓问题与现代性　[美]贺萧 著　韩敏中 盛宁 译
54. 中国食物　[美]尤金·N.安德森 著　马嬛 刘东 译　刘东 审校
55. 大分流:欧洲、中国及现代世界经济的发展　[美]彭慕兰 著　史建云 译
56. 古代中国的思想世界　[美]本杰明·史华兹 著　程钢 译　刘东 校
57. 内闱:宋代的婚姻和妇女生活　[美]伊沛霞 著　胡志宏 译
58. 中国北方村落的社会性别与权力　[加]朱爱岚 著　胡玉坤 译
59. 先贤的民主:杜威、孔子与中国民主之希望　[美]郝大维 安乐哲 著　何刚强 译
60. 向往心灵转化的庄子:内篇分析　[美]爱莲心 著　周炽成 译
61. 中国人的幸福观　[德]鲍吾刚 著　严蓓雯 韩雪临 吴德祖 译
62. 闺塾师:明末清初江南的才女文化　[美]高彦颐 著　李志生 译
63. 缀珍录:十八世纪及其前后的中国妇女　[美]曼素恩 著　定宜庄 颜宜葳 译
64. 革命与历史:中国马克思主义历史学的起源,1919—1937　[美]德里克 著　翁贺凯 译
65. 竞争的话语:明清小说中的正统性、本真性及所生成之意义　[美]艾梅兰 著　罗琳 译
66. 中国妇女与农村发展:云南禄村六十年的变迁　[加]宝森 著　胡玉坤 译
67. 中国近代思维的挫折　[日]岛田虔次 著　甘万萍 译
68. 中国的亚洲内陆边疆　[美]拉铁摩尔 著　唐晓峰 译
69. 为权力祈祷:佛教与晚明中国士绅社会的形成　[加]卜正民 著　张华 译
70. 天潢贵胄:宋代宗室史　[美]贾志扬 著　赵冬梅 译
71. 儒家之道:中国哲学之探讨　[美]倪德卫 著　[美]万白安 编　周炽成 译
72. 都市里的农家女:性别、流动与社会变迁　[澳]杰华 著　吴小英 译
73. 另类的现代性:改革开放时代中国性别化的渴望　[美]罗丽莎 著　黄新 译
74. 近代中国的知识分子与文明　[日]佐藤慎一 著　刘岳兵 译
75. 繁盛之阴:中国医学史中的性(960—1665)　[美]费侠莉 著　甄橙 主译　吴朝霞 主校
76. 中国大众宗教　[美]韦思谛 编　陈仲丹 译
77. 中国诗画语言研究　[法]程抱一 著　涂卫群 译
78. 中国的思维世界　[日]沟口雄三 小岛毅 著　孙歌 等译

79. 德国与中华民国　[美]柯伟林 著　陈谦平 陈红民 武菁 申晓云 译　钱乘旦 校
80. 中国近代经济史研究:清末海关财政与通商口岸市场圈　[日]滨下武志 著　高淑娟 孙彬 译
81. 回应革命与改革:皖北李村的社会变迁与延续　韩敏 著　陆益龙 徐新玉 译
82. 中国现代文学与电影中的城市:空间、时间与性别构形　[美]张英进 著　秦立彦 译
83. 现代的诱惑:书写半殖民地中国的现代主义(1917—1937)　[美]史书美 著　何恬 译
84. 开放的帝国:1600年前的中国历史　[美]芮乐伟·韩森 著　梁侃 邹劲风 译
85. 改良与革命:辛亥革命在两湖　[美]周锡瑞 著　杨慎之 译
86. 章学诚的生平与思想　[美]倪德卫 著　杨立华 译
87. 卫生的现代性:中国通商口岸健康与疾病的意义　[美]罗芙芸 著　向磊 译
88. 道与庶道:宋代以来的道教、民间信仰和神灵模式　[美]韩明士 著　皮庆生 译
89. 间谍王:戴笠与中国特工　[美]魏斐德 著　梁禾 译
90. 中国的女性与性相:1949年以来的性别话语　[英]艾华 著　施施 译
91. 近代中国的犯罪、惩罚与监狱　[荷]冯客 著　徐有威 等译　潘兴明 校
92. 帝国的隐喻:中国民间宗教　[英]王斯福 著　赵旭东 译
93. 王弼《老子注》研究　[德]瓦格纳 著　杨立华 译
94. 寻求正义:1905—1906年的抵制美货运动　[美]王冠华 著　刘甜甜 译
95. 传统中国日常生活中的协商:中古契约研究　[美]韩森 著　鲁西奇 译
96. 从民族国家拯救历史:民族主义话语与中国现代史研究　[美]杜赞奇 著　王宪明 高继美 李海燕 李点 译
97. 欧几里得在中国:汉译《几何原本》的源流与影响　[荷]安国风 著　纪志刚 郑诚 郑方磊 译
98. 十八世纪中国社会　[美]韩书瑞 罗友枝 著　陈仲丹 译
99. 中国与达尔文　[美]浦嘉珉 著　钟永强 译
100. 私人领域的变形:唐宋诗词中的园林与玩好　[美]杨晓山 著　文韬 译
101. 理解农民中国:社会科学哲学的案例研究　[美]李丹 著　张天虹 张洪云 张胜波 译
102. 山东叛乱:1774年的王伦起义　[美]韩书瑞 著　刘平 唐雁超 译
103. 毁灭的种子:战争与革命中的国民党中国(1937—1949)　[美]易劳逸 著　王建朗 王贤知 贾维 译
104. 缠足:"金莲崇拜"盛极而衰的演变　[美]高彦颐 著　苗延威 译
105. 饕餮之欲:当代中国的食与色　[美]冯珠娣 著　郭乙瑶 马磊 江素侠 译
106. 翻译的传说:中国新女性的形成(1898—1918)　胡缨 著　龙瑜宬 彭珊珊 译
107. 中国的经济革命:20世纪的乡村工业　[日]顾琳 著　王玉茹 张玮 李进霞 译
108. 礼物、关系学与国家:中国人际关系与主体性建构　杨美惠 著　赵旭东 孙珉 译　张跃宏 译校
109. 朱熹的思维世界　[美]田浩 著
110. 皇帝和祖宗:华南的国家与宗族　[英]科大卫 著　卜永坚 译
111. 明清时代东亚海域的文化交流　[日]松浦章 著　郑洁西 等译
112. 中国美学问题　[美]苏源熙 著　卞东波 译　张强强 朱霆欢 校
113. 清代内河水运史研究　[日]松浦章 著　董科 译
114. 大萧条时期的中国:市场、国家与世界经济　[日]城山智子 著　孟凡礼 尚国敏 译　唐磊 校
115. 美国的中国形象(1931—1949)　[美]T.克里斯托弗·杰斯普森 著　姜智芹 译
116. 技术与性别:晚期帝制中国的权力经纬　[英]白馥兰 著　江湄 邓京力 译

117. 中国善书研究 [日]酒井忠夫 著 刘岳兵 何英莺 孙雪梅 译
118. 千年末世之乱:1813年八卦教起义 [美]韩书瑞 著 陈仲丹 译
119. 西学东渐与中国事情 [日]增田涉 著 由其民 周启乾 译
120. 六朝精神史研究 [日]吉川忠夫 著 王启发 译
121. 矢志不渝:明清时期的贞女现象 [美]卢苇菁 著 秦立彦 译
122. 明代乡村纠纷与秩序:以徽州文书为中心 [日]中岛乐章 著 郭万平 高飞 译
123. 中华帝国晚期的欲望与小说叙述 [美]黄卫总 著 张蕴爽 译
124. 虎、米、丝、泥:帝制晚期华南的环境与经济 [美]马立博 著 王玉茹 关永强 译
125. 一江黑水:中国未来的环境挑战 [美]易明 著 姜智芹 译
126. 《诗经》原意研究 [日]家井真 著 陆越 译
127. 施剑翘复仇案:民国时期公众同情的兴起与影响 [美]林郁沁 著 陈湘静 译
128. 华北的暴力和恐慌:义和团运动前夕基督教传播和社会冲突 [德]狄德满 著 崔华杰 译
129. 铁泪图:19世纪中国对于饥馑的文化反应 [美]艾志端 著 曹曦 译
130. 饶家驹安全区:战时上海的难民 [美]阮玛霞 著 白华山 译
131. 危险的边疆:游牧帝国与中国 [美]巴菲尔德 著 袁剑 译
132. 工程国家:民国时期(1927—1937)的淮河治理及国家建设 [美]戴维·艾伦·佩兹 著 姜智芹 译
133. 历史宝筏:过去、西方与中国妇女问题 [美]季家珍 著 杨可 译
134. 姐妹们与陌生人:上海棉纱厂女工,1919—1949 [美]韩起澜 著 韩慈 译
135. 银线:19世纪的世界与中国 林满红 著 詹庆华 林满红 译
136. 寻求中国民主 [澳]冯兆基 著 刘悦斌 徐硙 译
137. 墨梅 [美]毕嘉珍 著 陆敏珍 译
138. 清代上海沙船航运业史研究 [日]松浦章 著 杨蕾 王亦诤 董科 译
139. 男性特质论:中国的社会与性别 [澳]雷金庆 著 [澳]刘婷 译
140. 重读中国女性生命故事 游鉴明 胡缨 季家珍 主编
141. 跨太平洋位移:20世纪美国文学中的民族志、翻译和文本间旅行 黄运特 著 陈倩 译
142. 认知诸形式:反思人类精神的统一性与多样性 [英]G.E.R.劳埃德 著 池志培 译
143. 中国乡村的基督教:1860—1900江西省的冲突与适应 [美]史维东 著 吴薇 译
144. 假想的"满大人":同情、现代性与中国疼痛 [美]韩瑞 著 袁剑 译
145. 中国的捐纳制度与社会 伍跃 著
146. 文书行政的汉帝国 [日]富谷至 著 刘恒武 孔李波 译
147. 城市里的陌生人:中国流动人口的空间、权力与社会网络的重构 [美]张骊 著 袁长庚 译
148. 性别、政治与民主:近代中国的妇女参政 [澳]李木兰 著 方小平 译
149. 近代日本的中国认识 [日]野村浩一 著 张学锋 译
150. 狮龙共舞:一个英国人笔下的威海卫与中国传统文化 [英]庄士敦 著 刘本森 译 威海市博物馆 郭大松 校
151. 人物、角色与心灵:《牡丹亭》与《桃花扇》中的身份认同 [美]吕立亭 著 白华山 译
152. 中国社会中的宗教与仪式 [美]武雅士 著 彭泽安 邵铁峰 译 郭潇威 校
153. 自贡商人:近代早期中国的企业家 [美]曾小萍 著 董建中 译
154. 大象的退却:一部中国环境史 [英]伊懋可 著 梅雪芹 毛利霞 王玉山 译
155. 明代江南土地制度研究 [日]森正夫 著 伍跃 张学锋 等译 范金民 夏维中 审校
156. 儒学与女性 [美]罗莎莉 著 丁佳伟 曹秀娟 译

157. 行善的艺术:晚明中国的慈善事业(新译本)　[美]韩德玲 著　曹晔 译
158. 近代中国的渔业战争和环境变化　[美]穆盛博 著　胡文亮 译
159. 权力关系:宋代中国的家族、地位与国家　[美]柏文莉 著　刘云军 译
160. 权力源自地位:北京大学、知识分子与中国政治文化,1898—1929　[美]魏定熙 著　张蒙 译
161. 工开万物:17世纪中国的知识与技术　[德]薛凤 著　吴秀杰 白岚玲 译
162. 忠贞不贰:辽代的越境之举　[英]史怀梅 著　曹流 译
163. 内藤湖南:政治与汉学(1866—1934)　[美]傅佛果 著　陶德民 何英莺 译
164. 他者中的华人:中国近现代移民史　[美]孔飞力 著　李明欢 译　黄鸣奋 校
165. 古代中国的动物与灵异　[英]胡司德 著　蓝旭 译
166. 两访中国茶乡　[英]罗伯特·福琼 著　敖雪岗 译
167. 缔造选本:《花间集》的文化语境与诗学实践　[美]田安 著　马强才 译
168. 扬州评话探讨　[丹麦]易德波 著　米锋 易德波 译　李今芸 校译
169. 《左传》的书写与解读　李惠仪 著　文韬 许明德 译
170. 以竹为生:一个四川手工造纸村的20世纪社会史　[德]艾约博 著　韩巍 译　吴秀杰 校
171. 东方之旅:1579—1724耶稣会传教团在中国　[美]柏理安 著　毛瑞方 译
172. "地域社会"视野下的明清史研究:以江南和福建为中心　[日]森正夫 著　于志嘉 马一虹 黄东兰 阿风 等译
173. 技术、性别、历史:重新审视帝制中国的大转型　[英]白馥兰 著　吴秀杰 白岚玲 译
174. 中国小说戏曲史　[日]狩野直喜 张真 译
175. 历史上的黑暗一页:英国外交文件与英美海军档案中的南京大屠杀　[美]陆束屏 编著/翻译
176. 罗马与中国:比较视野下的古代世界帝国　[奥]沃尔特·施德尔 主编　李平 译
177. 矛与盾的共存:明清时期江西社会研究　[韩]吴金成 著　崔荣根 译　薛戈 校译
178. 唯一的希望:在中国独生子女政策下成年　[美]冯文 著　常姝 译
179. 国之枭雄:曹操传　[澳]张磊夫 著　方笑天 译
180. 汉帝国的日常生活　[英]鲁惟一 著　刘洁 余霄 译
181. 大分流之外:中国和欧洲经济变迁的政治　[美]王国斌 罗森塔尔 著　周琳 译　王国斌 张萌 审校
182. 中正之笔:颜真卿书法与宋代文人政治　[美]倪雅梅 著　杨简茹 译　祝帅 校译
183. 江南三角洲市镇研究　[日]森正夫 编　丁韵 胡婧 等译　范金民 审校
184. 忍辱负重的使命:美国外交官记载的南京大屠杀与劫后的社会状况　[美]陆束屏 编著/翻译
185. 修仙:古代中国的修行与社会记忆　[美]康儒博 著　顾漩 译
186. 烧钱:中国人生活世界中的物质精神　[美]柏桦 著　袁剑 刘玺鸿 译
187. 话语的长城:文化中国历险记　[美]苏源熙 著　盛珂 译
188. 诸葛武侯　[日]内藤湖南 著　张真 译
189. 盟友背信:一战中的中国　[英]吴芳思 克里斯托弗·阿南德尔 著　张宇扬 译
190. 亚里士多德在中国:语言、范畴和翻译　[英]罗伯特·沃迪 著　韩小强 译
191. 马背上的朝廷:巡幸与清朝统治的建构,1680—1785　[美]张勉治 著　董建中 译
192. 申不害:公元前四世纪中国的政治哲学家　[美]顾立雅 著　马腾 译
193. 晋武帝司马炎　[日]福原启郎 著　陆帅 译
194. 唐人如何吟诗:带你走进汉语音韵学　[日]大岛正二 著　柳悦 译

195. 古代中国的宇宙论　［日］浅野裕一 著　吴昊阳 译
196. 中国思想的道家之论：一种哲学解释　［美］陈汉生 著　周景松 谢尔逊 等译　张丰乾 校译
197. 诗歌之力：袁枚女弟子屈秉筠(1767—1810)　［加］孟留喜 著　吴夏平 译
198. 中国逻辑的发现　［德］顾有信 著　陈志伟 译
199. 高丽时代宋商往来研究　［韩］李镇汉 著　李廷青 戴琳剑 译　楼正豪 校
200. 中国近世财政史研究　［日］岩井茂树 著　付勇 译　范金民 审校
201. 魏晋政治社会史研究　［日］福原启郎 著　陆帅 刘萃峰 张紫毫 译
202. 宋帝国的危机与维系：信息、领土与人际网络　［比利时］魏希德 著　刘云军 译
203. 中国精英与政治变迁：20世纪初的浙江　［美］萧邦奇 著　徐立望 杨涛羽 译　李齐 校
204. 北京的人力车夫：1920年代的市民与政治　［美］史谦德 著　周书垚 袁剑 译　周育民 校
205. 1901—1909年的门户开放政策：西奥多·罗斯福与中国　［美］格雷戈里·摩尔 著　赵嘉玉 译
206. 清帝国之乱：义和团运动与八国联军之役　［美］明恩溥 著　郭大松 刘本森 译